西北大学哲学社会科学繁荣发展计划

中青年特色优势学科团队建设项目

"关学的历史、文献与思想研究"研究成果

西北大学关学研究院

中华关学文化继承与创新系列成果

关学文丛
丛书主编 刘学智

关学概说

刘宗镐 著

陕西师范大学出版总社

图书代号　SK23N2023

图书在版编目（CIP）数据

关学概说 / 刘宗镐著. —西安：陕西师范大学出版总社有限公司，2023.12

（关学文丛 / 刘学智主编）

ISBN 978-7-5695-3951-6

Ⅰ.①关…　Ⅱ.①刘…　Ⅲ.①关学－研究　Ⅳ.①B244.45

中国国家版本馆CIP数据核字（2023）第201643号

关 学 概 说
GUANXUE GAISHUO

刘宗镐　著

出 版 人	刘东风
出版统筹	侯海英　曹联养
责任编辑	张爱林　远　阳
责任校对	赵荣芳　王　冰
封面设计	王伟博
出版发行	陕西师范大学出版总社
	（西安市长安南路199号　邮编710062）
网　　　址	http://www.snupg.com
印　　　刷	西安五星印刷有限公司
开　　　本	787 mm×1092 mm　1/16
印　　　张	16
插　　　页	4
字　　　数	300千
版　　　次	2023年12月第1版
印　　　次	2023年12月第1次印刷
书　　　号	ISBN 978-7-5695-3951-6
定　　　价	65.00元

读者购书、书店添货或发现印刷装订问题，请与本社营销部联系、调换。
电　话：（029）85307864　85303629　　传真：（029）85303879

顾问

张岂之 赵馥洁 方光华 徐晔 党怀兴

总序

在纪念张载千年诞辰之际，陕西师范大学出版总社推出有关张载及关学研究的系列丛书，这是很有意义的学术盛举。

张载（1020—1077）是中国历史上著名的哲学家、教育家。作为宋明理学的奠基人、关学的创立者，他以"勇于造道"的精神，创建了博大精深的哲学体系。张载关学蕴含着丰富而深刻的精湛智慧，包括"太虚即气"的本体智慧、以"德性之知"超越"闻见之知"的认识智慧、由"气质之性"复归"天地之性"的修养智慧、"一物两体"的辩证智慧、"太和所谓道"的和谐智慧、"民胞物与"的道德智慧等等。张载哲学也体现着崇高而笃实的优秀精神，包括"立心立命"的使命意识、"勇于造道"的创新精神、"崇礼贵德"的学术主旨、"经世致用"的求实作风、"崇尚节操"的人格追求、"博取兼容"的治学态度等等。张载关学的这些智慧和精神，是中华传统文化的宝贵资源，是陕西地域文化的思想精华，是值得我们不断探索和发掘的精神宝藏。

对张载及关学的研究一直为历代关学学人所关注，特别是改革开放以来，陕西学人不断推进对张载及关学的学术研究和对关学优秀精神的弘扬。在纪念张载千年诞辰的今天，深入研究关学更有着特殊的意义。陕西师范大学出版总社为纪念张载千年诞辰，进一步推进关学研究，推出的这几种关于张载及关学研究的著作，是学者们近年在张载及关学研究方面成果的汇集。这些成果虽然不一定能全面反映近年关学研究的面貌，但是也从一个侧面体现了关学研究的新进展。其中，由刘学智、魏冬主编的《二十世纪前期关学研究文献辑要》，分为《张载研究》《明清关学研究与关学综论》《关学与陕西历史文化》三卷，集中对20世纪前期关学研究及与关学相关的陕西文化历史文献进行了系统整理。这些成果从侧面说明以现代学术视野和方法对关学进行研究早已开始。刘宗镐撰写的《关学引论》，从哲学之阈阐释关学的思想精髓，即"学以成人"的关学主题、"明道修辞"的关学言说、"体用全学"的关学形态、"崇实致用"的关学精神和"天人合一"的关学智慧等，对关学思想进行了综合研究，这些提法都颇有新意。刘宗镐所著《关学概说》一书，则是对张载关学及其发展演变加以介绍的概要性著作，语言质朴，文字简明，是一本适合初学者了解、学习关学的通俗性读物。魏冬和米文科撰写的《关学谱系与思想探研》一书，是近年他们对张载和关学进行专题研究的论文汇集，对关学文献源流特别是近现代关学研究成果进行了细致的探研与评述。全书以时间为轴，通过对关学谱系文献与思想文献的探研，展现了张载、马理、吕柟、韩邦奇、南大吉、王心敬、张秉直、党晴梵、曹冷泉等人在关学发展史上的重要地位，以及他们的思想特征与传承脉络，展现了关学的历史发展与派别流变。王美凤教授近年着力于清末民初关学多元走向的研究，尤其着力于对柏景伟的文献整理和思想研究。这次出版的是她对以往人们不大关注但在清末关学史上有重要影响的关学学人柏景伟的著作《沣西草堂文集》的校注本，这是关于柏景伟著作的首次整理，对研究清末民初关学思想有着重要意义。《关学名言精粹》（书法版）一书，是为了普及推广张载及关学思想，由当前关学研究领域的专家学者精选关学学人著作中的部分经典名句，按照"人生理想""人生修养""治国理政""读书学习""为人处世"等类别加以编排，并搜集历史上一些著名书法家的书法作品，采取集墨的形式呈现关学思想和精神，可谓别开生面，别有风采。

祝愿张载及关学通过创新性的探索和研究，不断地生发新意、焕发生机！

是为序。

赵馥洁

二〇二二年十一月八日

于西北政法大学静致斋

前言

北宋时期，在陕西关中形成了一个以张载为核心、以其创立的新儒学为特征的有全国性影响的地域性学术流派，史称"关学"。张载一生大部分时间在陕西眉县横渠镇度过，并长期在关中著述讲学，人称"横渠先生"，后来又被尊为"关中士人宗师"。其所创立的关学为孔孟儒学在宋代的重建奠定了坚实的理论基础。后人常将张载创立的关学与周敦颐的濂学、二程（程颢、程颐）的洛学以及朱熹的闽学并称为"濂洛关闽"，关学被视为宋代理学的四大学派之一。

关学并非一般意义上的"关中之学"，而是指自张载以来的关中理学。从广义上说，关学是对由张载开创及其后一直在关中传衍着的理学的统称；而狭义的关学，则指张载及其后在关中流传的与张载学脉或宗风相承或相通之关中理学。关学在张载去世时已成规模。只因张载去世过早，其弟子为弘扬道学，有的投奔二程门下，于是关学一度陷于寂寥，但到明代又出现了中兴之势，之后直到清末，关学统绪一直未有中断，关学宗风也持续被承传弘扬。由冯从吾所撰《关学编》及王心敬、李元春、贺瑞麟等续补的《关学续编》等关学学术史著作可知，关学统绪绵延不绝，"源流初终，条贯秩然"。随着时代的变化，关学的学术旨趣和思想特征虽有所变化，或与程朱理学融合，或与陆王心学融通，但"横渠遗风，将绝复续"，关学精神，世代相承。事实表明，关学是一个有其本源根基、学脉统绪、学术宗旨，风格独特而又开放包容的多元的地域性理学学术流派。

张载之学，特点是"尊礼贵德，乐天安命。以《易》为宗，以《中庸》为体，以孔孟为法，黜怪妄，辨鬼神"（《宋史·张载传》）。他将"历年致思所得"著成《正蒙》一书，其思想之深邃、博大、精严，在宋明理学史上独树一帜，由此他也被视为理学的重要开创者和奠基者。其著名的"为天地立心，为生民立命，为往圣继绝学，为万世开太平"的"四为"句，对激励国人树立志向、提升境界、塑造人格、彰显使命产生了积极的作用，并开显了儒家广阔的胸怀和宏大的气度；其被历代学人称颂和推崇的《西铭》，在"天人一体"思想基础上阐发的仁孝之理、"民胞物与"的仁爱精神和伦理境界，锻铸了关学学人特有的精神气象和人格气质，形成了理学史上颇具特色的关学学派品格。其思想和学派宗风一直影响着历代关中儿女，是人们处理人己关系、人与自然的关系、人的身心关系的方向指引和精神引领，也是中华民族和谐发展的重要价值理念，更是当今时代构建人类命运共同体的重要思想文化资源。

张载以其深邃的哲学思想，把汉唐以来的儒学推向一个新的高度。其在宇宙论上提出的"知太虚即气，则无无"的命题，以太虚之气的聚散对世界的存在做了富有哲理性的说明，从而把汉代以来以气为本原的宇宙生成论提升到本体论的高度；其"以易为宗"，以"幽明"之别纠正以往以"有无"之分对世界本质的说明，终结了历史上的"有无"之辩；他提出的"天地之性"与"气质之性"，以及"知礼成性""变化气质"的思想，使"性与天道为一"的"天人合一"思想得到系统的说明，从而使其哲学从宇宙论过渡到伦理观，从知识论走向价值论，使理学伦理本体化的目标得以实现。张载承继孟子"尽心""知性"的心性论路向，又汲取荀子"礼以成性"的思想，以"诚则明，明则诚"即"尊德性"与"道问学"的双向互动，实现了以虚静为涵养功夫而"养心"与以礼检束行为而"化性"相统一的"合内外之道"，使"知礼成性"即理想人格的培养落到了实处。

关学有一个鲜明的特征，就是重视躬行礼教，笃实践履。关学使关中文化既有隆礼重仪的古朴雅韵，又使其涌动着鲜活的生命力。关学学人一般都有一种坚持真理、不畏权贵、刚正不阿、崇尚气节的人格节操，有"无求生以害仁，有杀身以成仁"的理想信念，有"不降其志，不辱其身"的人生信条，有"富贵不能淫，贫贱不能移，威武不能屈""于公勇，于私怯"的大丈夫气概。他们的品格使儒家的优良传统在历史上一直闪烁着熠熠光芒。

张载创立的关学绵延八百余年，其文化精神不仅在中国历史上影响了一代代关中士人的风格、品行和节操，而且以其在社会生活中的丰厚遗存和深刻影响，至今仍然塑造和培育着当代关中人的精神风貌和行为方式，培育着关中乃至陕西人纯朴、质实、耿直、坚韧、诚信的文化性格，也对关中乃至陕西人形成求真务实、勇于担当、恪守正道、博取包容的品格和精神风貌产生了积极的影响。

2020年适逢张载千年诞辰，在这特殊的时刻，为了使广大读者缅怀张载，感受张载及关学学人的人格节操和精神风貌，感受包括关学在内的中华优秀传统文化的无限魅力，也为使大家了解、学习和领会张载及关学的核心思想、发展脉络，知悉20世纪前期关学研究的基本状况，应陕西师范大学出版总社刘东风社长之约，我们编撰了这套《关学文丛》。《关学文丛》推出的图书有8种，分别是：由刘学智、魏冬教授辑校的《二十世纪前期关学研究文献辑要·张载研究》《二十世纪前期关学研究文献辑要·明清关学研究与关学综论》《二十世纪前期关学研究文献辑要·关学与陕西历史文化》，由魏冬和米文科二位教授撰写的《关学谱系与思想探研》，由王美凤教授校注的《〈沣西草堂文集〉校注》，由刘宗镐博士撰写的《关学引论》和《关学概说》，以及由国际儒学联合会与陕西省孔子学会编写（刘峰、张亚林为执行主编）的《关学名言精粹》。其中，《二十世纪前期关学研究文献辑要》对自戊戌变法前后到中华人民共和国成立这一时期的关学研究文献进行了较为系统的搜集整理，其中包括马一浮、刘师培、蔡元培、谢无量、钟泰、吕思勉、钱基博、钱穆、陈垣、冯友兰、张岱年、侯外庐等一百多位学者关于张载及关学的很有见地的研究著述，以及这一时期从文化视域重构关学及与关学相关的陕西文化的重要论著，说明从现代视野对关学进行研究与重构在这一时期已经开始且取得了丰硕的成果。《关学谱系与思想探研》是魏冬、米文科近年对张载和关学进行专题研究的论文汇集，书中对关学文献源流特别是近现代关学研究成果进行了细致的探研与评述，通过对关学谱系文献与思想文献的探研，展现了张载、马理、吕柟等诸多关学学人的思想及其传承脉络，也展现了党晴梵、曹冷泉等近现代学者在20世纪三四十年代关学研究方面的成就。《〈沣西草堂文集〉校注》是王美凤教授对以往人们不大关注但在清末关学史上有重要影响的关学学人柏景伟著作的校注本，对于研究清末民初关学思想有着重要的参考价值。《关学引论》是刘宗镐博士从哲学之阈阐释关学思想精髓的专论，书中论及"学以成人"的关学宗旨、"明道修辞"的关学言说、"体用全学"的关学形态、"崇实致用"的关学精神和"天人合一"的关学智慧等方面，是对关学思想进行综合研究的著作，许多论述颇富新意。《关学概说》是刘宗镐博士对张载关学及其发展演变加以介绍的概要性著作，通俗易懂，是适合初学者学习和了解关学的不可多得的普及性读物。《关学名言精粹》（书法版）是由国际儒学联合会与陕西省孔子学会动议并支持编撰的一部旨在普及推广张载及关学思想的通俗性读物，由原《关学文库》的部分作者精选关学学人著作中的部分经典名句并予以释义，由西北大学刘峰博士和陕西大家书画研究院张亚林院长负责编辑和统稿。这一简明易懂、图文并茂的读本，选取关学史上十九位代表学人的至理名言约三百条，以"人生理想""人生修养""治国理政""读书学习""为人处世"的主题分类编排，内容以书法体的形式予以展现，字体是从王羲之、颜真卿、于右任等历代名家作品中集墨而成，形式新颖，别具特色。

  这套丛书的编纂出版得到了陕西师范大学出版总社刘东风社长、侯海英主任的大力支持和精心安排，编辑胡杨、张爱林也为这套丛书付出了大量心血。在此我对刘东风社长、侯海英主任以及胡杨、张爱林两位编辑对丛书的大力支持和辛勤付出表示衷心感谢！时任国际儒学联合会秘书长牛喜平先生对本套丛书的编纂出版也给予了大力支持，在此一并表示诚挚的感谢！

  在这套丛书动议之初及编写过程中，张岂之先生、赵馥洁先生、方光华先生、徐晔先生、党怀兴先生等都给予了殷切关注、适时指导和大力支持，在此也对各位先生表示诚挚的感谢！

  由于时间仓促，我们的编撰工作会有不少疏漏乃至错误，希望广大读者朋友予以指正，以便我们在今后对其进一步加以完善。希望这套丛书能对大家了解和学习关学有所帮助。

刘学智
二〇二二年十月五日

目 录

绪 论 ·· 001
    一、言说对象是关学 ··· 004
    二、言说方式是概说 ··· 006

第一篇 关学的内涵 ··· 009
第一章 关学是一个学派 ··· 011
    一、关学的概念 ·· 011
    二、关学的历史 ·· 014
    三、关学的特征 ·· 017

第二篇 关学的成因 ··· 023
第二章 关学的文化基因 ··· 025
    一、寻觅关学的文化基因 ··································· 025
    二、关中文化滋养了张载 ··································· 028
    三、关学的关中文化基因 ··································· 032

第三章 关学的现实关怀 ··· 037
    一、自觉以民为本 ··· 037
    二、努力识时达务 ··· 041
    三、寻求医国之术 ··· 043

第四章 关学的使命意识 ··· 048
    一、为天地立心 ·· 049
    二、为生民立道 ·· 051

三、为去圣继绝学 ………………………………………… 054

　　四、为万世开太平 ………………………………………… 057

第三篇　关学的历程 …………………………………………… 061

第五章　关学诞生于北宋 …………………………………… 063

　　一、有儒学开新的能力 …………………………………… 064

　　二、开创独特的新儒学 …………………………………… 066

　　三、新儒学被弟子继承 …………………………………… 070

第六章　关学的变通传承 …………………………………… 074

　　一、关学始而汲取理学思想 ……………………………… 075

　　二、关学继而汲取心学思想 ……………………………… 079

　　三、关学最后汲取西学思想 ……………………………… 082

第七章　关学的多元发展 …………………………………… 087

　　一、融合了心学思想的关学 ……………………………… 088

　　二、融合了理学思想的关学 ……………………………… 092

　　三、融合了西学思想的关学 ……………………………… 095

第八章　关学终结于民国 …………………………………… 100

　　一、清末关学理论开新 …………………………………… 101

　　二、清末关学理论守正 …………………………………… 104

　　三、清末关学理论解构 …………………………………… 107

　　四、民初关学传播终止 …………………………………… 110

第四篇　关学的特征 …………………………………………… 113

第九章　关学的为学宗旨 …………………………………… 115

　　一、做人应做圣人 ………………………………………… 116

　　二、为学当为圣学 ………………………………………… 119

　　三、致学可以成圣 ………………………………………… 123

第十章　关学的理论形态 · 128

一、"体用全学"的"道德之学" · 129

二、"体用全学"的"经济之学" · 133

三、"体用全学"的体用关系 · 137

第十一章　关学的基本精神 · 141

一、关学学求"实用" · 142

二、关学学务"实行" · 145

三、关学学重"实事" · 149

第十二章　关学的教学风尚 · 153

一、遥承周公制礼 · 154

二、礼是天理人性 · 156

三、礼是"三纲五常" · 159

四、近师横渠教风 · 162

第五篇　关学的价值 · 167

第十三章　关学的历史影响 · 169

一、关学学者的豪杰气象 · 170

二、关学学者的真儒风骨 · 173

三、关学学者的名臣气节 · 177

第十四章　关学的学术地位 · 182

一、"性即天道"的学术地位 · 183

二、"心统性情"的学术地位 · 187

三、"变化气质"的学术地位 · 189

第十五章　关学的普世价值 · 195

一、做人应道德与理性统一 · 195

二、治学应人文与科学并重 · 199

三、处世应自我与他者和谐 · 203

第六篇　关学的未来

第十六章　关学的未来展望　211
　　一、面向未来　212
　　二、面向世界　214
　　三、学会思考　218
　　四、学会讲理　221

参考文献　227
后　记　239

绪论

自横渠肇关学之统，接踵者若与叔、维斗、思庵、仲木、豁田、二曲、丰川、桐阁，卓然为三辅山斗，足为后学楷模。

——［民国］孙乃琨

提及关学，有人可能会立即想到张载（1020—1077，字子厚，世称"横渠先生"）。不错，张载是关学的创始人，他的学说无疑是关学。但是，张载之学不等于关学。因为关学是关学学者集体智慧的结晶，而关学学者是一个囊括了从北宋到民国的二百多位关中儒者的学术群体。这也就是说，关学是一个始于北宋而终于民国的儒学流派。

清代末期，有位山东人长年在陕西学习儒学。民国初期，这位山东人又多次来陕西传播儒学。这位山东人，就是民国时期的山东名儒孙乃琨（1861—1940，字仲玉，号灵泉）。我们知道，山东被誉为"孔孟之乡"，因为那里是孔子和孟子的故乡，是儒学的诞生地。但问题是，孙乃琨为何从"孔孟之乡"来陕西学习儒学？这是因为到了清代末期，宋明新儒学[①]各派当中只有关学仍在传承。用孙乃琨的话说，就是"自横渠肇关学之统，接踵者若与叔、维斗、思庵、仲木、豁田、二曲、丰川、桐阁，卓然为三辅山斗，足为后学楷模"[②]。在他看来，关学有其学术传承系统。大体而言，北宋之时，张载开创关学，其弟子吕大临承续师说，传衍关学；到了元代，主要有萧㪺在传衍关学；到了明代，薛敬之、吕柟和马理等人依然在传衍关学；到了清代，李颙、王心敬和李元春等人还在传衍关学。总而言之，关学代有传承。可见，关学不能被简单地等同为张载之学，而是一个有学术传承的学派。

再者，孙乃琨之所以来陕西学习关学，是因为关学自诞生以来，代有大儒，

[①] 本书所谓的"宋明新儒学"，即我们大陆学界惯称的"宋明理学"，也被简称为"理学"。同时，宋明理学内部的"程朱理学"也被简称为"理学"。为了避免误解，本文将"宋明理学"称为"宋明新儒学"，其内部的"程朱理学"简称为"理学"。

[②] 孙乃琨：《灵泉文集》下册，济南善成合记印务局，1940年，第40页b。

都是值得后人学习的楷模。具体来看，关学的开山祖张载和关学的重要传承人吕大临、萧斢、薛敬之、吕柟、马理、李颙、王心敬和李元春等人，都是值得后人学习的模范。其实，关学的传承人非常多；就其中的翘楚来看，远不止孙乃琨所列举的这八个人。问题是对今天的我们而言，还有没有必要像孙乃琨那样学习关学？简单地说，今天的我们还有没有必要传承关学？要回答这个问题，先得明白关学在今天还有没有价值，这就需要我们准确地认知关学，因为公允的评价是以正确的认知为前提的。

一、言说对象是关学

关学是宋明新儒学的一个流派。孔子开创的儒学发展到宋明时期，因融合了佛教和道教（包括道家）的思想，形成了一种崭新的儒学理论，这就是宋明新儒学。宋明新儒学并不是指只存在于宋明时期的新儒学，而是说宋明时期这种崭新的儒学发展到了高峰。两宋时期是宋明新儒学发展的第一个高峰，出现了宋明新儒家称道的"濂、洛、关、闽"四大学派。其中的"关"，指的就是关学。

关学之所以被称为"关学"，是因为这个新儒学流派的诞生地是陕西的关中地区，而且其传播地也主要是陕西的关中地区。关学诞生于北宋，创始人是陕西眉县的张载。张载长年在陕西的关中地区讲授他所开创的新儒学，而且他的弟子大都是陕西关中人。于是，当时的学人便将他和他的弟子讲授的新儒学称为"关学"。

关学是关中地区的新儒学。"关中"，在关学学者的话语中，并不是一个区域范围一致的地理概念。"关中"既被用来指代陕西的关中地区，而将陕南和陕北排除在外；也被用来指代陕西全境；还被用来指代陕西全境以及毗邻陕西的甘肃部分地区。尽管如此，"关中"概念的三种内涵在地理上还是存在交集，这就是陕西的关中地区。换言之，陕西的关中地区是关中地理的核心地区。因为从发生学的视域来看，关中是关学的发祥地；从传播学的视域来看，关中是关学的根据地。

关学是多学科综合的学问。有学人从现代学科分类的角度分析认为，儒学是多学科综合的学问，便将儒学称为"全体大用之学"。[1]准此的话，关学更是多学科综合的学问，因为关学的理论形态就是"体用全学"。就关学的内容来看，其不但有属于哲学、伦理学、宗教学等人文学科的知识，有属于教育学、政治学、社会学、经济学和军事学等社会科学的知识，有属于天文学、物理学、生物学、

---

[1] 参阅朱汉民：《儒学的多维视域》，东方出版社，2015年，第1—3页。

农学和水利学等自然科学的知识，还有属于心理学这类交叉学科的知识。足见关学是一个具有多学科综合特征的庞大的知识体系。不过，在诸多学科当中，哲学是核心。

关学是一个具有八百多年历史的学派。其诞生于北宋，经过金、元、明、清时期关中地区儒者的传承，到民国时期才终结。在这八百多年当中，涌现出了二百多位关学学者。这些关学学者大都勤于著述，关学著作非常宏富。正是这些宏富的关学著作，为我们今天认知关学提供了既可靠又充分的资料。

关学是历史上的存在。民国时期，关学已经终结了。当然，我说关学终结了，只是说关学学派已经不复存在了。但是，关学学者的著作大都还存在，而且其中一些仍以原来的面貌存世。这些存世的关学著作可以被视为文物，甚至可以被当成古董，但这些关学著作所负载的关学思想都是古董吗？就关学能够传承八百多年来看，恐怕不能简单地将关学思想等同于古董。要回答这个问题，需要我们做一番思想考古的工作。

关学是现代人认识之域的关学。现代的考古学中有文物修复这一门技术，可以将残缺的文物复原。但是思想可以复原吗？显然不可以，关学思想自然也不例外；所以，我们不必试图复原或还原关学思想。客观地看，现代人要了解关学思想，需要依赖关学文献，尤其是关学学者的著作。如果某个关学学者的著作已经亡佚，现代人就无法了解其具体思想。现代学人对金代关学思想的认知几乎是"白茫茫一片大地真干净"，关学原著缺乏是根本原因。金元之时的杨奂（1186—1255，字焕然，人称"紫阳先生"）"学为通儒，有'关中夫子'之目"[1]，在关学史上应当具有十分重要的地位。但是他的新儒学著作没有存世，他本人的关学思想以及他在关学史上的重要地位都无从谈起。就主观方面而言，即使关学著作都存世，那也是经现代人理解和诠释的关学，只能算作现代人所认识的关学。因此，我们必须清醒地认识到，现代所谓的关学只是现代人所认识的关学，并非历史上存在的关学。

关学是客观存在的宋明新儒学学派，这是历史上曾经出现过的关学；关学是多学科综合的学问，这是现代人所认识的关学。连接二者的纽带是现存的关学学者的著作。我们通过这些关学原著去认识历史上的关学，而认识的结果是现代人

---

[1] 元好问：《杨府君墓碑铭》，见《元代关学三家集》，西北大学出版社，2015年，第451页。

认识之域的关学。无论是历史上存在的关学,还是现代人认识之域的关学,都是我们言说的对象。

二、言说方式是概说

历史上的关学现在不复存在了,今天我们所言说的关学必然是言说对象永远不在场的关学。言说中的关学只是言说者认识之域的关学,这导致我们言说中的关学无法被证实或证伪。但这并不意味着现代的关学研究就一定缺失客观性,更不是说现代的关学研究就可以随意言说。恰恰相反,正是因为人们认识到了这些问题,才会自觉地寻求更好的言说方式,在言说中保持客观立场。

现存的关学原著,是现代人了解历史上的关学的可靠资料。全面掌握这些资料是准确认识关学的前提。所幸西北大学出版社于2015年出版的《关学文库》辑录了较多关学原著,无疑有助于人们认识关学。但是还有一些比较重要的关学原著,《关学文库》没有辑录,这就需要人们继续搜集资料。只有掌握的关学原著越来越丰富,对关学的认识才有可能越来越全面、越来越细致、越来越深刻。

当然,研究关学不能只凭借关学原著。阅读关学原著时你会发现:一些关学学者有"为尊者讳"的习惯,也有一些关学学者抱有"门户之见",还有一些关学学者有"吾关中"的本位思想。这都提醒我们需要了解"别人眼中的自己"。除此之外,关学的特征需要在对比中认知,这也反映关学研究需要了解其他宋明新儒学学派的思想。

最关键的是研究者要有实事求是的研究态度。如果缺失这种治学态度,恐怕研究资料的搜集都不会充分。当资料搜集充分后,面临的就是如何正当诠释的问题了。德国著名哲学家伽达默尔(Hans-Georg Gadamer,1900—2002)的"视域融合"论告诉我们,想要复原所谓的作者本义或文本本义那是徒劳。但是,我们还是相信作者或文本有其本义。因为只有这样,我们在阅读文本时,才会小心翼翼地面对其中的字句,才会认真负责地做语文释义的工作。当然,我们不能只局限于文字,还需要品味"言外之意"。因为关学学者从张载开始,就有对读者"小儿视指"[①]的告诫。所以,我们不能围绕着关学学者的手指头打转,而应当沿着他

---

① 张载说:"言则指也,指则所视者远矣。若只泥文而不求大体则失之,是小儿视指之类也。常引小儿以手指物示之,而不能求物以视焉,只视于手,及无物则加怒耳。"(《张载集》,中华书局,1978年,第276页。)

们手指指示的方向，寻找其所指。

再者，关学研究需要多角度的分析。苏轼那首著名的诗《题西林壁》说："横看成岭侧成峰，远近高低各不同。不识庐山真面目，只缘身在此山中。"庐山对人的不同呈现，是人观看角度不同造成的结果，甚至当你置身其中时，反倒认不清庐山的真面目。这启示我们：认知关学既需要不同的立场，也需要多元的视域。我们既需要以鸟瞰的方式整体认知，也需要以特写的方式抓住细节；既需要调整距离而做到多据点地观察，也需要变换角度而做到多角度地分析。只有这样，我们的关学研究才会既全面又深刻。

出于以上考虑，我将这本书的内容分为六篇。第一章独立为第一篇，主要澄清关学概念的内涵和外延，明确本书的言说对象；第二章至第四章为第二篇，主要分析关学诞生和发展的主要原因，既有思想资源，也有社会原因，还有主体因素；第五章至第八章为第三篇，概述关学八百多年的发展历程，将关学的发展划分为开创期、变通期、多元期和终结期四个阶段来分别介绍；第九章至第十二章为第四篇，总结关学的理论特征，即"学以成人"的为学宗旨、"体用全学"的理论形态、"崇实致用"的基本精神和"以礼为教"的教学风尚；第十三章至第十五章为第五篇，主要对关学进行评介，即关学对关学学者的人格塑造、对宋明新儒学的广泛影响、对现代社会的重要价值；第十六章独立为第六篇，展望关学的未来，希望早日看到"新关学"。

我还不得不思考如何言说的问题。朱熹认为"圣贤语言，只似常俗人说话"。因此，他建议当时的学人说："如今须是把得圣贤言语，凑得成常俗言语，方是，不要引东引西。"[①]我接受了朱熹的前半部分建议，试图用通俗易懂的语言言说关学。但是关学的核心毕竟是哲学，言说时不免要运用一些哲学术语。这就注定我虽想写得通俗易懂，又未能完全写得通俗易懂。我没有接受朱熹的后半部分建议，在言说时依然"引东引西"。原因有二：一是我借鉴了前贤时俊的研究成果，如果不予以注明，那无异于剽窃；另一是我想通过征引关学原著告诉读者，关学研究有客观性，起码要做到言之有据。当然，为了避免繁芜，我尽量减少"掉书袋"。

关学，作为历史上的存在，是一个具有八百多年历史的学派；关学，在现代人的认识中，是一门多学科综合而体系庞大的学问：这就是言说对象。如何在比

[①] 朱熹：《朱子全书》第十八册，上海古籍出版社、安徽教育出版社，2002年，第3802页。

较短的时间内言说关学八百多年的历史？如何在有限的篇幅中展现关学庞大的思想体系？答案是"概说"，即概括且扼要地论述：这就是言说方式。概说并不是大致地说说，让读者只了解个大概；而是既要归纳特点，又要抓住要点，让读者掌握要领。这样来看，概说不只约束着言说方式，而且影响到言说对象。因为只有以鸟瞰的方式整体认知，才可能总括关学的整体特点，不然就有"只见树木，不见森林"的不足，必然造成"不识庐山真面目，只缘身在此山中"的后果。正是有鉴于此，我将带领读者纵览关学八百多年的发展历史。但如果只有鸟瞰式的整体认知而缺失特写式的细节认识，那自然也就无法抓住关学的理论特征。出于这种考虑，我还会带领读者深入其中去探讨关学的四大理论特征。总而言之，我采用概说的方式言说关学，是想让读者既宏观又深刻地认识关学。我用概说的方式言说关学的结果，就是现在呈现在读者朋友面前的这本书——《关学概说》。

希望这本书能够帮助读者朋友认识关学，进而发现关学的价值。当然，这种认识对读者而言是通过"别人的眼睛"去认识。如果读者朋友想通过"自己的眼睛"认识关学，最好的方法莫过于直接阅读关学原著。

第一篇 关学的内涵

第一章　关学是一个学派

今天下讲学，惟关中尚能成派。

——［民国］牛兆濂

陈忠实的《白鹿原》中有位朱先生。读过这部小说或者看过这部电视剧的朋友，想必对朱先生这个人物形象的印象比较深刻。其实，这个人物形象有其生活原型，这就是民国时期一位比较有影响的关学学者——牛兆濂（1867—1937，字梦周，号蓝川）。

据牛兆濂回忆，民国时期一位来陕西任职的官员曾讲：他在多个省份做过官，没有哪个省份有像关学这样的学派，能够从北宋开始，不间断地传承到民国。我们知道，从北宋到民国，历时八百多年啊！关学到底是什么样的学派？怎么能够传承得这么久远？你如果想探究清楚这些问题，那就很有必要全面地认识关学。

一、关学的概念

首先，我开门见山地告诉大家，关学是指由北宋的张载在关中开创并被后来的关中儒者继承和发展而终结于民国初期的宋明新儒学。关学以"学以成人"为为学宗旨、以"体用全学"为理论形态、以"崇实致用"为基本精神、以"以礼为教"为教学风尚，这是关学的理论特征。

接下来，我再分析为什么这样界定关学概念。"关学"这个名词，就目前掌握的资料看，最早出现在南宋。南宋时期有位河北籍的学者刘荀[①]，他在编写的

[①] 刘荀，字子卿，生卒年不详，宋永静军东光（今属河北）人，后徙居清江（今属湖北），主要生活在南宋孝宗年间（1162—1189），是北宋名臣刘挚（1030—1098）的曾孙。

《明本释》一书中说："（张载）居凤翔郿县之横渠镇，学者称横渠先生。倡道学于关中，世谓之关学。"[①]从刘荀"世谓之关学"的说法来看，"关学"这个名词并不是他自己的发明，而是沿用了当时或者以前人们的话语。那么，"关学"这个名词最晚也应当出现在刘荀生活的时代。具体是什么时候，目前还无法断定。我们只能含糊地说：关学概念出现于南宋。

关学的内涵，从刘荀的话语来看，是"关中道学"。刘荀说"（张载）在关中倡导道学，世人称之为'关学'"，那么，关学就是"关中道学"。什么是道学？既不是老子和庄子所代表的道家学说，也不是汉代以来流传的道教学说，而是对宋明新儒学的一种称谓。宋明新儒学是指以孔孟为代表的儒学发展到宋明时期而形成的一种新的儒学形态。北宋以来的古代学者都称之为"理学"或"道学"。我国学界现在还在沿用"理学"这个概念，将宋明新儒学称为"宋明理学"，而日本学界普遍沿用"道学"这个概念，将宋明新儒学称为"道学"。无论使用道学概念，还是使用理学概念，都指宋明新儒学。这也就是说，关学指称的是关中的宋明新儒学。

关学的第一部通史《关学编》使用的也是以"关中的宋明新儒学"为内涵的关学概念。冯从吾说，他编写《关学编》的目的是勾勒"关中理学"的大致发展历程。冯从吾的"关中理学"，也指关中的宋明新儒学。

古代的关学概念有两个显著特征：一个是地理范围，另一个是学术领域。"关中的宋明新儒学"中的"关中"是关学的地理范围，"宋明新儒学"是关学的学术领域。对于关中的地理范围，关学学者看法并不一致。清代以前的关学学者大都认为，关中即陕西的关中地区和甘肃嘉峪关以东的地区；而清代以来的关学学者大都认为，关中即陕西的全境。对于关学的学术领域，关学学者的认知比较一致，即关学是宋明新儒学，属于儒学。

古代的关学概念存在明显的不足，即遮蔽了关学的学派属性。"关中的宋明新儒学"呈现给我们的是关中地区的宋明新儒学。只要这位学者生活在关中地区，他本人有宋明新儒学思想，那么，这位学者就是关学学者，他的宋明新儒学就属于关学。至于关学有没有特色，是不是一个学派，在古代关学概念的内涵中没有体现。

[①] 刘荀：《明本释》，见《景印文渊阁四库全书》第703册，台湾商务印书馆，1983年，第161页下。

关学是不是一个学派？古代学人认知并不一致。否定关学是一个独立学派的观点认为，张载的新儒学思想来源于他的表侄——洛学的创始人程颢（1032—1085，字伯淳，世称"明道先生"）和程颐（1033—1107，字正叔，世称"伊川先生"）。张载病逝后，他的弟子吕大临等人前往洛阳师从二程兄弟，学习洛学。在学习洛学期间，吕大临（1040—1092，字与叔，号芸阁）为张载撰写了《横渠先生行状》。他在这篇文章中说，张载"见二程尽弃其学"。可以说他是"张载之学源于二程兄弟"之观点的始作俑者。但是，吕大临的这种看法没有什么影响，因为程颐认为吕大临的这种言辞简直是无稽之谈，立即否定了这种歪曲事实的观点。他对吕大临说："表叔平生议论，谓颐兄弟有同处则可，若谓学于颐兄弟，则无是事。"①并嘱咐吕大临删去这种不实之词。于是，吕大临修改为"尽弃异学，淳如也"。吕大临为什么杜撰这种不实之词？我们不得而知。但程颐"无是事"的澄清，无疑有力地反驳了张载之学源于二程兄弟的不实之论。

　　二程去世后，这种不符合事实的论调被二程的弟子杨时和游酢旧调重弹。杨时（1053—1135，字中立，号龟山）说："横渠之学，其源出于程氏，而关中诸生尊其书，欲自为一家。"②游酢（1053—1123，字定夫，号廌山）则直接说二程被"张子厚友而师之"，进而描写张载从学于二程兄弟的情形说："既而得闻先生论议，乃归谢其徒，尽弃其旧学，以从事于道。"③后来，南宋坊间流行的科举时尚书《古今源流至论》完全接受了杨时和游酢的不实之论，宣扬说："横渠本出于程氏也，而关中诸生欲尊其师，自为一家。"④这种论调影响极大，以至于一代儒宗朱熹虽承认"横渠之学，实亦自成一家"，但也不能勘破"其源则自二先生发之耳"的谬论。⑤现代学人非常有力地驳斥了这种谬论：前有日本学者渡边秀方于20世纪20年代指出，张载之学源于二程的观点"当为程门尊师的捏造无疑"⑥；后有我国著名哲学史家张岱年（1909—2004）于20世纪30年代揭示，"门徒附会，至有谓张曾学于程者"，这只不过是"一派之私见而已"，事实是张载

---

① 朱熹：《朱子全书》第十二册，第1001页。
② 杨时：《杨时集》第三册，中华书局，2018年，第692页。
③ 游酢：《书行状后》，见程颢、程颐：《二程集》，中华书局，2004年，第334页。
④ 黄履翁：《古今源流至论别集》，见《景印文渊阁四库全书》第942册，台湾商务印书馆，1983年，第565页。
⑤ 朱熹：《朱子全书》第十二册，第1002页。
⑥ ［日］渡边秀方著，刘侃元译：《中国哲学史概论》，河南人民出版社，2016年，第29页。

"思想之完成年代先于二程甚远",影响了二程的思想。[①]从此以后,这种不符合事实的论调才被彻底否定了。不过,我们还需要从学理方面说明张载开创的关学是一个独立的学派。

现代学界对学派及其传承的判定有相当严格的标准。学派的判定有三个标准,即学术领袖、学术门徒、学术理论;其中,学术理论是核心。学派传承的判断有两个标准,即学承和师承;其中,学承是核心。关学有没有独具特色的学术理论?这种学术理论是否被传承?这类至为重要的问题,古代关学概念的内涵没有回答。

历史上的关学是不是一个学派?由于始于北宋而终于民国的关学学派早已成为过去,而且是无法复原的过去,那我们就无法直接证实或者证伪。不过古代那些记载关学的历史文献大都存在,我们不妨先阅读这些历史文献,看看历史文献中的关学是不是一个学派。

二、关学的历史

"历史"这个词语,既被人们用来表达发生在过去的事情,也被人们用来表达记载过去事情的著作。我这里所说的"关学的历史",指后一种情况。就关学的历史来看:明代末期出现了《关学编》;清代又出现了几种《关学续编》;民国初期还出现了《关学宗传》。这都是我们今天能看到的关学的历史。

《关学编》是明末关学宗师冯从吾编写的关学通史。《关学编》成书于明神宗万历三十四年(1606),记载了始于北宋张载而终于明代秦关的共计33位关学学者的生平事迹和学术思想。这部书以宋、金、元、明为时代顺序,将各时期的关学学者作为个案来研究。具体来看,宋代有张载等9人,金代有杨天德1人,元代有杨奂等8人,明代有段坚等15人,另有10人的小传附录在相关传记后面。这种以时间为序的个案研究,便于读者看到关学学者各具特色的新儒学思想,但不易寻找关学的学派特色。冯从吾也承认这些关学学者的思想门户各异,但他还要将之统称为"关学",是因为他们的学术思想都遵从孔子的思想。这样来看,冯从吾的《关学编》记载的是"宋明时期的关中儒学",而并不是一个独立的学派。

但我们也不难发现,《关学编》在叙述北宋到明末的关学历史时,特别关注"礼"。比如在叙述关学的创始人张载时说:张载这个人"笃志好礼",他的

[①] 张岱年:《中国哲学大纲》,商务印书馆,2015年,第43页。

学问"以礼为的",他教导学生"多告以知礼成性",他在朝为官建议"勉修古礼",村居乡间教民"成礼俗"。以这种视角观照,从张载直到明末的关学学者,日常生活中言行都"准之以礼",且普遍"率礼而行";平常教学都"崇礼教",且普遍"教人以礼为先"。依此来看,由北宋到明末的关学学者那各具特色的新儒学具有共同点,这就是现代学人称道的关学"以礼为教"的学风。

《关学续编》大都是接续《关学编》而形成的关学史。今天我们能见到的《关学续编》有王心敬编写的《关学续编》、李元春编写的《关学续编》和贺瑞麟编写的《关学续编》。①

王心敬(1656—1738,字尔缉,号丰川)的《关学续编》接续《关学编》而增加了明末和清初的关学学者。清世宗雍正四年(1726),王心敬编写成《关学续编》。从公元1606年冯从吾编写成《关学编》到公元1726年王心敬编写成《关学续编》,这一百多年中出现了许多关学学者。王心敬的《关学续编》就是要将这些关学学者记载到关学的历史中。具体来看,明代增加了冯从吾等6人,清代增加了李颙等6人以及李颙的弟子12人。

李元春(1769—1854,字仲仁,号时斋,亦号桐阁)的《关学续编》不只接续王心敬的《关学续编》,而且针对冯从吾的《关学编》和王心敬的《关学续编》做了补遗工作。清宣宗道光十年(1830),李元春编写成《关学续编》,这距王心敬公元1726年编成《关学续编》已经过去了一百多年。这一百多年中又出现了不少关学学者,李元春的《关学续编》中增加的王心敬、孙景烈、王巡泰等关学学者,就是这段时间内的关学翘楚。同时,李元春的《关学续编》还于北宋增加游师雄,于明代增加刘玺等人,于清初增加王宏度等人,这是对冯从吾《关学编》和王心敬《关学续编》所做的补遗工作。

贺瑞麟(1824—1893,字角生,号复斋,人称"清麓先生")的《关学续编》接续李元春的《关学续编》而作。清德宗光绪十八年(1892),贺瑞麟编写

---

① 据《新订关学编》记载,朱久拈(1768—1824,字巨源,号梓亭,今陕西富平人)和张元际(1851—1931,字晓山,号仁斋,今陕西兴平人)也编写有《关学续编》,但今未见。(参阅魏冬新订:《新订关学编》,西北大学出版社,2020年,第40页。)今所见王心敬的《关学续编》、李元春的《关学续编》和贺瑞麟的《关学续编》均非单行本,王著《关学续编》是其所著六卷本《关学汇编》(周元鼎增加王心敬传后将之易名为《关学续编》刊刻,即所谓的周元鼎本《关学续编》)中的部分内容,李著《关学续编》是刘传经堂本《关学编》中的部分内容,贺著《关学续编》是沣西草堂本《关学编》中的部分内容。今中华书局版《关学编》附录《关学续编》是王心敬、李元春和贺瑞麟所著《关学续编》。

成《关学续编》。此时距李元春于公元1830年编成《关学续编》已经过去了六十多年，这期间又出现了一些关学学者。由于贺瑞麟为学"守定程朱门户"，是一个门户成见很深的人，他只将这段时间内新儒学思想倾向理学的刘鸣珂等7人记录在《关学续编》中，对于新儒学思想倾向心学的周元鼎和祝垲等人，他在《关学续编》中一字不提。

《关学续编》沿袭了《关学编》的著作体例，即以时间为序列，注重关学学者的个案研究。读者看到的依然是关学学者各自学说的大致特色，而看不到他们的共同思想，这就很难发现关学是一个独立学派。

王心敬、李元春和贺瑞麟在编写《关学续编》时，也特别关注"礼"。他们聚焦于关学有关"礼"的思想，是因为他们深知"以礼为教"是关学的基本特征。王心敬的"张子教人以礼"、李元春的"横渠以礼教人"和贺瑞麟的"横渠张子教学者以礼为先"等话语，非常清楚地表达了这种观点。

《关学宗传》是四川成都双流人张骥（1874—1951）编写的关学通史。民国初年，张骥侨居陕西。尽管这个时期关学即将终结，但在关学遗风流韵的感染下，他还是被关学深深地吸引住了。于是，他开始留意关学。在多次走访遗老和广泛搜集资料后，他历时三年于民国十年（1921）编写成《关学宗传》。

《关学宗传》是一部内容庞杂的关学通史。就记载的学人来看，其记载了从北宋张载到清末刘光蕡等关中学人250多人，远远超过了《关学编》和《关学续编》记载的关学学者数量。就著作体例来看，《关学宗传》是学案体，不像《关学编》和《关学续编》那般只简述关学学者的生平事迹和学术思想，还选录了关学学者的部分著作。这都是《关学宗传》的优点。但《关学宗传》也有一个明显的缺陷，即突破了关学的学术领域。如前所述，关学有严格的学术领域——宋明新儒学。但是，张骥将一些并没有新儒学思想的文学之士和政府官员也记载到《关学宗传》当中，这导致《关学宗传》杂而不纯。我们依据《关学宗传》就更难寻找关学的基本特征。

张骥对关学学术领域的认知不够准确，导致他在《关学宗传》中记载了不是关学学者的学人；贺瑞麟抱有门户之见，导致他的《关学续编》摒弃了本应记载的关学学人：这都说明关学的历史著作具有一定的局限性。那么，我们依据关学的历史著作来探究关学的理论特色和学术传承必然具有局限性。但相对于埋头阅读大量的关学学者的著作而言，阅读几本关学历史著作就显得比较便捷。特别是在《关学文库》出版以前，哪些关学学者的著作存世，现在保存在什么地方，是否便于阅读，这都是问题，更别说花费大量时间去埋头阅读了。我们通过对关学历史著作的阅读发现，关学有自己的理论特色——"以礼为教"的学风。只不过这种观点的可靠性，还需要我们阅读大量的关学学者的著作去证实。

三、关学的特征

2015年《关学文库》的出版，使普通读者阅读关学史上重要关学文献由可能变成了现实。《关学文库》的文献整理系列有经现代学人点校整理的29位关学学者的著作，这是研究关学最基本的资料。掌握这些关学著作中的思想，是我们寻找关学理论特色和学术传承必须完成的工作。通过阅读这些关学著作，我们发现关学是一个代有传承的宋明新儒学学派。

关学学者自认为关学是一个学派。对关学学者来说，并不存在关学是不是一个学派的问题，因为他们自始至终都认为关学是一个学派。明代关学学者的学派自我认同是"横渠派"，清代的关学学者坚信"关学一脉"从来没有中断。民国时期，关学学者依然认为关学"尚能成派"。在关学学者看来，关学自始至终是一个学派。

关学是一个学派，就师承来看，是因为张载之后的关中儒者大都以张载为师。他们认为"横渠为关学之祖"[1]，有的甚至抱着宗教般的情怀说"横渠，教之宗也"[2]。抱持这种信念，他们直言"横渠是吾师"[3]。就师承而言，关学是一个学派。

就学承来看，关学也是一个学派。吕大临等人在张载病逝后，曾师从二程兄弟学习洛学。但程颐认为吕大临等人"守横渠学甚固"[4]，这其实是关学学者吸收洛学思想来发展关学。元代的关学学者同恕有"振关洛之坠绪"[5]的志向，这表现的同样是吸收洛学思想来振兴关学。明代的新儒学，前期有居于正统地位的朱子学，后期有风行天下的阳明学。但是"关西诸君子尚守鄠县宗指"[6]，不被时尚影

---

[1] 贺瑞麟：《贺瑞麟集》上册，西北大学出版社，2015年，第282页。
[2] 吕柟：《吕柟集·泾野先生文集》上册，西北大学出版社，2015年，第76页。
[3] 柏景伟：《沣西草堂文集》卷八，光绪二十六年排印本，第23页b。
[4] 程颢、程颐：《二程集》，第265页。
[5] 同恕：《榘庵集》，见《元代关学三家集》，第137页。
[6] 冯从吾：《关学编》（附续编），中华书局，1987年，第123页。

响。清代的关中儒者,"凡所以立身诲人者,往往奉横渠张子为准的"[1]。民国时期,关中儒者依然自觉地"共讲关学,以复横渠旧业"[2]。就学承来看,关学是一个学派。

问题是,所谓的"学承"是什么样的学术传承?张载之后的关中儒者继承了张载的哪些思想,能够使关学成为一个学术特色鲜明而且代有传承的学派?就关中儒者的传承来看,关学主要有四个层面的学术特色,即"学以成人"的为学宗旨、"体用全学"的理论形态、"崇实致用"的基本精神和"以礼为教"的教学风尚。关学这四个层面的特征,既是关学的学术特色,也是关学的学术传承。

第一,关学"学以成人"的为学宗旨。关学学者从北宋的张载开始到民国的李铭诚,讲学都以"学以成人"为目的。"学以成人"的意思是说,人们只有通过学习才能成为人格高尚的人。尽管"学以成人"是宋明新儒学乃至儒学的共同宗旨,但是关学"学以成人"中的人是"仁智合一"的"圣人",这使得关学的"学以成人"独具特色。再者,关学学者将"学以成人"作为为学宗旨更为自觉,关学"学以成人"的为学宗旨更为突出。所以,"学以成人"可以作为关学的一个理论特色。

第二,关学"体用全学"的理论形态。关学学者从北宋的张载开始就试图建构"合体与用"之学,经明代关学学者建构"体用之学"的不懈努力,直到清初的李颙才建构成体系完备的"体用全学"。后来的关学学者根据时代的需要,不断充实"体用全学"的内容。"体用全学"是相对"有体无用"和"有用无体"的"偏曲之学"而言的一种新儒学理论。"有体无用"之学只关注心性修养而忽视经世致用,"有用无体"之学只关注经世致用而忽视心性修养;而"体用全学"既有关注心性修养的"道德之学",也有关注经世致用的"经济之学",显得非常全面。"体用全学"是关学显著的理论特色,因为宋明新儒家虽普遍使用体用概念,但没有哪个宋明新儒学流派像关学这样一贯地提倡"体用之学"。

第三,关学"崇实致用"的基本精神。关学有不同层面的精神,"崇实致用"是基础性、根本性的精神。"崇实致用"是"崇实"和"致用"的合称:"崇实"主要表现为提倡"实行"和重视"实事",而"致用"则强调学问"有

---

[1] 周长发:《史复斋文集·序》,见《四库全书存目丛书》集部第281册,齐鲁书社,1997年,第1页下。
[2] 李铭诚:《庇荫轩存稿》,民国三十五年排印本,第7页b。

用"和对学问的"致用"。关学从张载开始就强调"学贵于有用"和"须行实事",直到清末刘光蕡还在强调"讲求实用"和"务为实行"。"崇实致用"是关学的显著特色。如果说"经世致用"是"中华人文精神"的话[1],那关学"崇实致用"基本精神中的"致用"无疑也蕴含着中华人文精神,而其中的"崇实"则彰显了关学鲜明的特色。

第四,关学"以礼为教"的教学风尚。现代学人大都将"以礼为教"视为张载及关学特有的学风;其实,"以礼为教"应当是张载的教风,即侧重用礼仪教育学生的教学风尚。与张载同时的程颢曾说"子厚以礼教学者,最善",这表明"以礼为教"就是教学风尚。"以礼为教",用张载的话语表达,就是"使学者先学礼"。他认为教导学生的最终目标是使其洞见天理,但是天理过于抽象,不便初学者认知,他便先教导学生遵守礼仪,后教导学生认知天理。对此,后来的关中儒者认知得非常准确,他们说"横渠急于讲礼",而并非只"讲礼",便将张载"以礼为教"的教学方法称为"横渠张子教学者以礼为先"。受张载"以礼为教"观念的影响,"关中学者,用礼渐成俗",逐渐形成一种非常重视礼仪的学术风气。这就是关学"以礼为教"的学风。

既然关学有四个层面的理论特色,为什么时人以及现代学人只将"以礼为教"当作关学的特色?就认知方面来看,"以礼为教"作为学风,相对"学以成人"的为学宗旨、"体用全学"的理论形态和"崇实致用"的基本精神而言,属于关学最表层的特色,人们易于认识。就实践方面来看,如何成人依赖于人的实践,"以礼为教"不只教导人们"知礼成性",而且要求人们"率礼而行",无疑抓住了关学的核心。所以,时人以及现代学人认为"以礼为教"是关学的基本特色。

进而就学理来看,"以礼为教"不只担负着关学的基本特色,而且便于师儒教导学生掌握宇宙人生的真谛。就前者而言,首先,关学"以礼为教"的教学风尚载负着关学"学以成人"的为学宗旨。关学"学以成人"的为学宗旨表明关学的目标是培养完善的人,核心是恢复并维持纯粹的人性。在张载看来,"知礼成性",直接原因是礼可以维护人性,根本原因是礼的本质是天理,即"礼者理也"[2]。具体来看,礼包括"礼仪"和"礼义"两个层面:"礼仪"指礼的内容

---

[1] 张岂之:《中华人文精神》(增订本),陕西人民出版社,2007年,第180页。
[2] 张载:《张载集》,第326页。

和形式，表现为具体的言行规范；"礼义"即礼的精神或原则，实质是天理。后来的关中儒者继承了张载的这种观点，普遍主张"礼即理也"，并认为"循理而行"的具体操作是"率礼而行"。其次，关学"以礼为教"的教学风尚浓缩了关学"体用全学"的理论形态。关学"体用全学"的理论形态包括"道德之学"和"经济之学"，前者被用来培养人的道德素养，后者被用来治理社会。礼不但可以培养人的道德素养，即张载所谓的"以礼成德"，也是社会治理的基本工具，张载说"治民则教化刑罚俱不出于礼外"。后来的关中儒者更是强调"圣王治世莫重于礼"。礼既能培养道德，又能治理社会，明显抓住了"体用全学"的核心。最后，关学"以礼为教"的教学风尚凝聚着关学"崇实致用"的基本精神。张载认为"礼著实处"，甚至有"惟礼乃是实事"的观点，原因是相对于抽象的天理而言，礼仪具体且便于操作，即张载所谓的"礼有形"。那么，采取"以礼为教"的方法教学，便能使学生"言有教，动有法"。后来的关中儒者更深知这个道理，李颙称赞张载的"以礼为教"说："学者须从此入德，方有据依。"[1]李颙的弟子王心敬进而解释道："一言礼则规矩森然，可持可守矣。"[2]这都反映了关学学者提倡"以礼为教"，一个重要的原因是"以礼为教"凝聚着关学"崇实致用"的基本精神。就后者而言，从认知对象来看，儒学最终的认知对象是天理，非常抽象，难以认知。再者，张载明白天理过于抽象，人们可以随便言说，那人是否"循理而行"就难于验证；而礼则不然，比较具体，便于认知，人是否"率礼而行"易于验证。从教学的内容来看，"体用全学"包括"道德之学"和"经济之学"，内容十分庞博，人难以在短期内掌握。礼既可培养人的道德，又可以治理社会，无疑起到以简驭繁的作用。从教学规律来看，教学应当先易后难，不然的话，如张载所说"教之而不受，虽强告之无益"[3]。出于这些考虑，张载教学"使学者先学礼"。

因为张载的"以礼为教"具有上述特点，后来的关中儒者才自觉地传承张载的"以礼为教"。正因关学的"以礼为教"具有上述特点，时人以及现代学人才用"以礼为教"指代关学的理论特色。但我们应当明白，关学的理论特色除表层"以礼为教"的教学风尚外，还有深层"学以成人"的为学宗旨、"体用全学"

---

[1] 李颙：《二曲集》，中华书局，1996年，第511页。
[2] 王心敬：《王心敬集》上册，西北大学出版社，2015年，第408页。
[3] 张载：《张载集》，第285页。

的理论形态和"崇实致用"的基本精神。

关学，就"学以成人"的为学宗旨而言，可以称为"人学"；就"体用全学"的理论形态而言，可以称为"全学"；就"崇实致用"的基本精神而言，可以称为"实学"；就"以礼为教"的教学风尚而言，可以称为"礼学"：这是从关学不同层面的理论特色角度认知的关学。

关学学者的著作反映出历史上的关学并不仅仅是关中地区的宋明新儒学，而且是一个具有学术特色的宋明新儒学学派，那我们就不能再用"关中理学"或"关中道学"这类以"关中地区的宋明新儒学"这样的内涵界定关学的概念，而应当重新界定"关学"，使关学概念能够如实地反映历史上存在的关学学派。这种崭新的界定是：关学是指由北宋的张载在关中开创并被后来的关中儒者继承和发展而终结于民国初期的宋明新儒学，具有"学以成人"的为学宗旨、"体用全学"的理论形态、"崇实致用"的基本精神和"以礼为教"的教学风尚等理论特征。

这样的关学概念，能够更准确地反映历史上存在的关学学派。因为这种界定不但包含关学的空间范围和学术领域，还包括关学的时间范围和学派特色。就空间范围来看，关学存在于关中地区；就时间范围来看，关学始于北宋而终结于民国初期；就学术领域来看，关学是宋明新儒学；就学派特色来看，关学以"学以成人"为为学宗旨、以"体用全学"为理论形态、以"崇实致用"为基本精神、以"以礼为教"为教学风尚：这就是关学。

第二篇　关学的成因

第二章　关学的文化基因

> 盖关中，古周、秦、汉、唐都会之地。周人尚礼义而贵农桑，秦人尚武勇而贵富强，汉人尚宽大而贵敦朴，唐人尚章程而贵勋伐。
>
> ——[明]南大吉

基因作为遗传因子，不只是自然生命形成和传衍的前提，也是人类文化形成和传承的前提。关学的文化基因是"关中文化"，因为关学带有的文化遗传信息主要是关中文化。或者说，关中文化是关学的文化基因，是关学诞生的思想前提。

作为关学文化基因的关中文化，即周、秦、汉、唐四代形成并沉淀于关中地区的优秀传统文化。明代关学学者南大吉（1487—1541，字元善，号瑞泉）对关中文化的特点做了高度的概括，即"周人尚礼义而贵农桑，秦人尚武勇而贵富强，汉人尚宽大而贵敦朴，唐人尚章程而贵勋伐"①。这就是作为关学文化基因的关中文化，是周、秦、汉、唐四代的文化精华，也是中华民族的文化精华。

一、寻觅关学的文化基因

有人可能会问：关学作为宋明新儒学的一个流派，无疑属于儒学，那关学的文化基因不是以孔孟为代表的先秦儒学吗？诚然，先秦儒学可以被视为关学的文化基因。出于这种考虑，冯从吾明言《关学编》"自横渠张子始"，却将秦子、燕子、石作子和壤驷子等关中籍的孔门弟子置于卷首。他这么做是想表明，关学有先秦儒学的文化基因。

王心敬的《关学汇编》②在"孔门四贤"（秦子、燕子、石作子和壤驷子）

---

① 南大吉：《渭南志》，陕西人民出版社，2010年，第69—70页。
② 王心敬编写有《关学汇编》，后人将其中接续冯从吾《关学编》的部分选出而编辑为《关学续编》，可参阅拙著：《王心敬评传》，西北大学出版社，2015年，第245页，第271—272页。

之前增加了"六圣",即:传说中的伏羲,商朝的泰伯和仲雍,周朝的文王、武王和周公。伏羲是传说中八卦的创始人,王心敬认为他是"关学之鼻祖"。泰伯至周武王,如王心敬所说,"属一家之祖孙父子兄弟",同为周文化一系;尤其周文王、周武王和周公所代表的周文化,王心敬认为是"关学之大宗"。周朝发源于今陕西岐山一带,伏羲生活在今甘肃天水一带,都属于广义的关中地区。王心敬想表明关学的文化基因是关中文化。其实,当冯从吾将先秦儒学视为关学的文化基因时,当时的另一位关学学者张舜典(1557—1629,字心虞,号鸡山)就表达了不同的看法。他在给《关学编》写的《后序》中说:"吾乡据天下之西北脊,坤灵淑粹之气自吾乡发,是以庖羲画卦,西伯演《易》,姬公制礼,而千万世之道源学术自此衍且广矣。"[①]这句话委婉地表明,关中文化才是关学真正的文化基因。

关学有来自先秦儒学的文化基因,关学学者却将关学的诞生归因于关中文化,这会不会是本位思想的表现?在传统的儒学谱系中,先秦儒学以孔孟为代表,即古人所谓的"孔孟之道"。孔子是春秋时期鲁国(今山东曲阜)人,孟子是战国时期邹国(今山东邹城)人,古代书籍便将孔孟代表的儒学称为"邹鲁之学"。"邹鲁之学"不属于关中文化。这样来看,关学学者还真有本位思想的狭隘观念。其实不然,当我们进而追溯"邹鲁之学"的文化基因时会发现,"邹鲁之学"有关中文化基因,因为孔子开创的儒学有周文化基因。

以孔孟为代表的先秦儒学有强大的周文化基因。鲁国是周公的封地,周公因辅佐年幼的成王无法离开镐京,便由其长子伯禽代为赴任。伯禽用周礼治理鲁国,使鲁国具有浓厚的周文化。周公去世后,周天子念周公劳苦功高,特许鲁国享有一些天子才能够享有的礼制特权,使鲁国在诸侯国中的周文化特色更为突出。生长在鲁国的孔子从小就受到周文化的滋养,更重要的是他自觉地继承了周文化。对此,古代的儒者非常清楚,比如明儒罗洪先(1504—1564,字达夫,号念庵)就说:"孔子生于鲁,而鲁则周公制遗也。"[②]现在我们翻阅《论语》也不难发现:孔子不但推崇西周的文化,而且非常崇拜西周文化的开创者周公。对于西周的文化,孔子既崇尚周人对道德的高度重视,说"周之德,其可谓至德也

---

① 张舜典:《鸡山语要》,见《薛敬之张舜典集》,西北大学出版社,2015年,第150页。
② 罗洪先:《罗洪先集》上册,凤凰出版社,2007年,第103页。

已矣"[1];又崇尚西周的礼仪制度,说"郁郁乎文哉!吾从周"[2]。对于周公,孔子非常羡慕"周公之才之美",将他当作自己的偶像,以至于有"久矣吾不复梦见周公"的话语。翻阅《孟子》不难发现,孟子也继承了西周文化。孟子"悦周公、仲尼之道",尤其崇拜孔子,他说:"予未得为孔子徒也,予私淑诸人也。"[3]他以孔子为老师,自觉继承孔子开创的儒学,也就间接继承了西周文化。先秦儒学有周文化基因,而周文化属于关中文化,那先秦儒学当然有关中文化基因。张舜典和王心敬认为关学的文化基因是关中文化的观点,不但没有本位思想之嫌,反而反映了客观事实。

关学有关中文化基因也是当时一些关外[4]学者的看法。比如,清初山东济南人叶承桃就持这种观点,而且,他对作为关学文化基因之关中文化的认识与南大吉相似。清圣祖康熙四年(1665),毁于明末的关中书院被重新建造好了。关中书院既是关中最为重要的书院,更是关学传播的重镇。时任西安知府的叶承桃邀请关学名儒王弘撰(1622—1702,字无异,号山史)主讲关中书院。叶承桃在书院的开讲典礼上讲道:"关中文献邦,被成周风化,湛西汉经术,沐盛唐雅藻,尚已。"[5]叶承桃所说的关中文化是周、汉、唐三代的文化,而没有提及秦文化,其实是为表示对关中以及关中士人的尊重而刻意如此。因为秦始皇及其缔造的大秦帝国,在由汉代到清朝的两千多年中,都是读书人批评的对象。在传统知识分子看来,秦始皇是推行"专制愚民"的暴君,秦政是"专制愚民"的暴政,那秦文化自然也就不值一提。但是,今天的学人不能轻视秦文化,特别是其中的优秀文化。秦文化中的优秀文化沉淀在关中大地,成了关学重要的文化基因。

提起关中,人们大都会联想到"关中自古帝王都"这句俗谚。这应归功于今天的世界历史名城——西安。现在的西安历史上称为"长安",曾是古代中国多个国家的都城,尤其作为汉王朝和唐王朝的首都而举世闻名。西安位于关中,因而社会上流传着"关中自古帝王都"的说法。西安曾是十三朝古都,西周、秦、西汉、新、东汉、西晋、前赵、前秦、后秦、西魏、北周、隋、唐十三个王朝先后在西安建立国都,历史长达1140年之久。古代的都会城市,既是这个国家的政

---

[1] 《论语·泰伯篇》。
[2] 《论语·八佾篇》。
[3] 《孟子·离娄下》。
[4] 这里的"关外"相对"关中"而言,意谓关中地区之外中国的其他地区。
[5] 王弘撰:《王弘撰集》下册,西北大学出版社,2015年,第898页。

治中心，也是其经济中心和文化中心。特别是在周、秦、汉、唐之时，西安是当时中国的文化中心。那么，关中也就是当时中国的文化中心。关学学者追思关中的文化中心地位时，曾无不自豪地说"关中自古文献邦"。

"关中自古文献邦"既是关学学者的观点，也是关外学者的观点。比如前文提到的叶承桃就曾说"关中文献邦"，再比如明代江西婺源人余懋衡也曾说"关中自古文献国"。

作为关学文化基因的关中文化是周、秦、汉、唐四代沉淀在关中的优秀文化。生长在关中大地的张载，长期受关中文化的熏陶，在创建关学时继承了关中文化，使关学带有强大的关中文化基因。

二、关中文化滋养了张载

在宋明新儒家中，"张载的学说最宏伟渊博"[1]。这是张岱年对张载之学的评价。中国现代著名哲学家方东美（1899—1977）认为张载的著作有"大气磅礴的思想表现"，原因是张载"有大气魄"。[2]中国近代著名历史学家吕思勉（1884—1957）认为"理学家中，规模阔大，制行坚卓，实无如张子者"[3]。内容"宏伟渊博"、理论"规模阔大"、思想"大气磅礴"，这是张载关学有别于其他宋明新儒学的显著特点。

进而追问张载之学为什么内容"宏伟渊博"、理论"规模阔大"、思想"大气磅礴"，我们会发现，这和关中文化有密切的关系。关中文化的源头可以追溯到遥远的石器时代，但作为关学文化基因的关中文化，指周、秦、汉、唐时期沉淀在关中的传统文化。张载出生于关中，生活于关中，自然会受到关中文化的影响。

首先，需要澄清的是张载是关中人。张载的祖籍虽然是北宋时期的大梁（今河南开封），但是他一生几乎都生活在关中，是地地道道的关中人。张载的父亲叫张迪，是现在的河南开封人，侨居于今陕西西安长安区。宋真宗天禧四年（1020），张载出生在长安区。张载四岁时，父亲考中进士。十一岁时，父亲出任四川涪州（今重庆涪陵区）知府，他随父亲生活在涪州，直到宋仁宗景祐元年（1034）父亲病逝，才结束了这段侨居生活。张载在护送父亲灵柩回河南开封而

---

[1] 张岱年：《中国哲学大纲》，第42页。
[2] 方东美：《新儒家哲学十八讲》，中华书局，2012年，第265页。
[3] 吕思勉：《理学纲要》，商务印书馆，2015年，第60页。

途经陕西眉县横渠镇时，因前方兵荒马乱无法返乡，便将父亲安葬在横渠镇旁的山岭上。张载便带着家人定居在了横渠镇，直到宋神宗熙宁十年（1077）去世。其间，他除在宋仁宗嘉祐二年（1057）考中进士而外出任官外，一生都生活在横渠镇。诚如方东美所说："张横渠有人说是大梁人——河南人，事实上他是陕西人，地道的陕西人。"[1]试想：长期生活在关中的张载，怎能不受关中文化的濡染？

其次，张载具有"兼容并包"的治学态度。这种治学态度和他早年的生活经历有关。就籍贯而言，张载是河南开封人。他写文章有时也自称"汴人张载"，"汴"即河南开封的别称，这只不过是就籍贯而言罢了。他一生主要生活在陕西关中，曾在四川涪州生活过几年。张载的生活经历决定了他没有狭隘的本位思想观念，能够以平等的眼光和包容的态度对待不同文化。现代学人研究认为，张载之学的一个基本特点就是"博取兼容"的治学态度。[2]这种治学态度能够使张载在创建关学时积极地吸收关中文化。

最后，张载的关学吸收了丰富的关中文化。张载受关中文化影响最明显的表现是，他非常重视兵学。由于"有宋诸帝，崇尚文治"[3]，北宋的士人大都崇尚学术，而轻视兵学，结果导致"有宋一代，武功不竞，而学术特昌"[4]。有鉴于此，著名历史学家钱穆（1895—1990）将"两宋"称为"贫弱的宋代"[5]。但当时陕西的文化氛围截然不同，是"尚武勇而贵富强"。因为在北宋与西夏和北宋与金的战争中，陕西的某些地区一直沦为战场，这时沉淀在关中大地的"尚武勇而贵富强"的文化气息被关中士人激活。[6]生活在关中的张载，受这种文化氛围影响，在18岁就跟随邠（今陕西彬州）人焦寅学习兵法；21岁到延安拜谒陕西经略安抚招讨副使范仲淹（989—1052，字希文，谥号文正），建议其采纳自己的《边议》来收复失地。张载重视兵学的事例说明，他创建的关学的确有关中文化基因。

张载之时的关中文化，就内容而言，主要是周、秦、汉、唐四代传统文化在

---

[1] 方东美：《新儒家哲学十八讲》，第251页。
[2] 参阅赵馥洁：《关学精神论》，西北大学出版社，2015年，第17—19页。
[3] 柳诒徵：《中国文化史》下册，上海古籍出版社，2001年，第570页。
[4] 柳诒徵：《中国文化史》下册，第565页。
[5] 钱穆：《国史大纲》下册，商务印书馆，1996年，第602页。
[6] 秦晖认为由于长期的战争，北宋之时的陕西出现了"武胜文衰"的文化现象。（参阅郭琦等主编，秦晖著：《陕西通史·宋元卷》，陕西师范大学出版社，1997年，第16页。）

关中地区沉淀而形成的思想文化。就张载的著作来看，他对周、秦、汉、唐思想文化的态度各不相同。大体而言，他非常推崇周文化，猛烈抨击秦文化，连带批评汉文化，很少提及唐文化。但无论被他赞成，还是被他反对，周、秦、汉、唐的关中文化都对张载的学说产生了重要影响。

张载非常推崇周文化。他说"周家发迹于邠，迁于岐，迁于镐"[1]，这里的周指西周，那他推崇的周文化就是西周的文化。再者，从他称颂"周公制作"也可以看出他推崇的是西周的文化。所谓"周公制作"，表面看来是说周公"制礼作乐"，本质是西周确立的文化制度。在周文化当中，张载尤其推崇"周公之治"，即周公治理社会的主张和方法。他认为周公治理社会有两个特点：一个是井田制，另一个是周礼。就前者而言，井田制并不只被张载视为土地所有制度，更被他视为维护公平的有效方法。他认为西周实行井田制，使周人在经济上实现了最基本的公平，进而在其他领域实现了公平。他说"周道止是均平"，并认为"治天下不由井地，终无由得平"。[2]于是，他将西周有关井田制的思想吸收到自己的著作中，主张恢复井田制来维护公平。就后者而言，周礼不只被张载当作西周的社会制度，也被他视为治理社会的原则和方法。在他看来，"仲尼生于周，从周礼"[3]，那周礼就是儒家治世的基本原则；更重要的是孔子也有用周礼来"兴周公之治"的意图。基于这种认识，他将儒学称为"周孔之道"，而非"孔孟之道"。他将西周有关礼的思想吸收到自己的著作中，教学也先"以礼教学者"，使"关中学者，用礼渐成俗"，最终使关学具有"以礼为教"的显著特征。

张载猛烈抨击秦文化。这里的秦文化，侧重于秦统一六国之后所推行的文化。秦，在张载的话语中是"暴秦"。在他看来，秦统一六国不过是"以战力窃攘"的结果，秦朝留给后世的大都是"秦弊"。他猛烈抨击秦文化的原因，是秦朝"不行先王之道"。具体来看，有三个方面：第一是"坏田制"，秦朝没有沿袭西周时已发展成熟的井田制，而推行阡陌制度；第二是"不封建"，秦朝没有沿袭三代圣王的封建制度，而是推行郡县制度；第三是"灭学法"，秦朝焚书坑儒而推行法家的思想，破坏了三代圣王传下来的尚德学统。在张载看来，秦朝不效法三代圣王治理社会的行径不但没有治理好社会，更严重的是"使儒者风义浸

---

[1] 张载：《张载集》，第291页。
[2] 张载：《张载集》，第248页。
[3] 张载：《张载集》，第41页。

弊不传",即他所谓的"秦暴学灭"。有鉴于此,他"慨然有志三代之治",在政治之域主张"治必法三代"。

张载虽然站在儒家文化的立场猛烈地抨击秦文化,但也能够正视秦朝在军事方面所取得的成就。他既认同秦修筑长城对中原起到的防卫作用,也称赞秦的"利兵坚甲"在战国七雄中具有的优越性。那么,他站在儒家立场批评秦文化的同时,也就能够站在兵学的立场吸收秦国主张"强兵"的有关思想。

张载连带批评汉文化。张载对汉文化的批评,几乎都是将其与秦文化连带起来一并批评。在他看来,汉的某些文化完全继承了秦文化。在儒学方面,他指出"秦汉以来学者大蔽"是"求为贤人而不求为圣人"[1];在政治方面,他批评"秦汉之少恩",原因是"汉法出于秦法而已"[2]。他甚至认为,汉代对"秦弊"有推波助澜的作用,以至于遗祸后世。就法制而言,"秦弊于今未息肩",就有"高萧从此法相沿"的重要原因。[3]基于这种认识,他在猛烈抨击秦文化的同时,顺带地批评汉文化。他在创建关学时,有意弥补秦汉儒者的不足。他发现秦汉儒者有"求为贤人而不求为圣人"的不足,他的学说便主张"求为圣人",而且认为"致学可以成圣";他发现"汉儒极有知仁义者,但心与迹异",他的学说便大力倡导"实行""实作"。

张载很少提及唐文化,也没有对唐文化进行评价。对后世儒者称颂的唐太宗,他有不同的看法。宋代的儒者对唐太宗的评价普遍极高,比如:欧阳修(1007—1072,字永叔,号醉翁)认为唐太宗"除隋之乱,比迹汤、武;致治之美,庶几成、康"[4];司马光(1019—1086,字君实,号迂叟)认为唐太宗缔造的"贞观之治"是"三代以还,中国之盛未之有也";陆九渊(1139—1193,字子静,号存斋,世称"象山先生")认为唐太宗作为一代明君,"庶几于三代之王者"[5]。张载却说:"唐太宗虽英明,亦不可谓之仁主。"[6]张载承认唐太宗是"明君",但认为他称不上"仁主",那自然就不可比拟三代的圣王。张载之所以认为唐太宗不是"仁主",原因是发动玄武门之变的李世民有残害手足的不仁

---

[1] 脱脱等:《宋史》卷四二七《道学一·张载》,中华书局,1977年,第12724页。
[2] 张载:《张载集》,第290页。
[3] 张载:《张载集》,第367页。
[4] 欧阳修、宋祁:《新唐书》卷二《太宗本纪》,中华书局,1975年,第48页。
[5] 陆九渊:《陆九渊集》,中华书局,1980年,第370页。
[6] 张载:《张载集》,第251页。

之举。大概有鉴于此,他的学说在政治领域特别强调"君德",特别强调"仁厚之治"。

张载关学有关中文化基因的突出表现是,他的学说具有关中文化的基本特征——博大精深。周、秦、汉、唐时期,中外文化交流十分频繁:一方面是自身文化不断向外传播,另一方面是不断吸收外来文化。这种不断的吸收和融合,使关中文化不断发展,形成了"博大精深"的特点。[1]张载长期受博大精深的关中文化的熏陶,自觉"以天下为度",最终养成了"天包海蓄之度",这就不难理解为什么他在宋明诸儒当中"气魄最大"。他以开放的眼光和开阔的胸襟治学,他的学说必然以"致博大"和"义必精"为总目标,必然以"博学"和"精思"为基本要求,这就不难理解他的学说为什么在宋明新儒学中内容"宏伟渊博"、理论"规模阔大"、思想"大气磅礴"。总而言之,张载关学具有关中文化的基本特征——博大精深。

张载之学受关中文化影响最明显的表现是,他的著作带有关中地区的方言。早在南宋之时,理学的集大成者朱熹(1130—1200,字元晦,号晦庵)就指出:张载的著作多用关中方言,使人难以读懂。[2]诚然,这是导致张载著作晦涩难读的一个重要原因。但这充分说明,生长在关中的张载受关中文化的影响极大极深。

三、关学的关中文化基因

关学在张载创建之初,就具有关中文化基因。后来,关学在发展过程中被历代关中儒者吸收的关中文化的养分不断滋养,关中文化基因更强大,关中文化特色更突出。

关学有强大的周文化基因,表现是关学继承了"周人尚礼义而贵农桑"的文化特色。西周文化的特点比较多,其中,崇礼思想和重农思想最为显著。著名历史学家柳诒徵(1880—1956)说:"周之文化,以礼为渊海,集前古之大成,开后来之政教。"[3]西周的礼文化之所以发达,是因为"文王、周公皆尚文德,

---

[1] 参阅郭琦等主编,史念海等著:《陕西通史·历史地理卷》,陕西师范大学出版社,1998年,第308—309页。

[2] 据朱熹弟子记载,朱熹在讨论"方言难晓"时说:"如横渠《语录》是吕与叔诸公随日编者,多陕西方言,全有不可晓者。"(《朱子全书》第十五册,第1762页。)又说:"张横渠《语录》用关陕方言,甚者皆不可晓。"(《朱子全书》第十七册,第3295页。)

[3] 柳诒徵:《中国文化史》上册,第138页。

故周之治以文为主"①。西周也非常重视农业，甚至有学者认为"周是以善于经营农业而著名的"②，其中的原因不只是"周室之兴基于农业"③，更重要的是周人自其始祖后稷（号"神农"）始，就善于种植粮食作物。西周崇礼的思想被关学继承，表现是关学从张载开始就非常重视礼。张载不仅认为"礼即理也"，而且认为"礼著实地"，教学"使学者先学礼"，结果是"关中学者，用礼渐成俗"：关学初具"以礼为教"的特点。后来的关学学者深知"横渠张子教学者以礼为先"是"吾关学当奉以为法者也"④，便自觉继承和大力弘扬"以礼为教"，使"以礼为教"成了关学最显著的特征。西周重农的思想也被关学继承，表现是关学从张载开始就非常重视农业。张载更关注土地所有制，希望通过井田制使耕者有其田从而调动农民生产积极性，最终推动农业发展。后来的关学学者在"农者，国之本、民之命"⑤观点的主导下，更重视农业，甚至出现了著名的农学家。关学不但继承了周人"尚礼义而贵农桑"的文化特色，而且还有所发展。

关学有强大的秦文化基因，表现是关学继承了"秦人尚武勇而贵富强"的文化特色。东汉著名史学家班固（32—92，字孟坚）在其所著《汉书》中说秦人"迫戎狄，修习战备，高上勇力，以射猎为先"；南宋理学家朱熹说"秦人之俗，大抵尚气概，先勇力，忘生轻死"⑥：古代学者已发现秦有尚武的文化特色。经现代学人研究，自秦汉以来，关中有尚武的风气。⑦诞生并发展于关中的关学，继承了秦的尚武文化，表现是关学学者普遍重视军事学。据载，张载"少喜谈兵"，他18岁时曾随邠州的焦寅学习兵法。后来的关学学者认为"儒者不可以不知兵"，大都从事军事学研究，而且研究成果相当丰富。即使没有从事军事学研究的关学学者，也对军事学抱有浓厚的兴趣，如明代关学宗师吕柟就说："予素不职兵，亦未尝经阅塞徼，第闻人有探兵本、晓兵机者，则知其为善，喜爱不已也。"⑧秦文化还具有"贵富强"的特色。自秦孝公任用商鞅变法以来，秦国就主张用法家思想治理国家。据载，"孝公用商鞅之法，移风易俗，民以殷盛，国以

---

① 柳诒徵：《中国文化史》上册，第135页。
② 郭琦主编，斯维至著：《陕西通史·西周卷》，陕西师范大学出版社，1997年，第92页。
③ 柳诒徵：《中国文化史》上册，第129页。
④ 贺瑞麟：《贺瑞麟集》上册，西北大学出版社，2015年，第149页。
⑤ 李颙：《二曲集》，第537页。
⑥ 朱熹：《朱子全书》第一册，第513页。
⑦ 参阅郭琦等主编，史念海等著：《陕西通史·历史地理卷》，第268页。
⑧ 吕柟：《吕柟集·泾野先生文集》下册，西北大学出版社，2015年，第1083页。

富强，百姓乐用，诸侯亲服"①。秦"贵富强"的文化特色被关学继承。关学从张载开始就主张"求富"。不过，他强调"求之有可致之道"。后来，关学学者普遍主张"富国强兵"。他们不但主张要懂得"富强之术"，更要"实为富强之事"。

关学有强大的汉文化基因，表现是关学继承了"汉人尚宽大而贵敦朴"的文化特色。按照钱穆的研究，西汉的文化具有"尚宽大而贵敦朴"的特色，一方面是因为"汉廷君臣，崛起草野，粗朴之风未脱，谨厚之气尚在"②，另一方面是"汉自高惠吕后，与民休息。迄于文景，仍遵简俭之治"③。关学学者无论做人还是治学，都继承了"汉人尚宽大而贵敦朴"的文化特色。就治学而言，关学主张学贵有用，学以致用。前者强调学问的使用价值，后者强调学问的实际应用。关学从张载开始，主张"学贵于有用"，强调"求致用"。后来的关学学者普遍继承了张载的这种观点，"为学专注实践，归依致用"。就做人而言，关学主张做人要"朴实"。承续张载做人要"诚实"的要求，后来的关学学者普遍主张做人要"朴实"，在他们看来，"人须是朴实头，方是本色"④。这种人格诚如吕柟所说，看似"朴实无闻"，其实忠厚正直；而之所以"无闻"，如李颙所说，乃"敛华就实"的结果。关学继承了"汉人尚宽大而贵敦朴"的文化基因，逐渐形成了"崇实致用"的基本精神。再者，柳诒徵认为西汉"国基大定，疆域辽阔，又足以生国民宏大优美之思想"⑤，依此来看，关学"体用全学"的理论形态也不无汉文化的影响。

关学有强大的唐文化基因，表现是关学既继承了"唐人尚章程而贵勋伐"的文化特色，也继承了其"兼容并包的大气派"。唐朝，就帝国规模而言，无论是行政机构还是律令制度都相当完备；就激励机制而言，唐人非常重视功劳和业绩。据此来看，南大吉将"尚章程而贵勋伐"视为唐文化的特点不无道理。但是，唐文化的显著特征是具有兼容并包的大气派。唐王朝因规模空前的统一和强盛而具有气派空前的宽容和吸收能力，从而在文化方面具有"海纳百川，有容乃

---

① 司马迁：《史记》卷八七《李斯列传》，中华书局，1959年，第2542页。
② 钱穆：《秦汉史》，生活·读书·新知三联书店，2004年，第54页。
③ 钱穆：《秦汉史》，第75页。
④ 贺瑞麟：《贺瑞麟集》上册，第415页。
⑤ 柳诒徵：《中国文化史》上册，第352页。

大"的气度，最终形成了以兼容并包且丰富浓烈为基本特征的唐文化。[1]就关学来看，"体用全学"内容宏伟博大，明显继承了唐文化兼容并包的大气派。就关学学者来看，张载年少时就"慨然以功名自许"[2]，后来的关学学者大都具有"仕为名臣"的理想，明显继承了唐文化"贵勋伐"的特点。这样来看，关学具有唐文化基因。关学诞生于北宋，但从文化类型上看，并不是宋型文化，而是唐型文化，原因是关学具有特别强大的唐文化基因。[3]

周、秦、汉、唐的文化不仅是关中文化，也是当时的全国文化。当关学将周、秦、汉、唐文化的精华作为关中文化基因而传承，那关学就继承了中国传统文化的精华，自然具有普遍价值。关学，就存在空间而言，是关中地区的学术流派；就文化传承而言，是具有普遍价值的学术思想。

周、秦、汉、唐文化是中国文化宝库中的瑰宝，关学具有周、秦、汉、唐的文化基因，自然也是中国思想宝库中的瑰宝。唐朝灭亡后，中国的政治中心南移，长安失去了昔日帝王之都的辉煌，关中也失去了昔日文化中心的地位。但是，北宋之时诞生于关中大地的关学，为关中赢得了"关中乃理学渊薮"[4]的美誉。关学不仅上承周、秦、汉、唐的文化精华，而且下启宋、元、明、清的新儒学思想，具有多元的思想文化价值。今天我们讲述关中文化，不能只乐道周、秦、汉、唐，还应当喜谈宋、元、明、清；尤其是不被今人关注的宋、元、明、清时期的关学，更需要我们积极传播、大力弘扬。

关学具有关中文化基因并不意味着关学对周、秦、汉、唐文化的继承如同遗传一般是完全被动的；事实恰恰相反，关学对关中文化的继承是主动的。这种主动性的显著表现是，关学的文化继承带有选择性。文化继承具有选择性，既有继承者的主观偏好，也有社会的客观要求。关学对秦文化的继承最能反映这种选择性。具体而言，张载将秦的以法治世视为"暴政"，便不会继承其法治思想；但因为北宋时期的陕西长期处于战争状态，张载非常关注军事，便继承了"秦人尚

---

[1] 参阅冯天瑜、何晓明、周积明：《中华文化史》，上海人民出版社，2010年，第387—400页。

[2] 吕大临：《吕大临文集》，见《蓝田吕氏集》下册，西北大学出版社，2015年，第748页。

[3] 唐型文化是一种相对开放、相对外倾、色调热烈的文化类型，而宋型文化则是一种相对封闭、相对内倾、色调淡雅的文化类型。(参阅冯天瑜、何晓明、周积明：《中华文化史》，第426页。)

[4] 夏炘：《读李二曲集》，见《李颙集》，西北大学出版社，2015年，第596页。

武勇"的文化。前者是主观偏好的体现,后者是社会要求的体现,这就是文化继承的选择性或主动性。

关中文化是关学的思想资源,而社会需要则是选择思想资源的主要标准。因而,关学学者从张载开始,普遍关注社会现实,以至于关注社会现实成了关学学者的一种情怀,即关学的现实关怀。这是关学形成的社会原因。

第三章　关学的现实关怀

我辈为学，即求医国之术者也。

——［清］刘光蕡

如果说"经世致用"是中华人文精神的话，那关学更具有中华人文精神，因为关学以"崇实致用"为基本精神。如果说作为中华人文精神的"经世致用"是一种以天下为己任的精神的话[1]，那关学更具有以天下为己任的精神。关学以天下为己任的精神表现在其治学态度方面，如清代末期关学宗师刘光蕡所说："我辈为学，即求医国之术者也。"[2]

张载开创关学，就是在"求医国之术"。所谓"医国"，即"救国之弊"。要救治国家存在的弊病，得先了解国家存在什么弊病；而要知道国家存在的具体弊病，又不得不高度地关注现实社会。张载具有相当强烈的现实关怀。后来的关学学者也大都具有强烈的现实关怀。他们自觉站在"以民为本"的立场，努力"识时达务"，积极寻求"医国之术"。

一、自觉以民为本

张载等关学学者要么做官，要么讲学，明显不属于农民阶层，但他们大都能够站在广大贫苦农民的立场思考问题和发表言论，这非常可贵。

在古代中国"士农工商"的阶层划分中，士阶层被视为最高贵的阶层。就士当中的读书人来看，这种高贵恐怕是"万般皆下品，唯有读书高"般的"清高"，不是经济地位高。就拿张载来说，他曾做过几任小官，还在书院讲过学，

---

[1] 张岂之：《中华人文精神》（增订本），第159—166页。
[2] 刘光蕡著，张启明编：《刘古愚遗稿》，香港天马出版有限公司，2015年，第52页。

无疑属于士阶层。但是他的生活一直很清贫，活着的时候"贫不能自给"，死后也"贫无以殓"。这就是这位大哲学家的真实生活。这么清贫的张载，倒与贫苦的农民在经济上属于同一阶层。底层的经济地位决定张载能够关注到当时社会底层人民的生活，同情他们的贫苦。

张载在地方做官期间，经常走访乡间，询问农民疾苦。他发现农民的生存现状是"生无定业田疆坏，赤子存亡任自然"[①]。老百姓没有土地，生活完全无法保障，何谈安家立业？即使如此，国家依然置若罔闻，任其自生自灭。这种实地考察使张载更加同情农民。

由于了解民间的疾苦，同情底层人民的生活，张载在政治方面主张"爱民"。在他看来，"事天爱民"是天子的基本职责。当他发现官方只是高喊着"爱民"的口号作秀，便特别强调"爱民"要体现在官方的行为上，即官方要为百姓做好事、干实事。他进而提出"爱民为惠"的主张。"爱民为惠"强调：官方必须通过给予老百姓实际好处的方式来落实其"爱民"政策。如果没有给予老百姓任何好处，而只是高喊"爱民"的口号，那不但不是在"爱民"，反而是在愚弄老百姓。

张载认为，首先，朝廷推行"爱民"政策应当使百姓拥有最基本的生产资料——土地。在他的著作中，除"爱民"外，还有"生民""养民""安民""足民""保民""庇民"等词语。除"保民"和"庇民"泛指国家应当保护或庇护百姓外，"生民""养民""安民"和"足民"都强调国家应当确保老百姓拥有土地。具体来看，"生民"指老百姓拥有能够保障自己生存的土地，"养民"指老百姓拥有养活自己和家人的土地，"安民"指老百姓拥有安定生活的土地，"足民"指百姓有足够生存的土地；指向的对象都是土地。这充分表明：张载的"爱民"思想主张农民应当拥有属于自己的土地。他建议官方"以田授民"，并确保"其土足以生"，这样才算是真正的"爱民"。

其次，朝廷推行"爱民"政策应当以百姓的利益为利益。张载说："利，利于民则可谓利，利于身、利于国皆非利也。"[②]这是说：只有利于百姓的，才算是真正的利益；只利于国家而不利于百姓的，不能算作利益；只利于君主而不利于百姓的，更不能算作利益。他这番言辞是建议君主以及朝廷应当以百姓的利益为

[①] 张载：《张载集》，第 367 页。
[②] 张载：《张载集》，第 323 页。

重,应当将有利于百姓作为君主以及朝廷的决策准则。

最后,朝廷推行"爱民"政策应当力戒"劳民"和"烦民"。张载主张"爱民"的同时,反对和批评"劳民"和"烦民"。官方无论是以重税导致百姓劳苦,还是政策又多又乱以致扰民,他都予以批评。对强取豪夺老百姓的君臣,他称之为"暴君污吏";对"以天子之威而敛夺人财"①的行径,他尤其不愿看到。

张载主张和赞扬"爱民""养民",反对和批评"劳民""烦民",这表现出他具有一定的"以民为本"思想。②后来的关学学者继承并发展了张载的"以民为本"思想。他们既主张"爱民""保民",也提倡"恤民""觉民";不但反对"劳民""烦民",更反对"戕民""愚民"。

在朝为官的关学学者,自觉实践张载及关学的"以民为本"思想。关学学者当中,政治业绩最突出者是明代的王恕(1416—1508,字宗贯,号介庵,又号石渠)。这里以王恕为例,看看在朝为官的关学学者的"以民为本"思想。王恕做官四十五年,历仕明英宗、代宗、宪宗、孝宗、武宗五朝。他在地方担任过扬州知府、江西右布政使、河南巡抚等职务,在中央历任左副都御使、南京刑部左侍郎兼河道总督、南京户部左侍郎、南京都御史(参赞南京机务)、南京兵部尚书、北京吏部尚书(加封太子太保衔)等职务,逝世后被朝廷追封为"太师"这一最高荣誉,并赐谥号"端毅"。③王恕是明朝中期的名臣。在地方做官时,他是"一名公认的杰出官员"④;在南京做官时,当时民谣曰"两京十二部,独有一王恕";在北京担任吏部尚书时,他是一位"杰出的吏部尚书"⑤。王恕能够取得古今中外学者普遍认可的政治业绩和政治声誉,一个重要的原因是他做官期间自始至终坚持"以民为本"的初衷。

王恕的"以民为本"思想突出表现在他提倡的"仁民之政"主张。他主张

---

① 张载:《张载集》,第250页。
② 张载及关学学者的"以民为本"思想与我们今天倡导的"以民为本"思想有本质的区别。关学的"以民为本"思想是在前现代社会"民为邦本,本固邦宁"思维框架中的民本思想,即以改善民生为手段而实现维护专制统治的目的;现代社会的"以民为本"思想是以改善民生为目的,体现的是全心全意为人民服务。
③ 参阅[美]富路特:《明代名人传》伍,北京时代华文书局,2015年,第1951—1954页。
④ [美]富路特:《明代名人传》伍,第1951页。
⑤ [美]牟复礼、[英]崔瑞德编,张书生等译:《剑桥中国明代史》上卷,中国社会科学出版社,1992年,第359页。

"爱民",更关注如何将君臣的"爱民之心"转化为具体的"仁民之政"。在他看来,"仁民之政"可以从积极和消极两方面来认识。积极的"仁民之政"具备两个基本条件:其一是"上有实爱民之心",即君主和官员具有关爱百姓的真心实意;另一是"施为实用",即实施"仁民之政"使其发挥真实的作用。不然的话,"若徒存诸心而不见诸行事,则政何由成而民何由安"?① 具体来看:首先,以天子自居的君主应当履行其"敬天爱人"的基本职责,政治决策要符合"上合天心,下和民心"的基本准则;其次,中央高官应当"以道事君",如果出现"以道事君而君不听其言"的现象,宁可弃官不做,也"决不阿谀取容食焉";最后,地方官员应当以"修其职,仁乎民"② 为基本职责,要实干、多干"爱民""安民"的好事。消极的"仁民之政"是君主应当坚决杜绝"吏不守法而民有受其害者"的现象,官员绝对不能做"劳民伤财"甚至"坏事殃民"的事情。

在野讲学的关学学者,也积极传播张载及关学的"以民为本"思想。清代的关学学者大都在野讲学;其中,王心敬的"以民为本"思想最为丰富。这里以王心敬为例,看看在野讲学的关学学者的"以民为本"思想。清雍正元年(1723),王心敬提出了"治天下之道,以安养生民为第一义"③ 的"以民为本"主张。在他看来,"民之不安,而欲国之无危,不可得也"④。可见,王心敬的民本思想完全是一种政治思想。

王心敬的"以民为本"政治思想内容比较丰富。⑤ 作为行政原则的"以民为本",主张"为民"而反对"殃民"。首先,朝廷既然提倡"为民",就必须"言之而必行","为民必实有济于民,而后可云为民也",不然的话,空喊"为民"口号实则是在"愚民";其次,"为民"的前提是官员必须尊重农民,不应有"贵士贱民"的偏见,更"不可恃力而以愚贱忽之";再次,朝廷有关农民以及农业的政策应当告诉农民,"凡一切宜兴宜举宜革宜除之条,须一一列款,刊刻条约,广行印刷,遍贴乡村、县内街镇",使农民知情而防止地方官员欺上瞒下;最后,地方官员应当"洁己爱民",关心民生,尤其要"留心民瘼"。在王心敬看来,"害莫大于殃民","为民"必须杜绝一切"殃民"的政

---

① 王恕:《王恕集》,西北大学出版社,2015年,第128页。
② 王恕:《王恕集》,第9页。
③ 王心敬:《丰川续集》,见《四库全书存目丛书》集部第279册,第475页下。
④ 王心敬:《王心敬集》下册,第722页。
⑤ 参阅拙著:《王心敬评传》,第110—114页。

治行为。作为评判原则的"以民为本"有两方面内容：其一是从动机上判断官员是否具有"安民之意"；另一是在行为上判断官员是否做到以"利民为本"。如果一个官员两方面都达标，那这个官员就是一位政绩优秀的官员；如果一个官员只满足其一甚或两方面都不达标，那这个官员要么是一个不作为的官员，要么是一个会作秀的官员：都不是合格的官员。

"以民为本"是关学学者的基本思想。尽管这种民本思想是站在统治者的立场以维护国家的长治久安为最终目标，而并非站在民众的立场以维护民众的利益为根本目的，但是这种民本思想依然能够在一定程度上引导关学学者关注民众的利益，站在民众的立场思考问题和发表言说。

二、努力识时达务

"识时达务"作为关学学者的处世态度，指能够认清自己所处时代的基本特点，进而掌握这个时代的首要任务。其本质是，要认清国家存在的主要矛盾，并掌握解决主要矛盾的方法。

张载认为人不但要"知趋时应变"，而且要做到"与时顺通"。人要做到顺应时代而发展，前提是必须知道时代的特点；要知道时代的特点，就不得不观察社会。因此，张载非常关注现实社会。他关注社会现实，发现他所处的北宋王朝存在两方面问题：一方面是经济问题，另一方面是文化问题。

张载关注的经济问题，主要是贫富不均的问题。他说："贫富不均，教养无法，虽欲言治，皆苟而已。"[①]在他看来，"贫富不均"不是太平盛世应有的现象，而是严重的社会弊病。那么，治理社会就应当避免贫富不均的问题。若社会已经出现贫富不均的问题，统治者应当积极解决。

张载具有浓厚的"以民为本"思想，关注底层民众的生活，从而发现贫富不均的社会现象。他发现农民"生无定业田疆坏"，生活异常贫苦。其实，农民失业而无法生存，是北宋王朝的普遍现象。北宋初期的王禹偁（954—1001，字元之）曾用诗歌描写过农民的凄惨生活，他说农民"襁负且乞丐，冻馁复险艰。唯愁大雨雪，僵死山谷间"[②]。王禹偁之后的另一位诗人苏舜钦（1008—1049，字子美）也曾用诗歌描写农民惨不忍睹的生活，他说："十有八九死，当路横其尸。

---

① 吕大临：《吕大临文集》，见《蓝田吕氏集》下册，第 750 页。
② 王禹偁：《王黄州小畜集》卷三，北京图书馆出版社，2004 年，第 9 页 b。

犬齧咋其骨，鸟鸢啄其皮。"①这反映出张载发现的农民因失去土地而生活异常贫苦的现象是北宋王朝普遍存在的客观事实。

农民为什么因没有耕田而失业？张载分析认为根本原因是"民不安土"，即农民因没有自己的土地而导致失业甚至最终失去家园。再进一步追问原因，则是朝廷不作为造成的，即张载所谓的"赤子存亡任自然"。非但如此，正是北宋王朝"不抑兼并"的土地政策导致农民失去土地。据研究，北宋建立后，朝廷采取"不抑兼并"的土地政策，规定大官僚、大地主享有各种政治特权。政治特权欲膨胀的大官僚和大地主，大肆兼并土地，竟然霸占了全国百分之七十以上的土地。②这是造成北宋王朝贫富不均的根本原因。

张载掌握了北宋社会的主要矛盾。北宋的贫富不均是农民极端的贫苦与官僚、地主极端的富裕造成的两极分化，而这种不均恰恰是官僚和地主凭借特权霸占了农民的土地造成的。这必然会引起农民对官僚和地主的仇恨和反抗，最终引发农民起义。据载，公元993年，农民领袖王小波起义的口号就是"吾疾贫富不均，今为汝均之"③。这个口号在短短几天内，吸引了数万农民加入起义的队伍。足见，土地兼并造成的贫富不均是北宋社会的主要矛盾。张载主张"均平"，尤其是"田均"的思想，充分反映出他掌握了北宋社会的主要矛盾。

张载关注的文化问题，主要是佛教的负面影响。他认为佛教传入中国以后，对中国社会各个方面造成了严重的负面影响，尤其是北宋之时，佛教的负面影响更为严重。佛教学说流布天下，导致各行各业、形形色色的人都信仰佛教。就教育而言，儒生还没有学到儒家圣人之学的初步知识，就被佛教吸引走了，以至于深陷佛学当中而不能自拔；就社会治理而言，佛教徒抛弃人伦世务，造成政治败坏和道德混乱。总的看来，统治者没有用礼教防范佛教的"邪说"，读书人没有用理性考察佛教的危害，后果是佛教的传播影响了社会的健康发展。

尽管张载对佛教的看法大都是带着儒学的有色眼镜审视的结果，但是，佛教对北宋社会影响很大却是事实。据研究，宋代是佛教中国化、世俗化的时期。这一时期，统治者发现"浮屠氏之教有裨政治"后，便利用佛教中天堂地狱等学说对广大民众进行恫吓和欺骗，以达到巩固专制统治的目的。在统治者的倡导下，

---

① 苏舜钦：《苏舜钦集》，上海古籍出版社，1981年，第15页。
② 参阅姜国柱：《张载的哲学思想》，辽宁人民出版社，1982年，第10页。
③ 王辟之：《渑水燕谈录》卷八，中华书局，1981年，第105页。

佛教极为流行。上自帝王将相，下至平民百姓，都信奉佛教；其中，士大夫参禅问道的现象极为普遍。①北宋社会各个阶层的人大都信奉佛教，使佛教影响到北宋社会的各个方面。佛教对北宋社会的广泛影响，引起了张载的高度关注。

张载更关注人们信奉佛教的原因，他发现佛教学说有"雅俗共赏"的功能。就佛教在中国社会底层的流布来看，其"谓死生转流，非得道不免"的言说具有极大的恫吓力。底层民众闻知佛教的生死轮回说后，大都具有"厌苦求免"的心理，于是纷纷信奉佛教。在张载看来，佛教的生死轮回说是"指'游魂为变'为轮回"的谬论，根本不可信；那么，人因惧怕生死轮回而信仰佛教的行为，就是没有经过深思熟虑而做出的糊涂之举。就佛教在中国上层社会的传播来看，佛教的学说不乏吸引知识分子的深邃理论。其实，北宋的士大夫就有这种观点。据宋僧志磐《佛祖统纪》记载，张方平（1007—1091，字安道，号乐全居士）有"儒门淡薄，收拾不住，皆归释氏"的言辞。王安石（1021—1086，字介甫，号半山）非常认可这种说法，并转述给了张商英（1043—1121，字天觉，号无尽居士）。张商英听闻后，更是赞叹："至哉，此论也！"张载并不认可这种观点，在他看来，佛教"以世界为荫浊"和"以人生为幻妄"体现的是一种虚无主义，并没有掌握宇宙人生的真谛。

在张载看来，大量土地兼并造成的农民失业和佛教广泛传播产生的虚无主义是北宋王朝的主要弊病。前者是北宋王朝经济方面存在的严重问题，后者是北宋王朝文化方面存在的严重问题，都很大程度上阻碍了社会的发展。这种认识既是张载"识时达务"的表现，也是他关注社会现实的结果。

张载之后的关学学者大都关注社会现实，倡导"识时达务"。北宋，吕大临主张"当与时行"，李复提倡"适时变"；元代，同恕提倡"动合时变"；明代，马理主张"相时而动"，杨爵提倡"顺时以有为"，王徵主张"因时相势"；清代，李颙主张"适于时宜"，张秉直提倡"因时达变"，刘光蕡主张"随时而变"。足见，"识时达务"是关学的普遍主张。

三、寻求医国之术

关学学者提倡"识时达务"是为了在实践中做到"因时制宜"。张载建议人

---

① 参阅吕凤棠：《宋代民间的佛教信仰活动》，《浙江学刊》2002年第2期，第145—152页。

们"知趋时应变",就是为了人们行为上有"时措之宜"。他在发现社会存在严重问题之后,便积极思考如何解决问题,即寻求"医国之术"。

怎么解决大量土地兼并造成农民失业的问题?张载的回答是"恢复井田制"。井田制是西周实行的一种土地所有制,这种制度规定土地属于国家所有而由领主使用。使用方法是:将田地分割成形状似"井"字的九块田,由八户庶民耕种;中间的一块作为公田由庶民集体耕种而将收获上贡给领主,四周的八块作为私田由庶民耕种而收获归属自己。在他看来,如果北宋王朝实行井田制,"使人受一方,则自是均",贫富不均的社会弊病也就根除了。所以,他说井田制不只是国家的"养民之本",更是国家的"安荣之道"。

张载推崇的井田制并没有得到官方的认可,更不要说被朝廷采纳。他主张恢复井田制的真正目的是"以田授民"。但是哪里有土地给农民?官僚和地主占有的土地,甚至就是他们从农民那里兼并的土地。那么,"以田授民"无异于分割大官僚和大地主的既得利益。张载自己也清楚,井田制具体落实起来,就是要"夺富人之田"。大官僚和大地主不只是农民土地的兼并者,更是当时有权、有势、有钱的社会上层。要分割他们的既得利益谈何容易?他们必然不愿意放弃既得利益,定会激烈反对。诚如朱熹所说:"经大乱之后,天下无人,田尽归官,方可给与民",可以推行井田制;"若平世,则诚为难行",根本无法推行井田制。[①]

但张载认为井田制易于推行。他说:"井田至易行,但朝廷出一令,可以不笞一人而定。盖人无敢据土者,又须使民悦从,其多有田者,使不失其为富。"[②]只要朝廷运用政治手段强力推行井田制,大官僚和大地主就没有敢反对和抵抗的。一方面是因为广大农民得到土地,必然拥护朝廷,甚至于"相趋如骨肉";另一方面是因为大官僚和大地主让出了部分土地后,仍然拥有足够使其富裕的土地,应该不会反抗朝廷。那为什么自秦以来的帝国都没有再实行井田制?他简单地认为这是缺乏仁君贤相的后果。他说:"人主能行井田者,须有仁心,又更强明果敢及宰相之有才者。"[③]张载将井田制的推行寄托在仁君贤相身上,井田制也就成了一个美好的政治憧憬。

张载医治北宋社会"贫富不均"弊病的方法是依靠"仁主"推行"仁政"。

[①] 朱熹:《朱子全书》第十七册,第3325页。
[②] 张载:《张载集》,第249页。
[③] 张载:《张载集》,第251页。

同时，他又不否认"仁主"很难遇到①；历史上的帝王大都是"以天子之威而敛夺人财"的残暴之徒。他提出依靠"仁主"推行"仁政"来救治贫富不均的"医国之术"，在当时社会行不通。但是，"为政以德"是儒家在政治上的基本立场，这对政治生态环境残酷的现实而言，多少具有一些道德浪漫主义的情调。张载对实行井田制的设想，多少流露出他具有道德浪漫主义的情调。

怎么解决佛教广泛传播造成虚无主义的问题？张载深入到佛教学说的内部，通过他深邃的哲学之思，揭露佛教学说的谬误。鉴于佛教"语到实际，则以人生为幻妄，以有为为疣赘，以世界为荫浊，遂厌而不有，遗而弗存"②，对个人以及社会的健康发展造成了严重的负面影响，他对佛教的世界观和人生观做了比较深刻的批判。

张载起先关注的是佛教的人生观，因为这种人生观直接影响人们的生存态度和处世方式。佛教的人生观，用张载的话语表达，就是"以人生为幻妄"和"有识之死，受生循环"。前者否定现实生活，认为现世没有意义；后者认为人的灵魂轮回，来世很有希望：这是一种典型的虚无主义人生观。既然现实的人生没有意义，那么从事人世间的事务也就没有价值。很明显，接受这种人生观的佛教信徒必然会消极地对待人间事务，这不利于社会发展。有鉴于此，张载先将自己的批判之矛指向佛教的人生观。

首先，张载批判佛教的生死轮回说，指明人生只有此生、人世只有现世。佛教主张生死轮回，认为众生要么因为对世间无常的真相无所了解，要么因为对生命的真相不够明了，从而产生了种种烦恼，在六道（天道、人道、阿修罗道、畜生道、饿鬼道、地狱道）中如车轮一样旋转，即"六道轮回"。人要从"六道轮回"中解脱出来，就要信仰佛教并修成正果，否则永无解脱的可能。张载深知佛教"必谓死生转流，非得道不免"是要蛊惑世人信奉佛教，在他看来，佛教所谓的轮回并不是客观事实，因为"气于人，生而不离、死而游散者谓魂；聚成形质，虽死而不散者谓魄"③。魂魄只不过是气的不同存在状态而已，根本不存在佛教所谓的永恒的灵魂。再者，佛教所说的鬼神也不是生物的不同存在状态，因为

---

① 张载说："唐太宗虽英明，亦不可谓之仁主；孝文虽有仁心，然所施者浅近，但能省刑罚，薄税敛，不惨酷而已。自孟轲而下，无复其人。"（《张载集》，第251页。）
② 张载：《张载集》，第65页。
③ 张载：《张载集》，第19页。

"物之初生,气日至而滋息;物生既盈,气日反而游散。至之谓神,以其伸也;反之为鬼,以其归也"①。鬼神其实是气的运动变化:隐微的气形成显著的物就是神,显著的物消散为隐微的气就是鬼。既然不存在永恒的灵魂,那人就不可能有来世,直接否定了轮回的主体;既然不存在鬼神,那人就只有人的存在状态,而不可能有或鬼或神的存在状态:最终否定了佛教的轮回说。张载对佛教生死轮回说的批判和否定,指明人生只有此生而没有来生,人世只有现世而没有来世,那么,人就必须直面现世,珍惜此生。

接着,张载批判佛教"以人生为幻妄"的人生观。佛教之所以"以人生为幻妄",是对世界"厌而不有,遗而弗存"造成的。简单地说,佛教的虚无世界观决定了佛教的虚无人生观。张载认识到此,便将批判的矛头指向"浮屠以心为法,以空为真"②的观念。所谓"以心为法",是佛教说的"万法唯心",即宇宙万物都是人的意识的产物,强调意识的第一性,是典型的唯心主义。他批评佛教的这种观点是"明不能尽,则诬天地日月为幻妄"③,这完全是因为认识不正确而形成的荒谬世界观。同时,他批判道家及道教"有生于无"的观点,因为这种观点与"万物唯心"相类似,都将精神作为世界的本原。所谓的"以空为真",是佛教说的"万法皆空",即宇宙万物都是因缘和合而产生的,并没有自己的本性。他批评佛教的这种观点说"彼以性为无"。佛教的"以心为法"否定世界的客观性,"以空为真"否定世界的真实性:世界是虚幻的,这就是佛教的世界观。世界是虚幻的,那世界还有什么值得留恋?这种虚无的世界观必然产生虚无的人生观。为了从根本上纠正佛教"以人生为幻妄"的观点,他提出了"虚空即气"和"性通于无"的观点。前者针对佛教"万法唯心"的观点(也可针对道家及道教"有生于无"的观点)而指出:世界的本原是气,气是物质性的存在,世界是客观的存在。后者针对佛教"万法皆空"的观点而指出:万物皆有性,性是事物的本质,世界是真实的存在。世界既是客观的,也是真实的;那人就应当正确地认识世界,合理地对待世界,从而形成健康的人生观。

最后,张载提出了"存顺没宁"的生死观。在他看来,"死生止是人之终始

---

① 张载:《张载集》,第19页。
② 范育:《正蒙序》,见《张载集》,第5页。
③ 张载:《张载集》,第26页。

也"①，人有生的阶段，必然有死的时候，人没有必要恐惧死亡。人生正确的态度是"存，吾顺事；没，吾宁也"②，即：活着，就顺从天理行事；死时，就安宁地面对死亡。这种生死观和他对人的认知密切相关。他说："天地之塞，吾其体；天地之帅，吾其性。"③这是说：充满天地间的"气"构成了我的形体，统率天地的"道"构成了我的本性。简单地说，人是气与道的结合体。人的本性是天道或天理，人以人的本质而存在，就应当按照天道行事，即"顺理而行"。"气聚气散"完全是自然而然的事情。对个体的人来说，气散了，那寓于气中的道也就丧失了，人便死了，这也是自然的事情，人应当坦然地面对。

面对北宋时期佛教广泛传播造成的虚无主义的问题，张载的解决方法是有破有立。就世界观而言，他驳斥了佛教以"万法唯心"和"万法皆空"为主要内容的唯心主义世界观，而确立了以"虚空即气"和"性通于无"为主要内容的唯物主义世界观；就人生观而言，他驳斥了佛教"以人生为幻妄"的消极人生观，而确立了"存顺没宁"的积极人生观。

张载能够发现北宋王朝存在的社会矛盾，是他关注社会现实的成果；他能够提出解决矛盾的方法，也是他关注社会现实的成果。这反映出张载是一位具有现实关怀的学者。后来的关学学者继承了张载的这种现实关怀，大都是"国事家事天下事，事事关心"的公共知识分子，而不是"两耳不闻窗外事，一心只读圣贤书"的书斋自闭式学者。

关学学者大都关注现实，具有极强的现实关怀情结。他们心系民生，胸怀天下，治学不免偏重"学以致用"。这是关学具有"崇实致用"基本精神的一个重要原因。关学学者为什么普遍具有家国情怀且关注社会现实？原因是他们普遍具有使命意识。关学学者的使命意识发端于张载，即他那广为人知的"四为句"所传达的使命意识。关学学者普遍具有的使命意识不只是关学诞生的主观原因，更是关学能够传承八百年之久的主观原因。

---

① 张载：《张载集》，第183页。
② 张载：《张载集》，第63页。
③ 张载：《张载集》，第62页。

第四章　关学的使命意识

为天地立心，为生民立道，为去圣继绝学，为万世开太平。

——［北宋］张载

张载及关学，人们未必熟悉；但是张载的"四为句"，人们大都耳熟能详。"四为句"也被现代著名哲学家冯友兰（1895—1990）称为"横渠四句"，即所谓的"为天地立心，为生民立命，为往圣继绝学，为万世开太平"。

"四为句"一经提出，便引起了传统读书人的共鸣。他们不仅将这四句话视为自己的治学目标，也将其当成自己的做人目标。关学学者更是如此。张载之后的关学学者普遍将"四为句"作为自己的座右铭。在他们看来，"志不如此，便不成志；学不如此，便不成学；做人不如此，便不成人"[1]。基于这种认识，关学学者在学习之初，就自觉地将"四为句"作为自己治学和做人的奋斗目标，坚信"如此方可为学，如此方可为人"[2]。这决定了关学学者具有非常突出的使命意识。这种使命意识，无论是对关学学者品质的塑造，还是对关学学说特色的形成，都具有十分重要的作用。

但是，我们阅读张载的著作会发现，习见的"四为句"并非张载的原话。他的原话是"为天地立心，为生民立道，为去圣继绝学，为万世开太平"[3]。我们熟知的那四句话，是后人在转述张载原话时出现了误差而造成的。具体而言，误将第二句最后一个字"道"转述成了"命"，误将第三句的第二个字"去"转述成了"往"。"去圣"与"往圣"的一字之差，并没有影响张载所要表达的意思；

---

[1] 李颙：《二曲集》，第136页。
[2] 李元春：《李元春集》，西北大学出版社，2015年，第727页。
[3] 张载：《张载集》，第376页；《张子全书》，西北大学出版社，2015年，第259页。

但是"立道"与"立命"的一字之差,却有本质上的不同。这里讲"四为句"引用张载的原话,即"为天地立心,为生民立道,为去圣继绝学,为万世开太平"。

一、为天地立心

"为天地立心",即夯实人世价值。张载说"天无心,心都在人之心"[1],因为他认为"天惟运动一气,鼓万物而生,无心以恤物"[2]。作为自然界的天地,没有意识,没有情感,何来的心?那么,"为天地立心"就不是为天地立心,而是为生活在天地之间的人立心,为人类社会立心。人生活在天地之间,是顶天立地的存在。人如何顶天立地?张载回答:挺立人的价值,彰显人世的意义,这就是"为天地立心"。

张载认为在道德理想主义者的眼中存在"天地之心"。他说:"天本无心,及其生成万物,则须归功于天,曰:此天地之仁也。"[3]客观地看,天和地的确没有仁爱之心。但当人们将万物的生成归功于天地时,天地好像就具有了仁爱之心。他还说:"大抵言'天地之心'者,天地之大德曰生,则以生物为本者,乃天地之心也。"[4]天地具有好生之德,这就是"天地之仁",这就是"天地之心"。

张载主张"为天地立心",既要求人们保养"仁心"而奉献"爱心",也要求统治者"顺乎民心"而"爱民为惠"。就前者而言,他认为天地的好生之德就是"天地之仁",而"人须常存此心"。人能够存养这种"天地之仁",就是"仁心";而将这种"仁心"表现于待人接物,就是"爱心"。就后者而言,他建议统治者"顺乎民心"。他说:"帝天之命,主于民心而已。"那自称为"天子"的君主,就应当"顺乎民心",多做"爱民为惠"的实事。

张载主张"为天地立心"的主要原因是人间缺少"爱心"。他目睹了人世的冷漠甚至残忍。他不只亲见闹饥荒时"至人相食"的凄惨场景,而且也曾目睹被官僚和地主兼并了土地的流民常常饿死街头。这种"人吃人"的残忍现实对他的刺激很大。在张载看来,"若以爱心而来者自相亲"[5],怎么会出现"人吃人"的现象?原因是人们缺失爱心,尤其是统治阶层缺失爱心。官僚和地主兼并农民

---

[1] 张载:《张载集》,第256页。
[2] 张载:《张载集》,第185页。
[3] 张载:《张载集》,第266页。
[4] 张载:《张载集》,第113页。
[5] 张载:《张载集》,第125页。

的土地，以致农民流离失所而最终饿死，这是官僚和地主缺失爱心的表现。他认为推行井田制可以抑制土地兼并而救民于家破人亡，但是自秦以来的君主不但不推行井田制，还"以天子之威而敛夺人财"，这是君主缺失仁心的表现。正是发现现实社会缺失仁心，没有爱心，他才主张"为天地立心"。

另外，还有来自佛教"以人生为幻妄"观点的影响。佛教的这种人生观对不同社会阶层的人具有不同的吸引力，但佛教诱导人轻视甚至鄙弃现世则是完全相同的。就社会底层来看，佛教因果报应和六道轮回等说对人们很有吸引力，而且佛教的人生皆苦和离苦得乐等观点更使处于苦难中的人们将希望寄托于来世；总之，佛教导致人们对现实社会不再抱有希望而消极生存。就社会上层来看，佛教的"万法皆空"和"顿悟成佛"等说对他们很有吸引力，以至于出现佛教典籍"天下共传，与《六经》并行"的现象。有鉴于此，张载主张"为天地立心"，重新确立人世的价值。

"仁"是儒家的核心思想。孔子提倡"仁"，并以"爱人"解释"仁"；孟子直接标榜"仁者爱人"，不但认为人人有"仁心"，而且坚信君主治世完全能够实行"仁政"。孔、孟倡导的"仁"，对人类社会的意义十分重大，诚如牟宗三（1909—1995）所说："人道、人伦、人之尊严与地位，完全为孔子所点醒。这就是光，就是道路，就是生命。"①古人深知这个道理，才有"天不生仲尼，万古长如夜"的言辞。但遗憾的是，现实生活中缺少"仁心"，"仁政"更是完全缺失，这导致人类社会变得如同冰窟。有见孔子为人世确立的价值没有很好地实现，张载试图夯实这种价值观念。

为了夯实人世间的价值，张载运用哲学家的智慧，将"为天地立心"追溯到了人的本性。他说："天地之塞，吾其体；天地之帅，吾其性。"这是说人乃气与性结合的实在之体。其实，万物也是性与气的实在之体。人与物都由气构成，共同的构成质料决定了自我对他人以及万物具有同体相怜的感情。基于这种认识，张载呼吁人们把他人当成自己的同胞，将万物视为自己的伙伴，即"民吾同胞，物吾与也"。这不只是以张载为代表的关学学者的观点，宋明新儒家普遍具有这种观点。朱熹将这种观点表达得更清楚，他说："自家知得万物均气同体，

---

① 牟宗三：《牟宗三先生全集》第二十四册，联经出版事业股份有限公司，2003年，第144页。

'见生不忍见死，闻声不忍食肉'，非其时不伐一木，不杀一兽。"[①]这是从构成质料的角度阐发人保持仁心和奉献爱心的必要性。就人的本性来看，人更具有保持仁心和奉献爱心的必要，因为人性至善。张载认为人性有两个层面，现实层面的"气质之性"和本原层面的"天地之性"。前者是人在现实生活中表现的人性，有善有恶；后者是人原本没有蒙蔽的人性，即人的本性，至善无恶。人的本性至善无恶，那必然表现出富有"恻隐之情"的仁心和"仁民爱物"的爱心。如果说"为天地立心"所立的心是"天地之心"的话，那张载将"天地之心"的根源追溯到了"天地之性"。在他的哲学体系中，"天地之性"是"性于人无不善"的依据，是人与生俱来的本性，是人之为人的根据。

张载"为天地立心"的观点和做法具有十分重大的意义。"为天地立心"并不是要为自然界树立道德法则，而是要为人类社会确立道德法则，这是人类文明具备的基本要求。儒家自孔子以来就认为，人之所以高贵于其他动物，是因为人自知生而有德；那么，人就应当自觉遵守道德法则而追求至善。对社会统治者而言，应当为政以德而推行仁政。遗憾的是这种认知没有被很好地实行。为了后世能够很好地实践这种认知，张载运用哲学之思为道德寻找根据。他认为"天地之心"的内在依据是人的本性，"天地之心"的超越依据是天理，进而呼吁人们"为天地立心"来夯实人世的价值。因为只有人们不昧天理，只有人们奉献爱心，人世间才会变得更加温馨，人世间才显得更有意义。这是张载"为天地立心"的真正意图。

二、为生民立道

"为生民立道"，即引领人生方向。张载"为生民立道"的话语，被某些书籍转述成"为生民立命"。如果将"立命"理解为精神有所寄托，"为生民立命"这句话的意思也讲得通。不过，按照张载的用语习惯来看，"立道"才是他原本的表达。因为"道"和"命"在张载著作中的含义有差异。"命"即命运或宿命，有命中注定的意思；而"道"即天道或天理，有理应遵循的意思。前者强调必然性且多带有消极意味，后者强调应然性且多带有积极意味。在张载看来，每个人都"有义有命"。他说"富贵贫贱者皆命也"，具体表现是"今有人，均

[①] 朱熹：《朱子全书》第十四册，第478页。

为勤苦，有富贵者，有终身穷饿者"。①同样辛勤奋斗，为什么有的人富贵而有的人贫贱？命运使然，这就是命。但是，"道义则不可言命，是求在我者也"②，只要人们追求天道，便能够得道。再者，张载认为人们对待命运和天道的态度截然不同。对待命运，人们只能"顺命""听命"，而不可能"立命"；对待天道，人们大都"求道""行道"，完全能够"立道"。所以，"为生民立道"才是张载要表达的本义，更何况他的著作中的话语就是"为生民立道"。

张载"为生民立道"的对象是"生民"。这里的生民，不能泛泛地理解为人民，而是强调能够生存着的人。"生民"就其构词方法而言，"生"是使动用法，即使民生的意思；那么，生民就是使人生存。这样的话，"为生民立道"是要寻求使人能够很好地生存的道路。

张载"为生民立道"立的是什么"道"？这里的"道"，大体而言，就是道路。结合"生民"的意思来看，"立道"是寻求使人能够生存的道路。从人之为人的角度来看，这种道路是人的必由之路；那么，"为生民立道"就是引领人生方向。

首先，"立道"是确立规范，尤其是确立道德规范。"道"在张载的哲学话语中，有时指最高的哲学范畴"天道"。何谓"天道"？他说："理义，即是天道也。"③理义即公理与正义，指代社会的道德规范和行为准则。"为生民立道"，就是引领人们遵守道德规范和行为准则。张载认为"德，其体；道，其用"④，意思是说"道"是"德"的表现。如果"德"是实体，"德"就是德性；而"道"作为德性的表现，就是德行。德行被认为是符合道德规范的行为，并被视为人的行为准则。这再次说明，"为生民立道"就是引领人们遵守道德规范和行为准则。张载之所以要表达成"为生民立道"，一个重要的原因是"人生固有天道"。既然天道与生俱来，那人就应当遵循内在的天道而生活。

其次，"立道"是遵循规律，尤其是遵循自然规律。张载说"由气化，有道之名"⑤，这是说"道"是事物运动的规律。在"道"的这种义项的规定下，"为生民立道"是引领人们遵循事物的规律。出于这种目的，张载主张"穷理"。由

---

① 张载：《张载集》，第 374 页。
② 张载：《张载集》，第 311 页。
③ 张载：《张子全书》，第 240 页。
④ 张载：《张载集》，第 15 页。
⑤ 张载：《张载集》，第 9 页。

于"万物皆有理",他主张掌握"万物之理";而掌握"万物之理"的方法是"博学"。在他看来,博学有两方面的好处:一方面是"学愈博则义愈精微",即学问越渊博越能够准确地认知事物的规律;另一方面是"博学则利用",即掌握事物的规律越多越便于应用且对人越有利。基于这种认知,他在研究哲学的同时,也研究天文学、物理学和植物学,是一个名副其实的"博物君子"。程颢和程颐就认为"子厚则高才,其学更先从杂博中过来"①。二程兄弟"杂博"的说法多少带有贬义,但这恰恰反映出将自己的"博学"主张付诸实践的张载是一位知识非常渊博的学者。如何博学?张载回答说"博学素备",即博学依靠的是平日的知识积累。

最后,"立道"是付诸实践,做到知行合一。张载说:"道,行也,所行即是道。"②这是说道路之所以是道路,是因为人们都行走,从而成了道路,即鲁迅所说的"其实地上本没有路,走的人多了,也便成了路"。张载对"道"的这种理解,其实是在强调"实行"。张载是一个主张"贵行"的哲学家。他认为"人之事在行",人要存在不得不"实行"。所谓实行,张载也称之为"实作"或"实做",即认真去做从而具有真实的行为。就个人而言,"实行"是将自己的认知尤其是对人的认知付诸实践,即后来关学学者所谓的"实见之于行";就政府而言,"实行"是将治世之道通过具体的政策落实,即"实见之施行"。"实行"的核心是"行实",即"躬行之实",强调实践真实、确实。张载强调"实行",是因为他明白"明理"对人固然重要,但"顺理而行"对人更为重要。

概括来看,张载"为生民立道"是主张"循道而行"。他有"性即天道"和"天道即性"的观点。他所说的"性",既包括"人之性",也包括"物之性",后来的关学学者将前者称为"人性",将后者称为"物理"。这也就是说:天道内在于人就是人性,内在于物就是物理。就前者而言,"循道而行"是遵循"人性"而行,遵循社会规范而行;就后者而言,"循道而行"是遵循"物理"而行,遵循自然规律而行:这就是人生的方向。不过,张载更强调实行,建议从人的行为上看其所遵循的道,因为他明白"义理无形体,要说则且说得去。其行持,则索人工夫"③。对于"道",后来的关学学者有见学人"只上口,不上身"的情况,

---

① 程颢、程颐:《二程集》,第38页。
② 张载:《张载集》,第71页。
③ 张载:《张载集》,第322页。

更是主张"一味实行"。以张载为首的关学学者不只主张"实行",更以身作则,用自己的行为引领人们"循道而行"。《宋史》说张载"学古力行",现代学者认为关学学者的一大特点是"勇于从善"[1],这都反映出关学学者身体力行、重视实践。总的来看,张载的"为生民立道"是引领人们"循道而行",即引领人生方向。

三、为去圣继绝学

"为去圣继绝学",即传承儒家文化。"为去圣继绝学"也被转述为"为往圣继绝学"。"往圣"即以往的圣人,"去圣"指过去的圣人,意思相同。在张载的思想中,"去圣"主要指周公和孔子。因为儒家倡导的大道,是"周孔之道"。孔子是儒学的开创者,周公是儒学的奠基人。孔子开创的儒学,不但在理论上遥承"周公之意",而且在实践中恢复"周公之治"。张载继承的"去圣绝学"即"周孔之学",其实就是儒学。

张载认为孔子开创的儒学在他所处的时代成了将要失传的学问,所以他立志继承儒学、振兴儒学。儒学衰落的原因,在他看来,是后世的儒者当中缺少像孔子那样立志继承"周公之意"的人。他说:"千五百年无孔子,尽因通变老优游。"[2]儒者不再执著地追求孔子为儒学奠定的基本精神,而是打着"穷则变,变则通"的幌子,自觉或不自觉地改造儒学,结果使儒学成了"绝学"。其中,儒者吸收佛教思想是造成儒学衰落的一个重要原因。据张载的弟子范育说,张载开创关学的学术背景是"世之儒者亦自许曰:'吾之《六经》未尝语也,孔孟未尝及也。'从而信其书,宗其道,天下靡然同风"。[3]受佛教思想广泛传播的影响,张载树立了"乃所愿则学孔子也"[4]的志向。他向孔子学习什么?学习孔子继承"周公之意"的志向,学习孔子"不可为而为之"的执著精神。在他看来,只有这种执著的精神才能恪守儒家的基本精神,才能接续孔子讲儒学。

首先,张载深化儒家"学以成人"的为学宗旨。"学以成人"是孔子和孟子为儒学确立的为学宗旨,这里的"人"指"圣人"。但因秦、汉、唐时期的儒者大都认为"圣人生知",并非后天学习造就,"学以成人"实为主张"学为贤

---

[1] 曹冷泉:《关学概论》,《西北文化月刊》1941年第3期,第18页。
[2] 张载:《张载集》,第368页。
[3] 范育:《正蒙序》,见《张载集》,第4—5页。
[4] 张载:《张载集》,第324页。

人"。张载指出"求为贤人而不求为圣人,此秦、汉以来学者大蔽也"①。他告诉儒者"致学而可以成圣",并建议儒者"学必如圣人而后已"。同时,他对佛教所谓的"圣人可不修而至,大道可不学而知"进行了批评。于是,他的"学以成人"主张便成了"学以成圣"。"成圣"是目标,"学习"是方法,他关注的是圣人。他对"圣人"做了新的界定,即"必仁智会合乃为圣人也"②。如果说"仁"代表道德而"智"代表理性的话,那圣人就是将道德和理性有机统一起来的人。张载之所以这样界定"圣人",是因为圣人作为"爱必兼爱"和"知必周知"的人,只有具有仁心才能够"爱必兼爱",只有具有理性才能够"知必周知"。关于学习,张载强调既要"察人伦",也要"明物理",只有这样才能够"成己成物"而成为圣人。"学以成人"虽说是孔孟为儒家确立的宗旨,但是张载的"学以成圣"和"仁智合一存乎圣"的思想深化了儒家的宗旨。当秦汉以来的儒者迷失儒家宗旨时,他倡导"学以成圣"无异于重新确立了儒学的宗旨。

接着,张载阐明儒家"性与天道"的哲学命题。张载认为"圣人语性与天道之极",即圣人讲性和天道这些高深的道理。但《论语》记载子贡的话说:"夫子之言性与天道,不可得而闻也。"这样来看,"性与天道"其实是张载关注的哲学命题,而并非孔子常谈的话题。有学人认为,对"性与天道"的追问是中国哲学的独特形式。③那么,张载对"性与天道"的追问,必将建构颇具特色的学说,甚至是突显中国哲学特性的学说。张载认为"凡物莫不有是性",还认为人与物"莫不性诸道",即"性"本质上是"道",他说"性即天道"和"天道即性"。张载有"天道不可得而见"的话语,这是说天道是超越的存在。因为天道代表最高的道理,即他所谓的"理义,即是天道也"。依此来看,"性"的超越依据是天道,天道内在于人物即"人性"和"物理":二者是内在与超越的关系。有学人认为"内在—超越"是中国哲学形上学的显著特色④,那张载"性与天道"的论述就突显了中国哲学的特色。再者,万物皆有性的观点有力反驳了佛教"万法皆空"的观点,肯定了世界的真实性。既然道内在于人而为"人性",内在于物而为"物理",那么,对道的认知就必须通过体认"人性"和探究"物

---

① 脱脱等:《宋史》卷四二七《道学一·张载》,第12724页。
② 张载:《张载集》,第187页。
③ 参阅杨国荣:《哲学引论》,高等教育出版社,2015年,第23—24页。
④ 参阅郭齐勇:《中国哲学史十讲》,复旦大学出版社,2020年,第25—29页。

理"来把握。这便利用"儒者穷理"与"浮屠不知穷理"的截然不同,在修养方法方面将儒学与佛教划分开来。张载对"性与天道"的论述不仅使儒学与佛教在修养方法方面泾渭分明,而且突显了中国哲学的显著特色,明显发展了儒学。

最后,张载重申儒家"经世致用"的人生态度。"经世致用"强调学问实用,既主张"经世",也主张"致用"。就前者来看,张载建议儒者"经世",而反对"避世";就后者来看,他不但主张"学贵于有用",而且主张学"求致用"。后来的关学学者继承张载的思想,将"经世"发展为"经世宰物",即从政治民,掌理万物,原因是"经世"是人存在的方式。其实,张载就有人以"应事接物"的方式存在的意向,他的弟子吕大临继承了他的这种思想,提出"人道主交"的命题,意思是说人是与物发生交往的存在。既然人以"应事接物"的方式存在,那"经世宰物"就是人的存在状态。关学学者站在"经世宰物"的立场,批评佛教徒"绝物逃世"。张载的"求致用"则被后来的关学学者发展为"学贵实用"和"学以致用",前者看重知识对社会的实用价值,后者重视运用知识来改善社会。关学学者站在"学以致用"的立场,批评佛教徒"有体无用"。张载重申儒家的"经世致用",从人生态度方面将儒学与佛教划分开来,这对维护儒学的发展有重要意义。如果将"崇实致用"放置在宋明新儒学史的大背景中看,维护儒学的意义显得更为重大。宋明新儒学开创时期的儒家中,前有年长于张载的邵雍(1011—1077,字尧夫,谥号康节)和周敦颐(1017—1073,字茂叔,号濂溪)。经学人研究,周濂溪的生活态度并非圣贤型的儒者风格,反倒是高士型的道家情调。[1]邵雍被南宋时期的学者叶适(1150—1223,字正则,自号水心居士)称为"山人隐士",他的生活态度和周濂溪十分相似,有学者明确指出"其生活属高士型"[2]。在宋明新儒学的开创者中,只有张载体现的是儒家的生活态度。

张载"为去圣继绝学"不仅继承了儒学,而且发展了儒学。他继承了原始儒学"学以成人"的宗旨,但其"仁智合一"的圣人论赋予"学以成人"以崭新的内容。他继承了孔子"性与天道"的话题,但其"性即天道"和"天道即性"观点赋予了"性与天道"以崭新的内容。这是张载对儒学的发展,是他创造出宋明新儒学的表现。同时,他将这些认识付诸实践,是圣贤型的儒者生活。这就是他

---

[1] 参阅劳思光:《新编中国哲学史》第三卷上,三民书局,1987年,第145—147页。
[2] 劳思光:《新编中国哲学史》第三卷上,第153页。

所谓的"为去圣继绝学"。

四、为万世开太平

"为万世开太平",即寄托盛世愿景。张载"为万世开太平"中的"万世"虽意谓很多世代,但强调的是普遍性和永恒性;"太平"虽指社会安定,却更倾向于太平盛世。这样来看,他试图为人类社会寻求最美好的存在状态。就他所处的时代来看,这种太平盛世只不过是一种美好的憧憬,是他寄托于后世的希望而已。

太平盛世就是大同社会。张载认为太平盛世实行的是"大同之治",那太平盛世就是大同社会。《礼记·礼运》对大同社会有这样的描述:"大道之行也,天下为公,选贤与能,讲信修睦。故人不独亲其亲,不独子其子,使老有所终,壮有所用,幼有所长,矜、寡、孤、独、废疾者皆有所养,男有分,女有归。货恶其弃于地也,不必藏于己;力恶其不出于身也,不必为己。是故谋闭而不兴,盗窃乱贼而不作,故外户而不闭,是谓大同。"这描绘的是一个物质文明和精神文明都高度发达的社会,是传统读书人认为的最理想的社会。张载理想中的太平盛世,即大同社会。

太平盛世是儒家乐道的"尧舜之世"。在张载看来,尧舜治理下的社会,"天降甘露,地出醴泉"这类祥瑞并不可信,但是尧舜之世告诉我们的"至和可致"的道理则完全可信。他这种坚定的政治信念,有相关的哲学思想作为基础。他说:"有象斯有对,对必反其为;有反斯有仇,仇必和而解。"[1]这是说:各类事物都有对立的方面,甚至会由对立走向斗争,但是斗争的结果终归于和平。人类社会的发展也应当如此,所以,太平盛世是人类社会的必然归宿。基于这种认识,他企图"为万世开太平"。

张载特别强调,太平盛世建立在人人拥有生产资料的经济基础之上。太平盛世必须具有相对平等的经济基础,即他所谓的"均平"。在经济平等当中,他最看重的是生产资料的平等,即"田均"。他建议推行井田制,是因为"治天下不由井地,终无由得平"[2]。只有实现了生产资料方面的平等,才可能出现"民相趋如骨肉"般和睦相处的社会现象。

---

[1] 张载:《张载集》,第10页。
[2] 张载:《张载集》,第248页。

营造太平盛世的方法是"为政以德"。张载的"为政以德"强调社会治理者应运用道德治理社会，原因是"人主能行井田者，须有仁心"[①]。如何以德治世？首先，君主必须具备较高的道德素养，而且倡导以德治世。就尧舜之世来看，尧舜治理的社会被称为盛世，原因是"尧舜之心，其施直欲至于无穷，方为博施"[②]。如果尧舜缺失仁爱之心，像后世的君主那样"以天子之威而敛夺人财"，那老百姓必然贫穷困苦，何谈盛世？君主具备较高道德素养的前提是"位以德致"，即因为道德高尚而获得君主的权位。就尧舜的权位来看，"尧始推位者也，舜始封禅者也"[③]，禅让的标准便是道德。其次，官员要具备较高的道德素养。为了防止无德官员的出现，张载甚至提出"为德未成则不可以仕"的观点。张载的治世主张完全是儒家自孔子以来倡导的"为政以德"，只不过他将这种主张细化和深化了。

就中国历史来看，儒家的政治主张并没有真正被采用。孔子周游列国十多年，宣传"为政以德"的政治主张，然而并没有哪一个国家采用。孟子也周游列国十多年，宣传他主张的"仁政"，依然没有哪一个国家采用。后来，虽然出现过汉文帝和唐太宗这样的明君，但在张载看来，"唐太宗虽英明，亦不可谓之仁主；孝文虽有仁心，然所施者浅近，但能省刑罚，薄税敛，不惨酷而已"[④]。再也没有像尧舜那样有"爱民为惠之心"的君主了，那自然也就没有像"尧舜之世"那样的盛世了。张载重弹"为政以德"的"仁政"旧调，自然不会被采用。就此来看，他主张的太平盛世只不过是美好的政治愿景而已。

张载在思考如何营造太平盛世之时，提出了一些颇具现代价值的政治哲学命题。比如"位以德致"，即：君主权位的获取标准是道德素养，而不是父死子继的世袭制。在皇位世袭的时代，这种观点颇具胆识。再比如"大君者，吾父母宗子"[⑤]，将以往视君民为父子的上下关系扭转为视君民为兄弟的平行关系。在专制主义中央集权时代，这种观点也颇具胆识。这些观点对现代的政治文明具有一定的价值，是张载"为万世开太平"在政治文明建设方面的理论贡献。

张载的"四为句"是一个统一的整体。孔子为儒学提出的核心概念"仁"，

[①] 张载：《张载集》，第251页。
[②] 张载：《张载集》，第317页。
[③] 张载：《张载集》，第319页。
[④] 张载：《张载集》，第251页。
[⑤] 张载：《张载集》，第62页。

被张载视为人世间的一切价值之源。他将"仁"内化为人的内心——"仁心",进而内化为人的本性——"天地之性",这是"为天地立心";他将"仁"超拔成超验的存在——"天道",建议人们"循道而行",这是"为生民立道";他以"性与天道"为哲学命题探讨"仁",即"为去圣继绝学";他主张推行"仁政"来实现大同社会,即"为万世开太平"。

夯实人世价值,引领人生方向,传承儒家文化,寄托盛世愿景。张载"四为句"凝聚的这四种使命意识,是关学学者普遍具有的使命意识。张载胸怀这种使命意识开创了关学。张载之后的关学学者,在"如此方可为学,如此方可为人"的自觉中继承"四为句",传衍和发展了关学。总而言之,"四为句"所表达的使命意识是关学诞生和发展的内在动力。

在"四为句"所表达的使命意识的推动下,张载胸怀天下而关注社会现实。他积极从关中文化中汲取养分,并自觉运用哲学之思去解决现实社会中的问题,于是,创造了特点鲜明的宋明新儒学——关学。张载之后的关学学者自觉将张载的"四为句"作为自己的座右铭。在"四为句"所表达的使命意识的推动下,他们普遍具有家国情怀而关注社会现实,在自觉继承关学的同时"因时变学",确保关学能够与时俱进,从而使关学的传承长达八百多年之久。

第三篇 关学的历程

第五章　关学诞生于北宋

关中之学，横渠先生开先。

——［清］李颙

关学诞生于北宋，开创者是张载。这是现代学人的共识。其实，关学学者很早就抱持这种观点。清代的关学宗师李颙说："关中之学，横渠先生开先。"[①]这不只是李颙的个人观点，也代表了关学学者的普遍看法。早在明代，关学宗师吕柟"横渠，教之宗也"[②]的话语，就明确表达了这种观点。正因持有这种观点，冯从吾在他编写的关学通史《关学编》中，特别强调"编中断自横渠张子始"[③]。

张载开创的关学经过后来关中儒者的继承和发展，传承达八百多年之久。这八百多年的关学史，大体而言，可以划分为四个阶段，即关学的开创期、变通期、多元期和终结期。关学的开创期指张载开创关学的时期。

早在张载之前，就有人在关中讲授新儒学。清代著名学者全祖望（1705—1755，字绍衣，号谢山）在《宋元学案》序言中说："关中之申、侯二子，实开横渠之先。"[④]这里的"申"指申颜，"侯"指侯可。申颜和侯可是北宋初期陕西华阴人，都在关中讲学。其中，侯可（1007—1079，字无可）"玩心于天人性命之学"[⑤]，而且讲学影响较大。程颢说："自陕而西，多宗先生之学。"[⑥]早在张载于关中讲授宋明新儒学之前，申颜和侯可就已经在关中讲授新儒学，而且影响

---

① 李颙：《二曲集》，第178页。
② 吕柟：《吕柟集·泾野先生文集》上册，第76页。
③ 冯从吾：《关学编》（附续编），《凡例》第1页。
④ 全祖望：《宋元儒学案序录》，见黄宗羲原著、全祖望补修：《宋元学案》，中华书局，1986年，第2页。
⑤ 程颢：《华阴侯先生墓志铭》，见《二程集》，第507页。
⑥ 程颢：《华阴侯先生墓志铭》，见《二程集》，第504页。

较大,那关学学者和现代学人为什么都认为关学的开山祖是张载?原因是申颜和侯可并未开创一个独立的学派,只有张载开创了一个独立的宋明新儒学学派——关学。

一、有儒学开新的能力

张载能开创关学是因为他具有肇创新儒学的能力。他既具有振兴儒学的志向,也具有大哲学家的素养,还具有学术创新意识。

首先,张载具有振兴儒学的志向。在张载看来,北宋时期的儒学日益衰落,几乎成了即将失传的学问。探究儒学衰落的原因,他认为主要是佛教的冲击。直面儒学的衰落,张载树立了"为往圣继绝学"的志向。虽说是佛教的发展造成了儒学的衰落,但根本问题并不在佛教,而在儒学自身。就表象而言,儒学的衰落是因为儒者缺乏坚定的志向,抛弃了儒家的圣人之学而接受了佛学思想,即张载说的"千五百年无孔子,尽因通变老优游"。对这种现象的反思,使他明白"吾学不振,非强有力者不能自奋"[1],于是,他自觉做一个振兴儒学的豪杰之士。就深层原因来看,儒学缺少既深邃又新颖的理论,无法吸引更多的学人,结果造成了自身的衰落。对这个问题的思考,使张载意识到"学贵心悟,守旧无功"[2],只有通过理论创新才能振兴儒学。基于以上的认识,他既继承孔子儒学的基本精神,也继承孔子肇造儒学的开创精神,喊出了"乃所愿则学孔子也"的豪言壮语。

其次,张载具有大哲学家的素养。一个大哲学家应当具有的素养,张载基本都具备了。

第一,张载具有怀疑精神和批判意识。怀疑精神和批判意识是哲学的基本品质。就前者而言,张载主张"学则须疑",具有非常突出的怀疑精神。他说:"可疑而不疑者不曾学,学则须疑。"[3]同时,他还给出了致疑存疑的具体方法:"不知疑者,只是不便实作,既实作则须有疑,必有不行处,是疑也。譬之通身会得一边或理会一节未全,则须有疑,是问是学处也,无则只是未尝思虑来也。"[4]通过提问、思考、实践等方法发现问题,即致疑和存疑。就后者而言,张载具有强烈的批判意识,突出表现在他对佛教的批判。他对佛教的批判是深入其

---

[1] 张载:《张载集》,第321页。
[2] 张载:《张载集》,第274页。
[3] 张载:《张载集》,第286页。
[4] 张载:《张载集》,第268页。

理的内部批判,指出佛教危害社会的深层原因是佛教学说"以人生为幻妄,以有为为疣赘,以世界为荫浊,遂厌而不有,遗而弗存"。为了纠正佛教虚无人生观对世人的影响,他深入到佛教理论内部,一针见血地指出佛教理论的严重缺陷是"释氏销碍入空"和"释氏以感为幻妄"。

第二,张载具有独立不倚的思考习惯。据吕大临记载,张载"终日危坐一室,左右简编,俯而读,仰而思,有得则识之。或中夜起坐,取烛以书。其志道精思,未使须臾息,亦未尝须臾忘也"①。这是张载独立思考的写照。程颐据此认为张载为学"有苦心极力之象",其学"非明睿所照,而考索至此"。②朱熹附和程颐之说,认为"横渠之学,苦心力索之功深"③。殊不知这正是一个大哲学家应当具备的基本素养,因为独立不倚的思考是哲学的前提。④

第三,张载具有以知为不知的爱智品质。提到"以知为不知",我们会立即想到苏格拉底。苏格拉底自言他之所以被神灵认为是最有智慧之人,是因为相对别人"以不知为知"而言,"我既不知道也不自以为知道"。⑤抱有这种态度,苏格拉底在向当时所谓的智慧之人的不断提问中,使自己成为真正具有智慧的人:这就是"爱智"的品质,也是哲学的本义。张载具有这种爱智品质,表现是他不耻下问。他说:"人多是耻于问人,假使今日问于人,明日胜于人,有何不可!如是则孔子问于老聃、苌弘、郯子、宾牟贾,有甚不得!聚天下众人之善者是圣人也,岂有得其一端而便胜于圣人也!"⑥在这种不耻下问的过程中,张载逐渐形成了开阔的学术胸襟、开放的学术视野和多元的学术素养。

第四,张载具有丰富的中国哲学史知识。张载21岁受范仲淹指点后,便沉浸于中国哲学典籍,尤其是儒家经典。据说,他"访诸释老之书,累年尽究其说,知无所得,反而求之《六经》"⑦。儒、道、佛是中国哲学的主要内容。就张载读的书来看,他比较全面地接触了中国哲学,尤其对儒学用力最深。他说:"某观《中庸》义二十年,每观每有义,已长得一格。《六经》循环,年欲一观。"⑧长

---

① 吕大临:《吕大临文集》,见《蓝田吕氏集》下册,第749页。
② 程颢、程颐:《二程集》,第596页。
③ 朱熹:《朱子全书》第十七册,第3111页。
④ 参阅俞吾金:《思考与超越——哲学对话录》,上海人民出版社,1986年,第4—5页。
⑤ [古希腊]柏拉图著,王太庆译:《柏拉图对话集》,商务印书馆,2019年,第30页。
⑥ 张载:《张载集》,第283页。
⑦ 吕大临:《吕大临文集》,见《蓝田吕氏集》下册,第748页。
⑧ 张载:《张载集》,第277页。

期坚持阅读儒家经典,他对儒学经典有了自己独到的见解。

最后,张载具有学术创新意识。张载具有非常自觉的学术创新意识,阅读他的《芭蕉》诗可见一斑。诗说:"芭蕉心尽展新枝,新卷新心暗已随。愿学新心养新德,旋随新叶起新知。"[1]诗以芭蕉生长作比,说明创新意识的重要性。人无论是获得新知识("新知"),还是养成新品德("新德"),都是以具有创新意识("新心")为前提。人没有创新意识,新知识和新品德就不可能形成。这反映出张载充分认识到了创新的重要性。

既有振兴儒学的强烈愿望,也有哲学家的基本素养,还有学术创新的意识,足见张载具有发展儒学的巨大潜力。在客观条件的促使下,他的儒学开新潜力得以施展,振兴儒学的理想变成了现实。《宋元学案》"横渠先生勇于造道"[2]的言辞,是他儒学开新的证词。张载儒学开新的表现是他开创了关学。

二、开创独特的新儒学

张载是一位颇具学术创新意识的哲学家。由他开创的新儒学,相对于以孔孟为代表的原始儒学而言,是一个多层次、多论域创新的庞大的理论体系。就学说的不同层面来看,他在为学宗旨、理论形态、基本精神和教学风尚诸层面都有较大的创新;就学说的不同论域来看,他在宇宙论、本体论、心性论、工夫论和境界论等论域都有较大的创新。

首先,"求为圣人"是为学宗旨的创新。张载关学以"学以成人"为宗旨,即他说的"学者所以学为人"。当他发现"求为贤人而不求为圣人,此秦、汉以来学者大蔽"时,便极力主张"学必如圣人而后已"[3],教导弟子也"以圣人为期"。秦汉以来儒者的为学宗旨是"求为贤人",张载"求为圣人"的为学宗旨明显是一种创新。再者,他说的圣人,并非儒者乐道的尧、舜、禹、汤、文、武、周、孔等历史人物,而是"必仁智会合乃为圣人"[4]。再结合他"成性则谓之圣"的话语来看,圣人之所以为圣人,是因为圣人养成了"仁智合一"的人性。那么,"求为圣人"就不是模仿历史人物,而是培养自己"仁智合一"的人性。这样来看,张载所谓的"求为圣人",是追求道德主导下的道德与理性的统一。

---

[1] 张载:《张载集》,第369页。
[2] 黄宗羲原著,全祖望补修:《宋元学案》,第662页。
[3] 吕大临:《吕大临文集》,见《蓝田吕氏集》下册,第749页。
[4] 张载:《张载集》,第187页。

相对于其他宋明新儒家的道德人性论而言，张载的"仁智合一"人性论无疑是一种崭新的观点。

其次，"合体与用"是理论形态的创新。张载建构"合体与用"之学是要从理论上严格区分儒学与佛学。从他批评佛教徒"不知本天道为用"来看，他认为佛学是"有体而无用"之学，儒学则是"合体与用"之学。他所谓的"用"，意谓"即物穷理"和"经世致用"。在他看来，儒学与佛学都重视对人性的认知和培养，区别在于儒学主张"即物穷理"和"经世致用"，而佛学缺失这两方面的内容。基于这种认识，他希望将"穷理"与"尽性"统一起来，将"修己"与"治人"统一起来，这就是"合体与用"之学。"合体与用"的观点被张载贯通于他的新儒学的各大论域。

第一，"太虚即气"的宇宙论。张载说"太虚无形，气之本体"[1]，即太虚是气的本然状态。他认为气是两重性的存在，即超验的本然之气和经验的实然之气。前者即太虚，是宇宙万物的本原；后者即物质之气，是构成物体的质料，具有聚集和发散两种状态。经验界的物体，都是实然之气的聚集状态。实然之气的散发状态，因人的感官无法感知而呈现为"空"、呈现为"虚"，这就是"虚空即气"。就万物的生成与消亡来看，"太虚凝而成气，气聚而成物；物散而为气，气复散而为太虚"[2]，即本然之气凝聚为实然之气，实然之气凝聚为万物，万物消散化为实然之气，实然之气再散而回归本然之气。作为本然之气的太虚是构成宇宙万物的终极根源，这便是"太虚即气"的宇宙论。清代著名学者戴震（1724—1777，字东原，号呆溪）指出：张载"所谓虚，《六经》、孔、孟无是言也"[3]，那"太虚即气"自然就是前无古人的儒学命题。

第二，"性即天道"的本体论，或者说"天道即性"的本体论。"性与天道"是张载的哲学主题。"天道"是超越的本体，因为它代表的是公理，代表的是正义，而"性"既包括"人性"也包括"物理"，是内在于人与物的规定性。"性与天道"是什么关系？张载回答"天道即性""性即天道"，前者指天道内在于人与物就是性，后者指性作为超越之在即天道。对"性与天道"的追问是中国哲学的特有形式[4]，那张载之学必然具有中国哲学特色。再者，张载对"性与天道"关

---

[1] 张载：《张载集》，第7页。
[2] 张岱年：《中国哲学大纲》，第115页。
[3] 戴震：《孟子字义疏证》，中华书局，1982年，第17页。
[4] 参阅杨国荣：《哲学引论》，第23—25页。

系的看法表明其哲学本体具有"内在—超越"的特点。"内在—超越"的形而上学是中国哲学的一个显著特点,那张载之学必然具有中国哲学特色。总而言之,张载对"性与天道"的探讨,开创了宋明新儒学颇具中国特色的形而上学。①

第三,"心统性情"的心性论。张载说:"心统性情者也。有形则有体,有性则有情。发于性则见于情,发于情则见于色,以类而应也。"②由于"心统性情"在张载的著作中仅此一见,这个命题表达的心、性、情之间到底是什么样的关系我们不得而知。尽管如此,诚如著名美籍华人学者陈荣捷(1901—1994)所说:"这简单的一句话,却成为新儒学中之一主要观念",原因是"心统性情"命题"不仅恢复了情与性相等的地位,也使心成为人整个存在之主宰"。③后来的儒者普遍继承了"心统性情",就是因为"心统性情"乃张载发前人之未发。再者,张载对性的"天地之性"与"气质之性"的划分,也是前无古人的创举。④

第四,"变化气质"的工夫论。严格来说,"变化气质"并非张载倡导的具体工夫,而是工夫的一般原理。⑤他说:"为学大益,在自求变化气质。"⑥因为构成人的气有阳明与阴浊的不同,前者是气质美的决定因素,后者是气质恶的决定因素。人后天气质的美或恶,是构成人之气的阳明与阴浊此消彼长的结果,即"阳明胜则德性用,阴浊胜则物欲行"。变化气质是指气之阳明战胜阴浊,使人的气质表现为美,明显属于工夫的一般原理。"变化气质"在宋明新儒家的普遍推崇和继承中,逐渐成了宋明新儒学的"金科玉律"。⑦

第五,"天人合一"的境界论。"天人合一"思想是自先秦诸子以来一脉传承的文化思想,以至于被学界普遍视为中国哲学的特色。但是,最早提出"天人

---

① 王雪卿认为张载对"性与天道"的探讨"为形上本原之学的思想新成分之展开,找到与原始儒学间的衔接点,此衔接对后来宋明理学的发展影响至关重大"(氏著:《当代张载学》,联经出版事业股份有限公司,2021年,第147页),并认为"到了宋代'性与天道'反而一跃成为儒学传统中最核心的论题"(同上书,第148页)。

② 张载:《张载集》,第374页。

③ 陈荣捷编著,杨儒宾等译:《中国哲学文献选编》,北京联合出版公司,2018年,第349页。

④ 张岱年认为张载的"天地之性"与"气质之性"是"性两元论",并有"性两元论,创始于张载"(氏著:《中国哲学大纲》,第337页)的论断。

⑤ 陈政扬认为"'变化气质'并非张载众多道德修养工夫之一,而是其工夫之总纲"(氏著:《张载思想的哲学诠释》,中华书局,2020年,第131页)。

⑥ 张载:《张载集》,第321页。

⑦ 陈荣捷说:"'变化气质'一语,为新儒家所推崇且为儒门中的杰出贡献,并成为孔门中的金科玉律。"(《中国哲学文献选编》,第348—349页。)

合一"命题的人是张载。他说:"儒者则因明致诚,因诚致明,故天人合一。"[①]张载所谓的"天人合一",既指本体之域的"天人一",也指工夫之域的"一天人",是本体与工夫合一的浑融境界。这种境界是人在认识之域达到"穷理尽性"和实践之域达到"成己成物"之后,才能够实现的"民胞物与"式的存在方式。当代著名哲学家张世英(1921—2020)指出:"张载的'天人合一'说是宋代道学的开端。"[②]依此来看,宋明新儒学的"天人合一"境界论也由张载开创。

太虚与气、天道与性、性与情、天与人,这诸多范畴之间或隐或显地存在着体用关系,这就使体用论贯穿于张载新儒学的不同论域和不同层面,最终使张载关学成为真正的"合体与用"之学。这是张载之学理论方面最为显著的特点。据载,宋明新儒学的先驱胡瑗(993—1059,字翼之,世称"安定先生")曾提出儒学是"明体达用之学",但翻阅胡瑗的著作就会发现,他不但没有建构成"明体达用之学",也没有建构"明体达用之学"的自觉,只是提倡儒学"有体有用"而已。[③]胡瑗的弟子程颐虽然普遍使用体用范畴,并提出了被宋明新儒家普遍接受和使用的"体用一源,显微无间"的体用论,但并未建构"体用之学",反倒认为张载的"合体与用"之学不免"博杂"。可见,将儒学建构成"有体有用"之学,张载亦是敢为人先。

再次,"崇实致用"是基本精神的创新。"崇实致用"是"崇实"和"致用"的合称。在张载的思想中,"崇实"包括学务"实行"和学重"实事";"致用"既指学贵"有用",也指学求"致用"。具体来看,学务"实行"即张载倡导的"实行去",学重"实事"即他提倡的"须行实事",学贵"有用"强调学问的实用性,学求"致用"即为学看重实际应用。经世致用是中华人文精神,张载关学"崇实致用"的基本精神中的"致用"是普遍的中华人文精神,而"崇实"则是张载关学的鲜明特色。

最后,"以礼为教"是教学风尚的创新。"以礼为教"学风是张载关学的显著特征,这是现代学界的共识。学风既指张载的学术风格,也指关学的学术风气。就前者而言,"以礼为教"指张载教学中"使学者先学礼";就后者而言,

---

[①] 张载:《张载集》,第65页。
[②] 张世英:《天人之际——中西哲学的困惑与选择》,人民出版社,1995年,第9页。
[③] 胡瑗说:"圣人之道,有体、有用、有文。君臣父子,仁义礼乐,历世不可变者,其体也。《诗》《书》史传子集,垂法后世者,其文也。举而措之天下,能润泽斯民,归于皇极者,其用也。"(黄宗羲原著,全祖望补修:《宋元学案》,第25页。)

受张载长期用礼仪教导学生的影响,关中士人逐渐形成非常重视礼仪的学术风气,这就是关学"以礼为教"的学风。

"求为圣人"的为学宗旨,"合体与用"的理论形态,"崇实致用"的基本精神,"以礼为教"的教学风尚:这是张载在儒学方面的理论创新,也是张载关学的基本特色。这些理论创新是张载接续孔孟讲儒学的结果,是对原始儒学的重大发展,是关学诞生的理论标志。这时,一个新儒学流派在理论上诞生了,这就是关学。

三、新儒学被弟子继承

张载在创建新儒学的同时,也在积极传播他的新儒学。起初,张载只在家乡横渠镇讲学。宋仁宗至和元年(1054),被罢黜相位的文彦博(1006—1097,字宽夫,号伊叟)职掌永兴军。一到长安任所,他就听闻张载"名行之美",便聘请张载到长安学宫讲学。宋神宗熙宁元年(1068),在渭南军事判官任上的张载又往武功的绿野亭讲学。正是在关中长期的讲学过程中,张载的新儒学日渐传播广泛,他本人在儒学方面也逐渐成为"关中士人宗师"。

张载不只在关中地区讲学,也曾在北宋的首都讲学。宋仁宗嘉祐元年(1056),他在北宋的首都汴梁(今河南开封)讲学。讲学期间,闻名而来的洛学创始人程颢和程颐,曾与他论学。他与二程兄弟论学后,不禁感叹:"吾道自足,何事旁求!"这表明他对自己所开创的新儒学很自信。张载不只自觉创建新儒学,而且深信自己业已开创了新儒学,这就是他说的"某既闻居横渠说此义理,自有横渠未尝如此"[1]。这种自觉,使他能够自觉传播自己的新儒学,并在传播过程中自觉反思自己的新儒学。"吾道自足,何事旁求",就是他对自己的新儒学反思的结果。

张载在传播自己的新儒学的过程中,培养了大批新儒学门徒。比如:他在长安学宫讲学时,游师雄等人前来师从;讲学于武功绿野亭时,苏昞等人前来师从。在长期的讲学过程中,他的弟子日益增多。他的关中弟子中,著名者有吕大忠、吕大钧、吕大临、范育、苏昞、游师雄、李复、张舜民和潘拯等人;此外,河南洛阳的种师道和山东诸城的刘公彦也比较有名。但遗憾的是,这些人的著作大多亡佚,只有吕大临和李复的著作流传在世。

---

[1] 张载:《张载集》,第290页。

吕大临继承了张载的关学。吕大临是陕西蓝田人，大抵于熙宁元年（1068）师从张载。张载去世后，他又往河南洛阳师从二程。南宋著名新儒学家胡宏（1106—1162，字仁仲，号五峰）早就指出"与叔乃横渠门人之肖者"[1]；其实，吕大临早就被程颐批评说"守横渠学甚固"[2]。吕大临比较全面地继承了张载的新儒学。首先，他继承了张载"学以成人"的为学宗旨。他为学关注的是"人之所以为人"的问题，在他看来，"成人有道"，这个道"必学而后成"。学习的重点是人伦、是礼义，他说："人伦明，然后礼义立而可以为成人。"[3]其次，他继承了张载"合体与用"的理论形态。他曾指出程颐之学"有体而无用"，这是以张载"合体与用"为参照而得出的结论。就他的新儒学来看，除了心性修养之外，还论及政治、教育、财用等，明显是"合体与用"之学。再次，他继承了张载"崇实致用"的基本精神。他为学不但主张"崇实"，而且强调"适用"，"崇实"即推崇"实行"和"事实"，"适用"强调学问"适于实用"[4]。最后，他继承了张载"以礼为教"的教学风尚。在他看来，"人之所以为人，必在乎礼义也"[5]，教学自觉继承张载的"以礼为教"。他不只主张个人"致礼以治躬"[6]，而且建议国家"恃礼以为治也"[7]。诚如牛兆濂所说："盖横渠以礼教关中学者，与叔从游最久，守其说甚固。"[8]

李复也继承了张载的关学。李复（1052—1128，字履中，人称"潏水先生"）是陕西长安（今西安长安区）人，大概在熙宁三年（1070）始从学于张载。李复对张载关学的继承，突出表现在"合体与用"的理论形态和"崇实致用"的基本精神两方面。就前者而言，李复之学也是"合体与用"之学。四库馆臣评价李复的新儒学说："又久居兵间，娴习戎事，故所上奏议，大都侃侃建白，深中时弊，亦不止洪迈所称二疏。至其考证今古，贯穿博洽，于易象、算术、五行律吕之学，无不剖晰精微，具有本末，尤非空谈者所可及。在宋儒之

---

[1] 胡宏：《胡宏集》，中华书局，1987年，第189页。
[2] 程颢、程颐：《二程集》，第265页。
[3] 吕大临：《吕大临文集》，见《蓝田吕氏集》上册，第186页。
[4] 吕大临：《吕大临文集》，见《蓝田吕氏集》下册，第760页。
[5] 吕大临：《吕大临文集》，见《蓝田吕氏集》上册，第185页。
[6] 吕大临：《吕大临文集》，见《蓝田吕氏集》上册，第49页。
[7] 吕大临：《吕大临文集》，见《蓝田吕氏集》上册，第9页。
[8] 牛兆濂：《牛兆濂集》，西北大学出版社，2015年，第40页。

中，可谓有体有用者矣。"[1]李复"合体与用"之学的宇宙论，继承了张载"太虚即气"的宇宙论。他认为宇宙万物皆由气构成，即"万物生芸芸，与我本同气"[2]；而气的本然状态是元气。为了强调元气的终极含义，他将之称为"太极元气"。尽管"太极元气"与"虚空即气"存在差异，但都是气本原论，这是他继承张载气学思想的表现。就后者而言，李复既强调道德实践，认为成就圣人要"强其力"，批评对儒家的圣人之言"徒能言之，行之不至"的士人[3]。他也重视经世致用，比较关注治世之道，主张治理社会要因时制宜。在张载谢世和吕大临等人转学洛学后，他依然坚持在关中传播关学。

在门徒们的不断理解和接受过程中，张载的关学得到了很好的继承和发展，以至于时任御史中丞的吕公著（1018—1089，字晦叔）在向宋神宗推荐张载时说："张载学有本原，四方之学者皆宗之。"[4]在四方来学的门徒的推重过程中，张载不但成了一代儒学宗师，更成了"关中士人宗师"。于是，一个新儒学流派诞生了，这就是关学学派。

关学学派在北宋的发展并不显赫。张载在世时，关学不如洛学兴盛。就内因来看，关学学者缺乏学派意识以及维护学派的意识。张载为学主张兼容并包，不但没有以正统自居的道统意识，更没有派系门户之见。这本是学者应有的素养，但就学派传承而言，会导致关学学者缺乏学派意识，不利于关学的发展。再者，张载的关学不但思想体系庞大，而且语言晦涩难懂，不易学习，这也不利于关学传播。据朱熹回忆，他在师从李侗（1093—1163，字愿中，人称"延平先生"）学习新儒学期间，李侗就曾告诫他："横渠说，不须看。非是不是，只是恐先入了费力。"[5]就外因来看，关学缺失政治力量的推动，传播比较缓慢。这是因为关学的发源地和传播地——关中地处中国西北，远离北宋的政治和文化中心，显得比较偏僻。洛学则不然，其发源地洛阳接近首都汴梁，有政治力量助推。就连程颐新儒学的继承者朱熹也不得不承认宰相司马光、文彦博、吕公著等人"尊伊川太高"。在这些身居宰相之职的高官的推崇下，凡程颐在京师讲学，"自宰相以

---

[1] 永瑢等：《四库全书总目》下册，中华书局，1965年，第1336页下。
[2] 李复：《李复集》，西北大学出版社，2015年，第103页。
[3] 李复：《李复集》，第63页。
[4] 吕大临：《吕大临文集》，见《蓝田吕氏集》下册，第749页。
[5] 朱熹：《朱子全书》第十七册，第3416页。

下皆要来听讲"①。这样的内外因导致关学发展比较缓慢，没有洛学兴盛。

张载谢世后，关学的发展陡然衰落。张载去世不到两年，吕大忠、吕大钧、吕大临和苏昞等人先后投奔二程。再到后来，程颐直接来关中讲学，"关西学者相从者六七人"。即使这些人在学说上"守横渠学甚固"，也无法挽回关学的衰落之势。更严重的问题是，张载的弟子大都并非专业的关学研究者和传播者。他们普遍继承了张载兼容并包的治学态度和博学广识的治学原则，并不专门研究和传播关学。比如吕大临，他在研究关学的同时，还研究金石学和考古学，甚至被中国现代考古界奉为"考古鼻祖"②；再比如李复，他在研究关学的同时，还研究军事学，甚至投身行伍与金兵作战。这都在一定程度上影响了关学的传承与发展。但这时的关学只是陡然衰落了，并没有终结。原因诚如二程所说："关中学者，以今日观之，师死而遂倍之，却未见其人，只是更不复讲。"③

宋钦宗靖康二年（1127），金兵攻下北宋首都汴梁，掳走宋徽宗和宋钦宗父子，北宋灭亡。同年六月，徽宗之子、钦宗之弟赵构以临安（今浙江杭州）为都称帝，年号建炎，是为宋高宗，史称"南宋"。此时，关中已被女真族占领，归属于金朝。南宋建炎二年（1128），张载唯一一位在世的关中弟子——秦凤路经略使李复也在抗击金兵的战役中阵亡了，关学至此彻底衰落。但关学并没有消亡，后来的关中儒者大都有"横渠是师"的自觉，前赴后继地传承张载的关学。这就是关学继其第一个发展阶段——关学的开创期之后，迎来的第二个发展阶段——关学的变通期。

---

① 朱熹：《朱子全书》第十七册，第3108页。
② 陈海红：《吕大临评传》，西北大学出版社，2015年，第1页。
③ 程颢、程颐：《二程集》，第50页。

第六章　关学的变通传承

夫学不知变，信有罪矣；变而不知止于中，其敝殆有甚焉。

——［北宋］吕大临

如果说北宋时期是关学的开创期的话，那金、元、明时期就是关学的变通期。《周易·系辞下》说："《易》穷则变，变则通，通则久。"关学的发展也遵循这样的规律。关学学者为关学的可持续发展考虑，根据时代需要及时调整关学，使关学能够适应时代的要求而继续发展，这就是关学"因时变学"[①]的传承特征。关学的变通在张载去世后不久就开始了，表现是吕大临等人师从二程兄弟并积极汲取洛学的思想。但就关学的发展历史来看，关学自金代到明代前期，汲取理学思想；明代中期以来，汲取心学思想；明代末期，汲取西学思想：这是一个不断变通的发展过程。所以，我将金、元、明时期视为关学的变通期。

关学比较普遍且明显的变通始于金代，经元代的发展，到明代达到了鼎盛。金朝统治下的关中，关学名儒既有"风节矫矫"的杨天德（1180—1258，字君美），也有"学为通儒"的杨奂，二人都学宗朱子理学。公元1231年，蒙古军占领关中，关中又归属元朝统治。这时的关学大儒，前有"书无不读"的杨恭懿（1225—1294，字元甫，号潜斋，杨天德之子），后有为学"真履实践"的萧㪺（1230—1307，字惟斗，号勤斋）和同恕（1254—1331，字宽甫，号榘庵），三人均学宗朱子理学。由于"三杨"的儒学著作皆已亡佚，对关学变通期的研究，

[①] 关学变通学术的思想和做法被晚清的关学大儒刘光蕡概括为"因时变学"，即他所谓的"盖因时变学，即所谓学而时习也"（《刘光蕡集》，西北大学出版社，2015年，第646页）。"因时变学"的内涵是"夫学将以治万世之天下，岂能拘执一法，而强以应万世之变哉？则必因时制宜，与世推移，而后不穷于用。故学于古者，必以身所值之时习之，习之而得古人之法之意，则准之以应当时之变，然后推行无弊"（同上书，第405页）。

不得不从元代的萧㪺和同恕开始。明代的关学继续变通，始而汲取理学思想，继而汲取心学思想，最后汲取西学思想，是一个不断"因时变学"的发展过程。

关学之所以能够通过变通而持续发展，是因为关学学者掌握了学术变通的基本原则，即吕大临所谓的"夫学不知变，信有罪矣；变而不知止于中，其敝殆有甚焉"①。如果一味地墨守成规，那任何学术都会见弃于时而最终消亡；如果一味地趋时求新，那任何学术都会丧失本色而自我解体。这样来看，学术既要变，又要不变，即"因时变学"必须做到"万变不离其宗"。这个"宗"既能标识学说的基本特征，也能维系学派的基本学承。具体到关学，这个"宗"是什么？需要通过对关学变通期的研究来回答。

一、关学始而汲取理学思想

公元1227年，宋理宗颁布诏书：追赠朱熹为太师，追封信国公；提倡士人学习朱熹的《四书章句集注》。从此以后，朱熹理学成了南宋王朝的官方哲学。元朝取代南宋统治中国，却继承了南宋王朝重视朱子理学的做法。元皇庆二年（1313），元朝诏定科举考试以朱熹《四书章句集注》为标准，朱子学被定为科场程式。这无异于运用政治指挥棒，将士人导向朱子学。其实，关中地区受蒙古人偏好朱子学的影响更早。早在蒙古宪宗四年（1254），身为秦王的忽必烈就邀请学尊朱子的许衡（1209—1281，字仲平，号鲁斋）来关中讲学。许衡之学虽不像时人所说的"一以朱子之言为师"②，但他确实非常推崇朱熹的《小学》和《四书章句集注》，甚至有"吾敬信如神明"③的表白。许衡来关中讲学的情形，据《元史》记载："秦人新脱于兵，欲学无师，闻衡来，人人莫不喜幸来学。"④从这时起直到元朝灭亡的一百多年中，关学都在汲取理学思想的过程中不断发展：这就是元代的关学。元代的关学名儒，前有萧㪺，后有同恕，二人都是当时的奉元（今陕西西安）人。他们的关学思想，我合称为"奉元之学"。汲取理学思想的关学，在元代主要是奉元之学。

汲取理学思想的关学，在明代既有河东之学，又有三原之学。公元1368年，朱元璋以南京为都称帝，国号大明。于是，朱明取代元朝而统治中国。同

---

① 吕大临：《吕大临文集》，见《蓝田吕氏集》下册，第485页。
② 许衡：《许衡集》下册，中华书局，2019年，第510页。
③ 许衡：《许衡集》下册，第321页。
④ 宋濂等：《元史》卷一五八《许衡传》，中华书局，1976年，第3717页。

元朝承续南宋尊崇朱学一样，朱明王朝也承续元朝而尊崇朱学。明太祖洪武二年（1369），诏定科举考试以朱熹等人的"传注为宗"，朱子理学又成了大明王朝的官方哲学。在政治力量的导引下，明代前期的新儒学诚如《明史》所说："原夫明初诸儒，皆朱子门人之支流余裔，师承有自，矩矱秩然。"在明朝初期，中国的新儒学被视为朱子理学，那关学自然也不例外。关学在明代汲取的理学思想既有三原学派，也有河东学派。前者由王恕开创，经过王恕的儿子王承裕（1465—1538，字天宇，号平川）的传承，在马理（1474—1556，字伯循，号谿田）、韩邦奇（1479—1556，字汝节，谥号恭简）和杨爵（1493—1549，字伯修，号斛山）的推动下达到鼎盛。后者源于山西的薛瑄（1389—1464，字德温，号敬轩），经甘肃段坚和周蕙而传于陕西渭南的薛敬之（1435—1508，字显思，号思庵），至薛敬之的弟子吕柟达到鼎盛。这都是汲取理学思想的关学支流。

汲取理学思想的关学，在元代，主要是奉天之学；在明代，既有三原学派，也有河东学派。由于篇幅所限，这里不能一一介绍。三者当中以河东学派影响最大；而河东学派中的吕柟，又被称为"关中有明一代理学之冠"[①]。这里就以吕柟的关学为代表，管窥汲取理学思想的关学的特征。

吕柟（1479—1542，字仲木，号泾野，谥号文简）是陕西高陵人，明武宗正德三年（1508）的状元。他虽曾出仕为官，但生平以讲学为主，是明代著名的新儒学家。吕柟早年师从著名关学学者薛敬之，学习汲取理学思想的关学。后因参加会试而成为著名心学学者湛若水（1466—1560，字元明，号甘泉）的门生，但他并没有接受心学思想。吕柟是继张载之后又一位关学宗师。诚如清代著名思想家黄宗羲（1610—1695，字太冲，号南雷，世称"梨洲先生"）所说："关学世有渊源，皆以躬行礼教为本，而泾野先生实集其大成。"[②]吕柟在关学史上的地位可想而知。

吕柟治学以"求为圣人"为目标。他说"学者言行须以圣人为标垛"，因为成圣是人学习的最终目标。他教导学生说："必以圣贤自期，不要把自家当做草木类。行坐常思自己终身做如何人也，如此激昂，必至废寝忘食。"[③]无论学习还是教学，他都以"求为圣人"为目标，可见吕柟的为学宗旨和张载的为学宗旨相

---

① 贺瑞麟：《贺瑞麟集》上册，第137页。
② 黄宗羲：《明儒学案》上册，中华书局，2008年，第11页。
③ 吕柟：《吕柟集·泾野子内篇》，西北大学出版社，2015年，第34页。

同。再者，他把圣人理解为"仁智实相为用"的人，也与张载用"仁智合一"诠释圣人相同。就为学宗旨来看，吕柟完全继承了张载"求为圣人"的为学旨趣。

吕柟之学追求"明体适用"。在他看来，自孔孟以来，儒家的"圣贤之学，有体必有用"，新儒学也应当"博古通今，明体适用"①。他的这种学术追求，承续他的老师薛敬之，因为薛敬之将儒学视为"明体适用之学"②。概括地说，"明体适用之学"包括"明体"和"适用"两大部分。前者是心性之学，主要探讨人的本性以及如何呈现人的本性的问题；后者是经世之学，主要探讨经邦济世的原则以及如何经邦济世的问题。就心性之学来看，吕柟吸收了理学思想。首先，他继承了理学"性即理"的观点，认为人性的终极依据是理。他说："在外之物，其理皆寓于在内之心；在内之心，其理皆通乎在外之物。"③总而言之，人性和物理的本质都是理。不过，与朱熹从先天视角大谈"理先气后"不同，吕柟多从后天视角谈论"理在气中"，因为在他看来："理气非二物，若无此气，理却安在何处？"④其次，他继承了理学的格致工夫，理由是"盖物我一理，察识于物，而开明心之知，吾之知以致，非自外也"⑤。尽管他对格物的理解大体上"亦程子主一之说"，认为"如鸟兽草木之类，亦须格"；但他强调"格物工夫，我说不消远求，只就身之所致，事之所接，念虑之所起，都是格物"⑥，并没有照搬理学的格致工夫。更重要的是，他由理学的格致工夫发展出了自己的致曲工夫。他认为"致曲工夫甚难"，因为"曲是纤悉委曲处皆要推而致之，使无遗欠"，但他还是坚持认为"凡事致其委曲，纤悉合当处，才是工夫"⑦。他的致曲工夫比理学的格致工夫更细密、更扎实。就经世之学来看，吕柟在政治、经济和军事方面都有卓越的见解。政治上他提倡"廉明为惠"的治世思想，他说："廉也者，为政之体也；明也者，为政之用也；惠也者，为政之效也。"⑧再者，他认为"养民莫如财，卫民莫如兵"⑨，所以在经济上主张富国，在军事上主张强兵。这就是吕柟

---

① 吕柟：《吕柟集·泾野经学文集》，西北大学出版社，2015年，第361页。
② 薛敬之：《思庵野录》，见《薛敬之张舜典集》，第99页。
③ 吕柟：《吕柟集·泾野先生文集》上册，第563页。
④ 吕柟：《吕柟集·泾野子内篇》，第101页。
⑤ 吕柟：《吕柟集·泾野经学文集》，第299页。
⑥ 吕柟：《吕柟集·泾野经学文集》，第418页。
⑦ 吕柟：《吕柟集·泾野子内篇》，第67页。
⑧ 吕柟：《吕柟集·泾野先生文集》上册，第32页。
⑨ 吕柟：《吕柟集·泾野先生文集》下册，第1008页。

"明体适用"之学的概貌。吕柟的"明体适用"之学虽然在本体和工夫方面吸收了理学的思想,但是"明体适用"之学的理论形态则明显继承了张载的"合体与用"之学的理论形态,而且他还有所发展,即细化了"有体有用"之学的理论形态。

吕柟之学主张"崇实致用"。在他看来,儒学乃"孔门切实之学";那么,儒者为学就应当以"务实为要"。他为学主张"崇实而卑伪"[1],特别强调"实干",认为人必须有"行事之实"。他提倡"崇实"还有"致用"的目的,即"实而适于用"[2]。他说"学为经世者也",那学习就应当学以"致用"。他既主张"穷经致用",也主张"随事致用"。吕柟之学一如张载之学,具有突出的"崇实致用"精神。

吕柟教学也"以礼为教"。他认为"横渠以礼为教"是因为"礼自有许多仪文度数,收人放心"[3]。再者,"以礼为教"还是对"孔子'克己复礼''为国以礼'"思想的继承。有见"礼乐久荒",他"慨然以兴起为己任"。据载,他在任国子监祭酒期间,曾教导诸生演习《仪礼》中的冠、射、聘、燕、士相见等礼仪。每每演习,观者如市。因为吕柟自觉继承了张载的"以礼为教",当时的学者认为他"以礼教学者,似张横渠"[4]。

吕柟的新儒学不但比较全面地继承了张载的关学,而且对张载关学的基本特征有所发展。有鉴于此,冯从吾说:"吾关中理学自横渠后,必推重高陵吕文简公。"[5]吕柟能够全面地继承张载的关学,是因为他有"横渠,教之宗也"[6]的关学认同感和归属感。在这种情感的促使下,他不但积极整理和诠释张载的关学著作[7],传播其关学,而且自觉继承张载的关学思想,发展其关学,最终成为张载关学的嫡传弟子。

吕柟的新儒学在本体论域和工夫论域都汲取了程朱理学的思想,这使其不但

---

[1] 吕柟:《吕柟集·泾野先生文集》上册,第517页。
[2] 吕柟:《吕柟集·泾野先生文集》上册,第493页。
[3] 吕柟:《吕柟集·泾野子内篇》,第103页。
[4] 甘棠荫:《序三》,见《吕柟集·泾野子内篇》,第246页。
[5] 冯从吾:《冯从吾集》,西北大学出版社,2015年,第233页。
[6] 吕柟:《吕柟集·泾野先生文集》上册,第76页。
[7] 吕柟认为张载的著作"言简意实,出于精思力行之后",而当时流布的张载著作"涣无统纪",他便"粹抄成帙,注释数言,略发大旨,以便初学者之观省",这就是他编著的《横渠张子抄释》。

汲取了洛学和闽学的思想，同时也吸收了濂学的思想。①但是，吕柟之学依旧保持着关学的基本特色。这样来看，吕柟的新儒学是汲取了理学思想的关学。再者，吕柟讲学影响极广，据载："时先生讲席，几与阳明氏中分其盛，一时笃行自好之士，多出先生之门。"②这说明无论从学说建构来看，还是从学说传播来看，吕柟都是继张载之后又一位关学宗师，无怪乎时人及后人对他有"关学之冠"的称誉。

二、关学继而汲取心学思想

朱子理学不仅是朱明王朝的科考内容，更是其官方哲学。但正统十四年（1449）发生的"土木之变"（包括后来的"夺门之变"）引起了社会上层对朱子理学的质疑和批判，而且这种质疑和批判得到了皇帝的认可。质疑的是：已经支配大明王朝半个多世纪的朱子理学是否具有指导社会和政府良好运作的功能？反思的结果是，朱子理学存在不足。如何弥补朱学的不足？一种观点主张用"经世"弥补，另一种观点主张用"正心"弥补。③在后一种观点的推动下，明朝中期心学思潮涌现。这就是《明史》所说的："学术之分，则自陈献章、王守仁始。"由陈献章（1428—1500，字公甫，人称"白沙先生"）开创的心学学派，就是《明史》称谓的"江门心学"；由王守仁（1472—1529，字伯安，号阳明）开创的心学学派，即《明史》所说的"姚江心学"。

关学汲取的心学思想④，既有姚江心学的思想，也有江门心学的思想。明代中期，时任浙江绍兴府知府的南大吉（1487—1541，字元善，号瑞泉）师从王阳明，学习"致良知"学说，这是关学汲取心学思想的开始。明代后期，江门心学学者许孚远（1535—1604，字孟中，号敬庵）出任陕西提学副使⑤，主讲正学书院。其间，冯从吾和张舜典师从许孚远，学习江门心学。明代汲取心学思想的关学，就是南大吉汲取姚江心学思想的关学和冯从吾、张舜典汲取江门心学思想的

---

① 朱熹是程颢和程颐的四传弟子，而程颢和程颐是周敦颐的弟子。那么，从学术渊源来看，朱熹的闽学不但有洛学的思想渊源，还有濂学的思想渊源。
② 黄宗羲：《明儒学案》上册，第11页。
③ 参阅朱鸿林：《儒者思想与出处》，生活·读书·新知三联书店，2015年，第54—79页。
④ 参阅拙著：《论关学的心学化及其价值》，《人文杂志》2018年第12期，第55—62页。
⑤ 许孚远是江门心学的第四代学人。具体来看，许孚远是唐枢（1492—1574，字惟中，号一庵）的弟子，唐枢师从湛若水，而湛若水是陈献章的衣钵传人。

关学。三者当中，无论就学说思想来看，还是就学术影响来看，南大吉与张舜典都不可与冯从吾相提并论。因为冯从吾是继张载和吕柟之后，又一位闻名全国的关学宗师。明代后期著名新儒家邹元标（1551—1624，字尔瞻，号南皋）就说："横渠之后，明有仲木，今有仲好，可称鼎足。"①清代著名关学学者李颙也认为"横渠之后，诸儒著述，惟吕泾野、冯少墟足以继响"②。这里以冯从吾的关学为代表，蠡测汲取心学思想之关学的特征。

冯从吾（1557—1627，字仲好，号少墟，谥号恭定）是陕西长安人。明神宗万历十三年（1585），他在正学书院师从许孚远学习新儒学。许孚远认为他"才识不凡而志气卓荦"③，对其寄予厚望。他在万历十八年（1590）中进士后曾出仕为官，但生平以讲学为主。他在京任职期间，讲学首善书院；回陕西老家后，主讲关中书院。关学的第一部学术通史《关学编》，就是他编写的。冯从吾不但熟知关学的发展历史，而且继往开来，将关学的发展推向了新的历史高峰。

冯从吾之学以"学以成人"为宗旨。他说："学也者，所以学为人也。"④成人是学习的最终目的，但问题是何谓"成人"，他结合自己的讲学活动回答说："千讲万讲，不过要大家做好人、存好心、行好事。"⑤这是说：成人就是"做好人"。如何做好人？既有做好人的动机，也有做好人的结果，只有二者兼备才算是"做好人"，才算是"成人"。

冯从吾之学"有体无用"，这是受政治生态环境和江门心学思想影响的后果。就心学渊源来看，冯从吾选择性地接受了许孚远的心学思想。许孚远标榜"圣贤心学"，既推许陈白沙的"静养端倪"，也赞成王阳明的"致良知"。冯从吾直言"圣贤之学，心学也"⑥：既继承了白沙的"静中养出端倪"，也接受了阳明的"致良知"。他认为"阳明先生'致良知'三字，真得圣学真脉，有功于吾道不小。'知善知恶是良知'一语，尤为的确痛快"⑦；但是，他不认同阳明的"无善无恶心之体"，将之等同于"告子无善无不善，佛氏无净无垢之旨"⑧。就

---

① 邹元标：《少墟冯先生集序》，见《冯从吾集》，第12页。
② 李颙：《二曲集》，第176页。
③ 许孚远：《敬和堂集》卷三，日本内阁文库藏本，第34页a。
④ 冯从吾：《冯从吾集》，第84页。
⑤ 冯从吾：《冯从吾集》，第148页。
⑥ 冯从吾：《冯从吾集》，第32页。
⑦ 冯从吾：《冯从吾集》，第301页。
⑧ 冯从吾：《冯从吾集》，第301—302页。

心学体系来看，冯从吾的新儒学的本体论，既认为"心之本体原有善无恶"①，又承认"良知是本体"②；工夫论认为"静坐原是吾儒养心要诀"，其静坐是"坐久静极，不惟妄念不起，抑且真念未萌，心体惟觉湛然"③，即"发明本心"工夫；境界论推崇"潇洒快乐境界"，受陈白沙影响，他更喜欢用"鸢飞鱼跃"来表示这种境界。冯从吾的新儒学都是心性修养之学，缺少经世致用之学，后来的关学学者委婉地批评他说："冯少墟戎马倥偬不废讲学，人谓兵食不足。"④关学的"体用全学"没有被冯从吾全面继承，这是受江门心学思想和政治生态环境双重影响的结果。陈白沙有见明朝政治生态环境异常恶劣，选择了"结跏樗木下，即此是良谋"⑤的生存方式，这导致其学"有体无用"；冯从吾"愿言趋步"⑥而自觉承续白沙心学，其学也就具有了"有体无用"的特征。更何况冯从吾深感晚明政治生态环境险恶，讲学"绝口不谈时事"⑦，遑论探讨"经时济世"之学，这导致其学成为"有体无用"之学。

冯从吾之学提倡"务实"和"致用"。就前者而言，他主张"君子务实"。由于他生活在心学末流工夫空疏的时代，这种务实精神突出表现为"实行"。他在关中书院讲学时说："务戒空谭，敦实行，以共任斯道，无令乡之先达如横渠、泾野诸先生专美于前，可也。"⑧足见，"务实"是他对关学"崇实"精神的自觉继承。就后者而言，他主张学以致用，批评"驰空谈而鲜实用"的学问。正缘于此，明末著名文学家、书画家陈继儒（1558—1639，字仲醇，号眉公）称赞他的新儒学说："道学归于有用，圣真不落空虚。"⑨其实，这是关学"崇实致用"基本精神在他的新儒学中的表现。

冯从吾教学也"以礼为教"。受江门心学思想影响，他教导初学者"静养端倪"，甚至是"闭门静坐"。但他认为真正的工夫应当是"内存戒慎恐惧，外守

---

① 冯从吾：《冯从吾集》，第 37 页。
② 冯从吾：《冯从吾集》，第 252 页。
③ 冯从吾：《冯从吾集》，第 302 页。
④ 贺瑞麟：《贺瑞麟集》上册，第 208 页。
⑤ 陈献章：《陈献章集》下册，中华书局，1987 年，第 349 页。
⑥ 冯从吾：《冯从吾集》，第 510 页。
⑦ 冯从吾：《冯从吾集》，第 563 页。
⑧ 冯从吾：《冯从吾集》，第 144 页。
⑨ 陈继儒：《又〈冯少墟先生像赞〉》，见《冯从吾集》，第 6 页。

规矩准绳"①。所谓"外守规矩准绳",是人的"视听言动要一一合礼",这是他重视"以礼为教"的原因。再者,他深知"横渠以礼教为学者倡"②,教学采取"以礼为教"有继承张载教学风尚的意图。

冯从吾的新儒学既继承了关学"学以成人"的为学宗旨,也继承了关学"崇实致用"的基本精神,还继承了关学"以礼为教"的教学风尚;但受心学思想的影响,没有继承关学"体用全学"的理论形态。这不只是冯从吾关学的特点,也是其时汲取心学思想的关学的特点。

尽管冯从吾的新儒学没有全面继承关学的理论特色,但是他有通过讲学来振兴关学的使命意识。他说:"我关中形胜甲于天下,羲、文、武、周,后先崛起,弗可尚矣。自横渠后,理学名儒代不乏人,盖文献之邦而学问之薮也。吾辈生于其后,何可无高山景行之思。"③既然自张载以来关学代代传承,那就应当承祧张载,使关学蓬勃发展。抱有这种理想,冯从吾在关中书院大力弘扬关学,一时"四方从学至五千余人"④。这种讲学盛况使关中书院在明末声名鹊起,清初有学人认为冯从吾主讲关中书院时,"关中书院之盛,近古未有也"⑤。这说明他在关中书院的讲学活动影响非常大。天启二年(1622),他在任都察院左副都御史时,与时任都察院左都御史的姚江学者邹元标在北京创建首善书院,联谊同人会讲新儒学,影响也很大。冯从吾的讲学活动,无疑对关学的发展具有很大的推动作用。时人认为经冯从吾的弘扬,"关学大兴"⑥。因为这层原因,冯从吾被认为是继张载和吕柟之后的又一位关学宗师。

三、关学最后汲取西学思想

明朝后期,随着耶稣会士来华传教,西方的科技和文化也传入中国。明代末期的关学汲取西学思想,正是这种"西学东来"文化现象在地域文化中的表现。明代汲取西学思想的关学,即王徵的关学。因为在明代的关学学者当中,只有王徵比较全面地吸收了那个时期传入中国的"西学"。

---

① 冯从吾:《冯从吾集》,第306页。
② 冯从吾:《关学编》(附续编),第9页。
③ 冯从吾:《冯从吾集》,第272页。
④ 冯从吾:《关学编》(附续编),第74页。
⑤ 翟凤翥:《重兴关中书院序》,见《冯从吾集》,第573页。
⑥ 董其昌:《冯少墟先生像赞》,见《冯从吾集》,第5页。

王徵（1571—1644，字良甫，号葵心）是陕西泾阳人，孩童之时即跟从他的舅父、关学学者张鉴（1545—1605，字孔昭，号湛川）学习关学。他于明神宗万历二十六年（1598）开始赴京参加会试，屡败屡战，直到明熹宗天启二年（1622）才考中进士。随后，王徵出任地方官。他在京考试和谒选期间，先后结识了在京传教的耶稣会士庞迪我、金尼阁、龙华民、邓玉函和汤若望等人。在与他们交往的过程中，王徵广泛接触西学，并将之吸纳到自己的新儒学中，最终形成了汲取西学思想的关学。

王徵之学以"学以成人"为宗旨。他关注的是人如何活得像人的问题，或者说人如何以人的方式存在的问题，即他所说的"活人"。从他的"活人丹方"来看，他认为做人的基本原则是"敬天爱人"。所谓"敬天爱人"，就是他常说的"畏天爱人"，即因敬畏天主而关爱他人。王徵认为世人胡作非为已经到了肆无忌惮的地步，但宋明新儒家所标榜的"天理"对人没有任何约束作用，这不能不说是宋明新儒学的不足。非但如此，宋明新儒家将"天"理解和诠释为"天理"本身就是错误的，因为这会导致人们"不知天上主更有真正大赏罚之更可畏"，结果"长天下后世无忌惮之习"。有鉴于此，他批评宋明新儒学"天即理也"的思想，主张回归孔子以及三代的"畏天命"思想。站在这种立场，他说天主教"学本事天，与吾儒知天畏天、在帝左右之旨无二"①。于是，他主张将"天"理解和诠释为具有人格意志之天，即"天主"。这样，人们"知有天主主宰"，便"真知畏天命者，自然爱天主；真能爱天主者，自然能爱人"。②不过，王徵真正关注的是"爱人"，并非"天主"。因为一方面"真爱天主者，必由畏起敬，由敬起爱"③，可以使人们内生爱心；另一方面"爱天主之效，又莫诚乎爱人也"④，可以使人们有爱人的实行：这是他主张"天上有主"而"深信天主之教"的主要原因。但就成人的方法来看，无非是儒家标榜的"孝""忠"等伦常。这就是王徵所谓的"活人"，即借助天主教的宗教信念落实儒家的道德伦常。

王徵之学"有体有用"。他认为儒学是"内圣外王，有体有用"⑤之学，非常自觉地建构"有体有用"之学。就其"有体有用"之学的"体"之域来看，王

---

① 王徵：《王徵集》，西北大学出版社，2015年，第240页。
② 王徵：《王徵集》，第183页。
③ 王徵：《王徵集》，第180页。
④ 王徵：《王徵集》，第180页。
⑤ 王徵：《王徵集》，第296页。

徵关注的依然是本体与工夫,这和宋明新儒家完全相同。在本体论域,他认为人性至善,即"至善即明德,即吾所谓本来面目"①。人的至善之性先天固有,他说:"吾人天然自有之良心,而曰仁,曰明德,曰至善,曰形色天性。"②在人性方面,王徵坚持儒家的性善论,而非天主教原罪说导致的性恶论。不过,"性"的超越层面不再是宋明新儒学的"天理"或"天道",而是天主教的"天主";因为人之所以生而具有至善之性,那是"天主主宰"的结果,即"造物主始造人祖亚当、厄袜二人,付以良心"③:简单地说,王徵的性善论是一种神创善性说,这种观点是对基督教神创说和原罪说的颠覆。因为按照基督教的观念,上帝创造亚当和夏娃时虽赋予他们善性,但当他们偷吃禁果之后就具有了原罪,而且将之遗传给后世子孙,结果使人类普遍带有罪恶,即人性本恶。在工夫论域,王徵既提倡新儒家的修养方法,也提倡天主教的修养方法。就前者而言,他既主张"格、致、诚、正,明德之工夫",也主张"在率性之道上做工夫";就后者而言,他说:"其工夫下手,则在先以圣水洗其习染之污,而以净心归诚于天主,痛悔其过而迁善焉。"④就其"有体有用"之学的"用"之域来看,王徵少年之时就继承了儒者"达则兼济天下"的远大抱负,所以他的著作中经世致用的思想比较丰富。政治论域,他特别强调"官民一体";在经济论域,他提倡"恤商裕国";在军事论域,他多年研究"养兵之道";在科技论域,他关注到西方"巧器极多"。王徵的"有体有用"之学,其"体"之域汲取了天主教的思想,但依然以儒家的思想为主;其"用"之域汲取了西方的商业和科技思想:可见他的新儒学具有融合中西的显著特点。

王徵之学具有"尚实"和"致用"的特点。"尚实"指推崇实行,他说"为学便是实学"⑤。所谓"实学",就是通过实行去学。他不只主张对所学知识的"致知力行",而且强调"一味实做"⑥。"致用"指学以致用。首先,他关注学问的实用性,主张"学原不问精粗,总期有济于世"⑦,而批评"学术漫无用处";接着,他研究那些"实有益于民生日用"的学问,认为"关切民生日用"

---

① 王徵:《王徵集》,第144页。
② 王徵:《王徵集》,第145页。
③ 王徵:《王徵集》,第196页。
④ 王徵:《王徵集》,第179页。
⑤ 王徵:《王徵集》,第151页。
⑥ 王徵:《王徵集》,第2页。
⑦ 王徵:《王徵集》,第287页。

的学问必须掌握。

王徵之学不乏"以礼为教"的学风。对礼义的重要性，他有比较清醒的认知。就个人而言，"身不守礼法，任意举动"不但会失德，还可能会违法；就社会而言，"民无礼义，俗不纯朴"：人就应当知礼守礼。由于认识到了礼义的重要性，日常生活中的王徵恪守礼法，以至于公元1644年直面明朝的灭亡而选择绝食殉国。这都是他"学有崇礼义之风"[①]的表现。

无论是吕柟代表的汲取理学思想的关学，还是冯从吾代表的汲取心学思想的关学，还是王徵代表的汲取西学思想的关学，都保持着关学的理论特色。这说明关学始而汲取理学思想，继而汲取心学思想，最后汲取西学思想，只不过是一种变通式的发展而已。具体而言，自元代至明代前期，理学是官方学说，关学便汲取理学的思想；明代中期，心学风行天下，关学便汲取心学的思想；明代后期，西学传入中国，关学便汲取西学的思想：关学根据不同时期学术的特点而不断变通以寻求发展，这就是关学的变通传承。

关学之所以具有变通传承的特征，是因为关学学者具有通过"因时变学"的方式发展关学的自觉。关学汲取朱子理学思想，虽说是因为朱学是官方哲学，但前提是汲取朱学思想并不会丧失关学的本色。诚如同恕所说，旁及朱子理学具有"振关洛之坠绪"[②]的特点。吸收朱子理学不只继承了洛学，也继承了关学，那么，关学汲取朱子理学的思想就不会丧失关学的本色。关学汲取心学思想，同样不会丧失关学的本色。因为汲取心学思想的关学学者如同南大吉一般，在学习阳明心学的同时，有"前访周公迹，后窃横渠芳"[③]的自觉，能够恪守关学的本色。王徵在广泛学习西学之时，牢记吾儒之学"内圣外王，有体有用"，他的新儒学自然不会丧失关学的特色。足见，关学学者在旁及理学、心学、西学的思想时，都自觉恪守关学的理论特色。这说明关学学者是为了发展关学而积极地吸收理学、心学、西学，而不是受这些思想的影响而消极接受这些思想。

关学积极吸收理学、心学、西学的思想，还表现在其汲取具有选择性。这种选择性既表现为选择性接受，也表现为选择性吸收。就前者而言，元明时期，在陕西任职的著名学者不少，为何许衡和许孚远的影响比较大？因为许衡和许孚

[①] 王徵：《王徵集》，第147页。
[②] 同恕：《榘庵集》，见《元代关学三家集》，第137页。
[③] 南大吉：《南大吉集》，西北大学出版社，2015年，第11页。

远都接受了关学思想，他们的新儒学被关中士子认可。许衡的理学吸收了张载关学的思想[①]，而且其学如冯从吾所说，"兵刑、货殖、水利、算数之类，靡不研究"[②]，具有关学"体用全学"的特色。再者，许衡深知"横渠教人以礼，使学者有所据守"[③]，教学师法张载而"以礼为教"。所以，他在关中传播的理学能被关中士子接受。许孚远研究学问"内之体究性命之学，外之讨论当世之务"[④]，使其学既有"道德之蕴"也有"经济之谟"，与关学"体用全学"的理论形态很相似。再者，他深知"吾儒之学主于经世，为天地立心，为生民立命"[⑤]，他的新儒学既强调"实行"也强调"实用"，与关学"崇实致用"的基本精神相似。再兼他在关中讲学时推崇"宋张横渠先生为一代大儒"，并屡屡用王恕、吕柟、马理、韩邦奇和杨爵"数君子者德业闻望"鼓励士子。因此，他在关中传播的心学能被关中士子接受。就后者而言，关学学者汲取理学、心学、西学的思想，大都是按照关学的特色而选择性地汲取。王徵见西方图书中的"巧器极多"，但在关学"崇实致用"基本精神的主导下，他只选录其中"关切民生日用"者，将其余的视为"技艺末务"而抛弃了。汲取的选择性既体现了关学学者积极地学习理学、心学和西学，也反映出他们自觉地恪守关学的基本特色。

关学学者自觉恪守关学特色的同时，积极地汲取理学、心学和西学的思想。这使自张载以来原本就内容"宏伟渊博"、理论"规模阔大"、思想"大气磅礴"的关学，在变通发展阶段显得内容更"宏伟渊博"、理论更"规模阔大"、思想更"大气磅礴"。更重要的是，关学学者自觉变通关学，使关学能够满足时代的需求而得以长久发展。

[①] 参阅林乐昌：《张载理学与文献探研》，人民出版社，2016年，第77—87页。
[②] 冯从吾：《元儒考略》，见《冯从吾集》，第609页。
[③] 许衡：《许衡集》上册，第97页。
[④] 许孚远：《敬和堂集》卷四，第38页a。
[⑤] 许孚远：《敬和堂集》卷五，第49页b。

第七章　关学的多元发展

学原不问精粗，总期有济于世；人亦不问中西，总期不违于天。

—— ［明］王徵

关学的发展继其变通期后，迎来的是多元期。就关学的内容而言，多元期的关学与变通期的关学很相似，都汲取了理学、心学和西学的思想。不同的是，变通期的关学是始而汲取理学思想，继而汲取心学思想，最后汲取西学思想，汲取具有历时性；而多元期的关学则是对理学、心学、西学思想的同时汲取，即同一时期内既有汲取理学思想的关学，也有汲取心学思想的关学，还有汲取西学思想的关学，汲取具有共时性。可见，关学的多元期是关学思想多元并兴的发展阶段。

多元期的关学，内容最"宏伟渊博"，理论最"规模阔大"，思想最"大气磅礴"。这是关学学者以兼容并包的态度和海纳百川的气度，广泛吸收各家学说的结果。这种气度和态度用王徵的话语表达，就是"学原不问精粗，总期有济于世；人亦不问中西，总期不违于天"[①]。就新儒学的体之域而言，只要尊奉"天"，无论"天"是"天理"还是"天主"，都可以用"天"统摄；就用之域而言，只要主张"经世"，无论"经世之法"是"先王之道"还是"远西奇器"，都可以用"经世"囊括。关学站在"学以成人"和"崇实致用"的立场，兼容并包理学、心学和西学的思想，最终建构成内容庞博的"体用全学"。

关学的多元期，就时间来看，从公元1644年清廷入主中原起，到公元1840年鸦片战争爆发，有近二百年的时间。这近二百年中的关学，概括地说，主要是二曲学派与朝邑学派的此消彼长。朝邑学派和二曲学派作为清代的关学支派，都发源于明末的冯从吾。具体来看，李颙私淑冯从吾，继承和发展了汲取心学思想的

[①] 王徵：《王徵集》，第287页。

关学，并积极地在关中传播汲取心学思想的关学。这引起了汲取理学思想的王建常的不满和抗衡。出于正本清源的考虑，王建常将目光投向明末的关学宗师冯从吾。由于他是冯从吾的再传弟子[①]，不便对其汲取心学思想的关学进行批判，便强调冯从吾之学是汲取理学思想的关学，声称"少墟固与阳明如水火"[②]。这明显与李颙在思想上形成对抗之势。李颙家住陕西周至、王建常家居朝邑（今大荔），两地东西相望，钱穆便将二人的思想对抗称为"（复斋）与二曲东西并峙"[③]。从此以后，汲取心学思想的关学学者几乎都学尊李颙，而汲取理学思想的关学学者大都学从王建常，二曲学派和朝邑学派相继诞生。于是，清代关学就表现为二曲学派和朝邑学派的此消彼长。这期间融合了心学思想的关学、融合了理学思想的关学和融合了西学思想的关学，就主要表现为这两个关学流派对心学、理学、西学思想的吸收和融合。

一、融合了心学思想的关学

二曲学派作为关学的支流，由李颙开创，经后学的继承和发展，绵延于清代末期。李颙（1627—1705，字中孚，号二曲）是一位自学成才的关学宗师。他自幼家贫，无力上学，没接受过正式教育。但经过长年的艰苦自学之后，他成为一位名扬海内的儒学宗师。清初著名思想家顾炎武（1613—1682，字宁人，人称"亭林先生"）曾不无佩服地说："坚苦力学，无师而成，吾不如李中孚。"[④]但就其关学思想来看，李颙并非学无师承，而是明显地私淑冯从吾。[⑤]再者，他像冯从吾一样，在关中书院主讲汲取心学思想的关学，使关学又一次达到了其发展的高峰。李颙是有清一代影响最大的关学学者：他不仅是继张载、吕柟和冯从吾之

[①] 王建常的父亲王之宠和伯父王之寀都曾向冯从吾问学。
[②] 王建常：《王建常集》，西北大学出版社，2014年，第361页。
[③] 钱穆：《中国学术思想史论丛》卷八，安徽教育出版社，2004年，第372页。
[④] 顾炎武：《顾亭林诗文集》，中华书局，1983年，第134页。
[⑤] 据王心敬记载，李颙十七岁时"得《冯少墟先生集》读之，恍然悟圣学渊源，乃一意究心经史，求其要领"〔王心敬：《关学续编》，见《关学编》（附续编），第85页〕。虽然他后来"遍阅诸儒先理学书"，但仍然认为唯独冯从吾的新儒学"言言醇正，字字切实"，盛赞其书"完全精粹，愈读愈无穷"（李颙：《二曲集》，第221页）。这都证明他接受了冯从吾汲取心学思想的关学。又据年谱记载，顺治三年（1646）李颙二十岁时，曾与周至县令樊巇论学，樊闻其学"不觉心折"；而年谱解释说樊是山西辛全的弟子。若再就师承上溯，辛全则是冯从吾的高足。又据年谱记载，冯从吾的及门弟子党湛已八十多岁，向李颙"就正所学"。冯从吾的后学认可李颙之学，这反映出李颙之学与冯从吾之学的相似性。

后的又一位关学宗师,也是与年齿远长于他的孙奇逢(1584—1675,字启泰,一字钟元,世称"夏峰先生")和黄宗羲齐名的"清初海内三大儒"之一。

李颙能够成为一代关学宗师,是因为他具有振兴关学的志向。有见自晚明冯从吾之后,"关学不振久矣"①,他初具振兴关学的志向。再到发现关中人才济济,但"留意理学,稍知敛华就实,志存经济,务为有用之学者,犹龟毛兔角,不但目未之见,耳亦绝不之闻"②,他更坚定了振兴关学的志趣,便自觉继承和发展关学。

李颙之学以"学以成人"为宗旨,而且更有关学特色。他认为"吾人既戴天履地而为人",就应当"顶天立地做一场"而成为"天下第一等人"。什么样的人是"天下第一等人"?他借用张载的"四为句"回答说:"'为天地立心,为生民立命,为往圣继绝学,为天下后世开太平。'志不如此,便不成志;学不如此,便不成学;做人不如此,便不成人。"③这就是"天下第一等人"。李颙"学以成人"的思想继承了关学自张载以来的"学以成人"宗旨,用"四为句"诠释更突显其关学的特色。

李颙之学是关学"体用全学"理论形态的典范。这是李颙新儒学的显著特色,也是他对关学最大的理论贡献。有见冯从吾的关学"有体无用",再兼自晚明以来,心学被普遍批评"空疏无用",李颙便自觉建构儒家的"体用全学"。他远师张载"合体与用"的思想,近接薛敬之和吕柟的"明体适用之学",最终建构成"明体适用之学"。首先,李颙认为"儒者之学,明体适用之学也"④,进而解释说:"穷理致知,反之于内,则识心悟性,实修实证;达之于外,则开物成务,康济群生。夫是之谓'明体适用'。"⑤接着,他规范了"明体适用之学"的内容,即"道德之学"与"经济之学",前者包括本体与工夫,后者包括一切经世致用的实用学问。"道德之学"的本体,李颙既指"心之本体"(简称"心体"或"本心"),也指"良知之本体"(简称"知体"或"良知"),明显属于心学的本体;"道德之学"的工夫,李颙主张"敬以为之本,静以为之基"⑥,

---

① 李颙:《二曲集》,第177页。
② 李颙:《二曲集》,第177页。
③ 李颙:《二曲集》,第136页。
④ 李颙:《二曲集》,第120页。
⑤ 李颙:《二曲集》,第120页。
⑥ 李颙:《二曲集》,第96页。

主静是呈露本体的初始工夫，主敬则是保任本体的高级工夫。"经济之学"内容十分丰富，用李颙的话语表达，就是"上至天官舆地，以及礼、乐、兵、农、漕、屯、选举、历数、士卒"等无所不有，治理社会所需要的知识和技能都应当具备。最后，他指出"明体适用之学"之中"明道存心以为体，经世宰物以为用"①。"体"是实体，"用"即作用，体用关系即实体与其作用之间的关系。这是在道德修养与经世致用之间搭建了体用关系。换句话说，"明体适用之学"运用体用方法，将儒学的道德修养与经世致用有机统一，成为关学"体用全学"理论形态的典型。

李颙之学以"崇实致用"为基本精神，而且更具实学特色。"实"既指"实用"，也指"实行"。就前者而言，他为学"求实用"，主张"务为有用之学"，反对学问"空疏无用"；就后者而言，他为学"戒空谈，敦实行"，特别强调"我这里重实行"②。"致用"强调对学问的运用和实践，他并非像一般的儒者主张"穷经致用"，而是强调"酌古准今以致用"。这都是他对关学"崇实致用"精神的继承。他对其还有所发展，突出表现在其学中"实"具有"实效"这一新义项。李颙治学，"务求实效"，即他所谓的"道不虚谈，学贵实效"③。他认为"崇实致用"必须"以图实效"，如果追求"崇实致用"而没有真实的效果，要么学问不实用，要么运用不切实，都不是真正的"崇实致用"。这是他对关学"崇实致用"精神的发展，更突出了关学的"实学"特色。

李颙教学采用"以礼为教"，完善了关学的教学风尚。李颙深知"昔张子以礼为教，使人日用之间知所持循，最为吃紧，故学者须从此入德，方有据依。若高谈性命，卑视矩矱，乐舒放而惮检束，非狂即妄"④。据此，他认为"礼为初学入德之门，不可以不先之者也"⑤，教学采用"以礼为教"。具体而言，首先，他教导学生"知礼"，因为"知礼，斯律身有借，动不违则，不然便茫无所措"⑥；接着，他教导学生"以礼自律"，内而"以礼制心"，外而"动必循礼"；最后，他教导学生"循礼尽道"，即下学礼仪而上达天理。他不但完全继承了张载

---

① 李颙：《二曲集》，第149页。
② 李颙：《二曲集》，第136页。
③ 李颙：《二曲集》，第54页。
④ 李颙：《二曲集》，第511页。
⑤ 李颙：《二曲集》，第57页。
⑥ 李颙：《二曲集》，第511页。

"以礼为教"的教学风尚,而且使之更加完善。

李颙在"振兴关学"志气的鼓舞下,自觉发展和完善关学理论,使关学最终成为特色鲜明的学派。由张载奠定的关学特色,经李颙的发展和完善,"学以成人"的为学宗旨、"体用全学"的理论形态、"崇实致用"的基本精神和"以礼为教"的教学风尚都更加完善,更为鲜明,更能突出关学的学派特色。正缘于此,清代著名学者全祖望(1705—1755,字绍衣,号谢山)称赞李颙直接承续了张载,"上接关学六百年之统"[1]。

李颙不只在理论方面推进了关学的发展,在传播方面也推进了关学的发展。他非常重视讲学,尤其当他意识到"关学不振久矣"且又乏人振兴时,便有了通过讲学来振兴关学的强烈意愿。于是,他于康熙七年(1668)和八年(1669)两次往同州讲学;康熙九年(1670)往江苏常州等地讲学,其间还曾讲学东林书院;康熙十二年(1673),主讲关中书院。他在江南讲学,被江南士人诧为"江左百年来未有之盛事";在关中书院讲学,被曾目睹过冯从吾讲学的耆老感叹道"自少墟后,讲会久已绝响,得先生起而振之"[2]。李颙传播关学的讲学活动诚如全祖望所说,使"累作累替"的关学"至先生而复盛"[3]。

李颙长期从事讲学,门下弟子众多;其中,能全面传承其学的关中籍弟子有鄠县(今西安鄠邑区)的王心敬。王心敬将二曲之学视为"明体适用之全学"[4]而自觉继承;再者,他在陕西和江南讲学,积极传播关学的"体用全学"。清末著名学者唐鉴(1778—1861,字镜海,号翕泽)说:"关中之学,二曲倡之,丰川继起而振之,与东南学者相应相求,俱不失切近笃实之旨焉。"[5]在李颙和王心敬的广泛传播中,融合了心学思想的关学在清代前期达到了鼎盛。同时,关学也达到了其发展的又一个历史高峰。

乾隆初年,王心敬谢世后,二曲学派陡然衰落。早在王心敬讲学之时,二曲学派就开始走向衰落。因为这时有自称"朱门之徒"的刘鸣珂(1666—1727,字伯容,号诚斋)在关中传播融合了理学思想的关学,并激烈抨击融合了心学思

---

[1] 全祖望:《二曲先生窆石文》,见《二曲集》,第614页。
[2] 惠龗嗣:《历年纪略》,见《二曲集》,第579页。
[3] 全祖望:《二曲先生窆石文》,见《二曲集》,第612页。
[4] 王心敬:《王心敬集》下册,第921页。
[5] 唐鉴:《国朝学案小识》,见唐鉴撰、李健美校点:《唐鉴集》,岳麓书社,2010年,第611页。

想的关学。王心敬谢世之后，虽然前有三原的周元鼎（1745—1803，字象九，号勉斋）推崇二曲之学，中有长安的卢轮（1789—1868，字印川，号愚夫）学"大端于二曲为近"，后有安康的祝垲（1827—1876，字定庵，号爽亭）传播二曲之学，但二曲学派并未复兴，融合了心学思想的关学也没有复兴。直到清末，二曲学派在刘光蕡的推崇下才得以振兴，融合了心学思想的关学再次复兴。

二、融合了理学思想的关学

朝邑学派作为关学的支流，由王建常开创，经其后学的继承和发展，延续到民国初期。[①]朝邑学派由王建常（1615—1701，字仲复，号复斋）开创，表现是他自觉将关学理解和诠释为理学而竭力攻击心学，并继承明末关学宗师冯从吾的关学思想来传承关学。王建常之学旁及程朱理学思想，尤其是朱学思想，而竭力攻击陆王心学，特别是阳明学。他建议儒者为学"今日只以朱子为宗"[②]；而批评"阳明'致良知不用读书'与'心体无善无恶''知行合一'等议论，皆邪说也"[③]。基于这种认识，他说"今之议阳明者，亦不须称量其地位如何，辄辞而辟之，以其非圣学也"[④]；甚至认为阳明学"人人得而攻之"[⑤]。抱有这种成见，他将冯从吾的关学理解和诠释为汲取理学思想的关学，企图用融合了理学思想的关学来界定关学。

王建常的新儒学是融合了理学思想的关学。其"关闽濂洛是吾师"[⑥]的言辞表明，他的学说是在恪守关学的前提下，积极汲取程朱理学思想。他接受了理学的思想，导致"其学以主敬存诚为功，穷理守道为务"[⑦]；但他自觉地恪守关学"崇实致用"的基本精神和"以礼为教"的教学风尚。就前者而言，他既重视"实用"，也重视"实行"，强调"可用即见之于行"[⑧]；就后者而言，他深悉"横渠持身谨严，教人以礼"[⑨]，而特别重视礼教。王建常"敛迹渭滨，闭户不

---

① 参阅拙著：《朝邑学派初探》，见《宝鸡文理学院学报》（社会科学版）2020年第5期，第29—33页。
② 王建常：《王建常集》，第363页。
③ 王建常：《王建常集》，第320页。
④ 王建常：《王建常集》，第361页。
⑤ 王建常：《王建常集》，第320页。
⑥ 王建常：《王建常集》，第401页。
⑦ 李元春：《关学续编》，见《关学编》（附续编），第104页。
⑧ 王建常：《王建常集》，第359页。
⑨ 王建常：《王建常集》，第285页。

出",其人其学并不为世人所知。再者,他唯一的弟子张柟也先他而卒。这导致康、雍年间,王建常其人其学寂寂无闻。

乾隆年间,王建常之学开始被汲取理学思想的关学学者重视。华阴的史调(1697—1747,字匀五,号复斋)因偶然间得到了王建常的《复斋录》,便私淑其学。乾隆二年(1737),史调应邀在关中书院讲学。他在讲学中极力推崇王建常"尊程朱以斥陆王"的为学主张,并批评王阳明的《古本大学》"祸后世不浅",甚至斥责阳明为"圣门罪人"。①再后来,澄城的张秉直(1695—1761,字含中,号萝谷)极力推崇王建常"尊程朱以斥陆王"的为学主张:一方面赞扬"朱子纯粹精深,直媲颜子,恐孟子不及也";另一方面批评"陆王之讲学,理之魔障也"。②他在推崇王建常融合了理学思想的关学的同时,批评李颙融合了心学思想的关学,他说:"朝邑王仲复建常于异学纵横之时,能笃守程朱,不为所惑,真吾道之干城也"③;"二曲、沣川以陆王之余派煽惑陕右,致令吾乡学者不知程朱的传"④。有见张秉直如此态度鲜明的学术立场,钱穆认为"萝谷独信好复斋"⑤。在史调和张秉直的推崇下,王建常之学日渐闻名,朝邑学派也得到了长足发展。

张秉直自觉借鉴二曲学说来发展朝邑学派的理论。他早年在韩城学习期间,与李颙的韩城籍弟子高世弼等人有交往;还曾亲往鄠县向王心敬问学;⑥后来在韩城教学期间,又与王心敬的韩城籍弟子强岳立交往密切。因此,他相当熟悉二曲学派的学说。他对李颙融合了心学思想的关学不满,但认可其"体用全学"的理论形态,并借鉴其说发展出自己的"明体达用之学"⑦。但是张秉直"明体达用之学"的"明体"之域"确守程朱"的理学思想,"达用"之域包括齐家、简贤、画疆、辨士、任民、定赋、均财、教稼、足兵、立教、明刑等经世内容。到了这

---

① 史调:《史复斋集》,见《四库全书存目丛书》集部第281册,第37页上。
② 张秉直:《开知录》卷三,光绪元年传经堂本,第2页a。
③ 张秉直:《开知录》卷四,第12页b—13页a。
④ 张秉直:《萝谷文集》卷三,道光癸卯贫劳堂本,第4页a。
⑤ 钱穆:《中国学术思想史论丛》卷八,第372页。
⑥ 张秉直在康无疾(1676—1742,字百药,号复斋,李颙弟子康乃心之子)的鼓励下,前往鄠县拜谒王心敬。按照张秉直之子张南金的说法,张秉直拜谒王心敬归来,"作诗三章,有'避人逃世是吾师'之句。自是闭户敛迹,屏绝交游,即史亦弗再读,日究心四子书与濂、洛、关、闽之旨。心礼神会,反躬实践"。可见,他受王心敬的影响很大。
⑦ 张秉直:《治平大略》卷二,光绪元年传经堂本,第7页a。

个时候，朝邑之学的关学特色才显露出来。

朝邑学派发展到道光年间达到鼎盛，推动者是朝邑的李元春。李元春明言"予之学，朱子之学也"①。但是他为学推崇朱子学而不固守朱子学，他说："予学宗朱子，其有所疑，与朱子说亦不无异同"②；同时，他不满陆王而不辟陆王，他说："阳明良知之说本《孟子》，不为谬，则象山之心学亦本《孟子》《尚书》，不为谬。"③对于批评心学的理学学者，他坦言："予尝以为心学、良知皆不误，宗朱子者辟象山、阳明亦大过。"④尽管如此，他为学依然尊崇王建常，表面看来是因为"其学之醇细有主，在二曲上"，而实质则是"吾乡王仲复则亦以朱子为主矣"⑤。不过，他改变了自王建常以来朝邑学派"尊程朱以斥陆王"的狭隘态度，而具有和而不同的学术胸襟。

李元春能够将朝邑学派推向发展的顶峰，一个重要的原因是他将朝邑之学发展为最具关学本色的新儒学。首先，他有"振兴关学"的志向，他直言不讳地说"吾欲振兴关学"⑥；其次，他非常推崇张载其人其学，认为"横渠，儒者中豪杰也"⑦，称赞"横渠《西铭》之道大也"；最后，他自觉继承张载关学，他的学说具有显著的关学本色。具体来看，第一，李元春之学以"学以成人"为宗旨。在他看来，"非学何以成人"，儒者只有对儒家的典籍"依序读去，参互考证得道理无穷，句句当身体帖，便可成人"⑧。他用张载的"为天地立心，为生民立命，为去圣继绝学，为万世开太平"诠释"学以成人"中的学和人，强调"如此方可为学，如此方可为人"⑨。第二，李元春之学具有"体用全学"的理论形态。他不但主张"学兼体用"，而且他的新儒学确实"有体有用"。就其新儒学的内容而言，既有"身心之学"，也有"经世之学"。前者不只接受了程朱理学的理本体，也接受了程朱理学的主敬工夫和格物工夫；后者囊括了政治、军事、救荒等经邦济世的实用学问。就他主张的方法论而言，既有实体与功用之间的统一，

---

① 李元春：《李元春集》，第119页。
② 李元春：《李元春集》，第128页。
③ 李元春：《李元春集》，第168页。
④ 李元春：《李元春集》，第120页。
⑤ 李元春：《李元春集》，第243页。
⑥ 李元春：《李元春集》，第846页。
⑦ 李元春：《李元春集》，第705页。
⑧ 李元春：《李元春集》，第416页。
⑨ 李元春：《李元春集》，第727页。

即"体用一源";又有实体与功用的不同,即"体用之殊":可见其完全掌握了体用方法。李元春的新儒学是典型的"有体有用"之学。第三,李元春之学具有"崇实致用"的基本精神。在他看来,孔孟儒学是"圣贤实学",宋明新儒学是"有用道学",所以,他说"学原期致用"①,儒者更应当"敦实行"。第四,李元春教学也采用"以礼为教",这是他对张载的"以礼为教"学风的自觉继承,因为他明白"张子教人以礼,是使人从显然可据处致力"②,而且深知"张横渠以礼教人,世风之坏亦全由礼教不明,无礼则无度,无度则费繁,俗之伪、民之贫皆由是也"③。由于他具有"振兴关学"的自觉,才积极地继承张载关学,从而使他的新儒学在融合了理学思想的同时能够保持关学本色。

李元春能够将朝邑学派推向发展顶峰,另一个重要原因是他积极在关中传播关学。李元春一生以教书育人为务。他先后主讲朝邑的华原书院和西河书院,同州的丰登书院,潼关的关西书院;晚年筑桐阁学舍,居家授徒,讲学久历年所。再兼他认为"科举之学与圣贤之学本非两途",讲学是科举学与新儒学兼讲并授,结果吸引了更多士子。在李元春讲学活动的推动下,朝邑学派达到了顶峰。

李元春谢世后,他的弟子杨树椿(1819—1874,字仁甫,号损斋)承续师说,继续弘扬朝邑学派的学说。杨树椿为学推崇程朱理学,主张"非程朱书勿读,非程朱事勿为,然后可窥圣人之奥"④。他特别推崇王建常,甚至认为"关学自横渠后,元、明、国朝五六百年,诸儒造诣高下不同,求其纯守程朱粹然一出于正者,复斋而已"⑤。杨树椿也在朝邑和华阴两地的书院讲学,但讲学活动的影响远逊其师,使朝邑学派在咸、同年间走向低谷。

三、融合了西学思想的关学

有清一代,关学学者自始至终都在积极学习西学。清代初期,二曲学派的创始人李颙虽然不认可伊斯兰教和基督教,认为其"事天"远不如儒家的"循天理";⑥但他认可西方的科学技术,并建议弟子学习《泰西水法》。朝邑学派的创

---

① 李元春:《李元春集》,第 778 页。
② 李元春:《李元春集》,第 742 页。
③ 李元春:《李元春集》,第 756 页。
④ 杨树椿:《杨损斋文钞》卷二,第 31 页 b。
⑤ 杨树椿:《杨损斋文钞》卷八,第 10 页 b。
⑥ 王心敬:《南行述》,见《二曲集》,第 73 页。

始人王建常也认可西方的科技，尤其是天文仪器，盛赞"近闻西极人，造此器最是精致，其能正三百年不修之历"①。与王建常和李颙同为学侣的关学学者王弘撰（1622—1702，字无异，号山史）对西人"专奉耶稣"不以为然，但称赞其"天文奇器，则有独长"②。清代初期的关学学者都接受西方的科学技术，反对西方传入中国的基督教。既接受西方的科学技术，又接受西方的基督教思想，在清代的关学学者当中只有杨屾一人。而且，他将二者融入自己的新儒学，形成颇具特色的"著体致用"之学。

杨屾（1687—1785，字双山）是陕西兴平人，早年"潜心圣学，不应科举"。他虽未必如兴平地方志记载的那样，"少出鳌屋大儒李中孚之门"，但他的"著体致用"之学很有可能如刘光蕡所说，是因"近二曲之乡"而受到了李颙"明体适用之学"的影响。③杨屾在清代以农学家的身份著名，他的儒学成就几乎没有受到关注。其实，他也是一位关学学者。据说，刘光蕡甚至认为他对关学的开新之功"不在横渠张子下"，曾采访他的生平事迹，"欲作传入《关学编》"，遗憾的是未果即病逝。后来，张骥编撰《关学宗传》开列《杨双山先生》，称其学是"关学之支流余裔"④。再后来，著名学者党晴梵（1885—1966，名沄，字晴梵，号待庐）在研读杨屾的著作后，断言"先生实为一代名儒"⑤。

探究杨屾儒学思想没有受到关注的原因，主要是他的儒学著作"多言上帝"，汲取了基督教的思想。虽说他"多言上帝"是因为"尝考自古，圣帝明王创制立法，告诫臣民，皆以事帝为正向，依帝为标准"，但他也毫无避讳地说："察诸远外国，莫不宗事帝君。"他融合了基督教思想的新儒学被那些以正统自居的儒者视为"异端"，时任陕西巡抚的理学名臣陈宏谋（1696—1771，字汝咨）因其《知本提纲》"有悖于圣道经传"，便断定此书"浅陋不足以传世，诞妄更足以取咎"⑥，建议当地官员"宜速毁之"。这就导致杨屾的新儒学思想不被时人以及后人所知。

---

① 王建常：《王建常集》，第275页。
② 王弘撰：《王弘撰集》下册，第548页。
③ 参阅拙作：《杨屾研究需要澄清的四个问题》，《宝鸡文理学院学报》（社会科学版）2017年第6期，第37—40页。
④ 张骥：《关学宗传》，见王美凤整理编校：《关学史文献辑校》，西北大学出版社，2015年，第417页。
⑤ 党晴梵：《党晴梵诗文集》，陕西人民教育出版社，2007年，第45页。
⑥ 陈宏谋：《培远堂偶存稿》卷一〇，乾隆三十年吴门穆大展局刻本，第10页b。

杨屾之学以"学以成人"为宗旨。在他看来，现实中的人是"形性两体"的存在，意谓：人既是物质性的存在，也是精神性的存在，前者是"形"，后者是"性"。虽说人的存在应当是"性主乎形"，因为"性"是人的本质属性；但如果没有"形"，那"性"也无法存在。有鉴于此，他认为人要成人，"形必需养，性必需教"[1]。在他看来，"农工以养形""礼乐以尽性"[2]，所以，"学以成人"就必须学农、工、礼、乐，即他所谓的"修四业"。杨屾对关学的"学以成人"宗旨有重大发展：就其中的"人"而言，他一改关学学者重视"性"而忽视"形"的不足，主张"形必需养"；就其中的"学"而言，他将发展农业和工业视为"成人"的基本方法，这是一大创举。这是杨屾在"学以成人"宗旨方面对关学理论的重要贡献。

杨屾之学是"著体致用"之学。他治学要么主张"体用自宜兼修"，要么强调"体用之功并建"，所以，他的学问被认为"诚所谓体用之学"[3]。严格地说，他的学问是"著体致用"之学，即他所谓的"体立而质著，用行而道彰"[4]。"著体致用"之学的体之域提倡"元"，既包括"元气"宇宙观，也包括"元体"本体论。就前者来看，他说："帝道建而一元始命，元气著而万理中出"[5]，即宇宙万物都是上帝用元气创造出来的，元气是构成宇宙万物的基本质料。就后者来看，他说："元体者，先天纯一之神，永无毁还之理；著体者，后天假合之形，实有从化之机。"[6]作为本体的"元体"是精神实体，是上帝，即"上帝者，元体之君也"[7]，"元体"在经验界的表现是"著体"，即现实世界中的真实存在。由于人是"著体入世"的存在，杨屾更重视"著体"，在他看来，"元体"也不过是从"著体"推理出来的，即"从著体推至元体"[8]。"元体"具有的"元灵"，是人"元灵之性"的终极依据。"元灵仁和"决定人的"元灵之性"至善无恶，"元灵之性"在后天会被浊阴之气遮蔽，人需要做克己工夫，使"元灵克

---

[1] 杨屾：《知本提纲》卷首《提纲源流》，民国十二年重刻本，第6页a。
[2] 杨屾：《知本提纲》卷首《提纲源流》，第6页a。
[3] 李居义：《重刻知本提纲序》，见《知本提纲》，第3页a—b。
[4] 杨屾：《知本提纲》卷一，第17页a。
[5] 杨屾：《知本提纲》卷一，第3页a—b。
[6] 杨屾：《知本提纲》卷二上，第7页b。
[7] 杨屾：《知本提纲》卷二上，第11页a。
[8] 杨屾：《知本提纲》卷首《知本提纲弁言》，第3页b—4页a。

还本体"①。可见,杨屾将基督教的创世论与儒家的人性论相融合而主张道德神创说,更何况他直言"性本原于帝衷"②:这是儒学融合了基督教思想的理论表现,更是关学融合了基督教思想的理论表现。就"著体致用"之学的用之域来看,杨屾对政治、教育、农业、工业、军事都有论述,但特别重视农业和工业。他说:"孟子陈王道,当时为迂阔。那知富强本,尽是农桑括。"③他将农业生产和工业生产视为国家富强的根本。就个人而言,"养形莫要于农工"。人是"形性两体"的存在,规定人本质的是"性",但"性依之形"而存在,试想"身非养何以依性"?所以,无论是从肉体方面来讲,还是从精神方面来讲,都是"形必需养"。在传统社会,"农工以养形",那人无论就身体健康而言,还是就道德修养而言,都应当积极从事农业和工业生产。就国家而言,"理农工而营衣食",发展农业和工业生产是国家长治久安的根本。他特别重视农业和工业,以至于喊出"职业无分贵贱"的口号来呼吁士人关注农业和工业。这就是"著体致用"之学,一种将人的发展与农工生产有机结合的学问,一种将道德修养与日常工作真正统一起来的学问。无怪乎刘光蕡称赞杨屾其人"于日用家常上见天命流行之妙",其学"皆从日用物上指出天命流行"。这是杨屾在"体用全学"的理论形态方面对关学理论的重大贡献。

杨屾为学主张"学贵实用"。这里的"实用"理解和诠释为"崇实致用"更全面。"崇实"侧重于实行,杨屾为学"尤重夫实行",因为在他看来,"道非徒明,原贵习行实践"④;"致用"即他所谓的"穷经致用",无论研究儒家的"五经"还是基督教的《圣经》,都追求学以致用:这是他对关学"崇实致用"基本精神的继承。另外,他还有所发展,将"实"理解和诠释为"实体",即实在之体。他在讨论体用关系时所说的"体虽殊而理实一本,用即异而气联一元"⑤充分表明:"体"是具体存在的事物,即"著体",而不是用来表示超越存在的"本体"。"崇实"和"务实"中的实指具体事物,能够使人从沉思于超越的精神世界转而投身于现实的经验世界,更能体现关学"崇实致用"的基本精神:这是杨屾在"崇实致用"的精神方面对关学理论的发展。

---

① 杨屾:《知本提纲》卷九(二),第5页b。
② 杨屾:《知本提纲》卷首《知本提纲弁言》,第12页a。
③ 杨屾:《孟子陈王道图说》,见杨屾:《豳风广义》,农业出版社,1962年,第7页。
④ 杨屾:《知本提纲》卷三(上),第18页b。
⑤ 杨屾:《知本提纲》卷六(下),第21页b。

杨屾教学采用"以礼为教"。首先，他对礼有非常全面的认知："盖礼则生于敬，著于恭，辨于等，行于仪，总持凝于一本，散殊贯于六合。修则察乎伦，别乎物，准乎己，范乎人，节叙统乎五纲，防维广乎万端。"[1]就礼的存在而言，礼既是人内在的敬畏之心，也是人外在的恭敬之举；礼既是人的行为规范，也是国家的等级制度。就礼的作用而言，礼既是人的行为规范，也是国家的维稳制度。基于这种认知，他建议人们言行"本礼"，建议"国崇礼教"，教学非常重视"以礼为教"。

杨屾的"著体致用"之学全面继承了关学的基本特色，且对其有重大发展。就二曲学派的学说来看，他明显发展了李颙的"明体适用之学"；所以，刘光蕡说"二曲之学，双山为得其精也"[2]。就关学理论来看，张载奠定的关学特色在他的继承中，大都有所创新；因此，刘光蕡认为他对关学理论的开新"不在横渠张子下"。如果仅从关学理论来看，杨屾无疑是继张载、吕柟、冯从吾和李颙之后又一位杰出的关学宗师。但遗憾的是，他的新儒学被视为"异端"而受到抵制，几乎没有传播。

关学的多元期是二曲学派和朝邑学派此消彼长的发展史。前者是融合了心学思想的关学，以李颙的"明体适用之学"为代表；后者是融合了理学思想的关学，以李元春的"有体有用"之学为集大成者。同时，两派都积极汲取西学思想，都是融合了西学思想的关学，而以杨屾的"著体致用"之学为代表。这就是多元期的关学，即关学同时汲取心学、理学、西学思想而比较多元的发展阶段。

多元期的关学，既融合了心学思想，也融合了理学思想，还融合了西学思想，内容最"宏伟渊博"，理论最"规模阔大"，思想最"大气磅礴"，是思想之域真正的多元并兴，在理论之域达到了发展的巅峰。此后的关学，从巅峰滑落，日渐步入发展的终结阶段，即关学的终结期。

---

[1] 杨屾:《知本提纲》卷六（下），第7页 a—b。
[2] 刘光蕡:《刘光蕡集》，第711页。

第八章　关学终结于民国

> 那时关中学者有两大系：一为三原贺复斋先生（瑞麟），为理学家之领袖；一为咸阳刘古愚先生（光蕡），为经学家之领袖。
>
> ——［民国］于右任

鸦片战争是中国近代史的开端，更是中国沦为半殖民地半封建社会的转折点。生活在半殖民地半封建社会之中国的进步人士，思考的基本问题是如何救亡图存，对这个问题的思考和回答引发了革新与守旧的纷争。其时，生活在关中的士人同样面临革新与守旧的选择问题。这种选择问题在关学之域的表现是：关学的发展是守正还是开新？如果选择守正，那如何守正？如果选择开新，那又如何开新？[1]对这些问题的回答，是终结期的关学的主要内容。

终结期的关学，顾名思义，是处于发展最后阶段的关学。就时间来看，关学的终结期，是从清代晚期到民国时期的大概一百年的时间。就派系来看，诚如中国近现代政治家、教育家、书法家于右任（1879—1964）所说："那时关中学者有两大系：一为三原贺复斋先生（瑞麟），为理学家之领袖；一为咸阳刘古愚先生（光蕡），为经学家之领袖。"[2]提倡"学尊朱子"的贺瑞麟是朝邑学派发展到清末的领袖人物，主张"穷经致用"的刘光蕡是二曲学派发展到清末的杰出代表，二人都是关学终结大门的开启者。到了民国，他们的弟子在继承和发展师说的过程中终结了关学，这就是以牛兆濂和张元勋为代表的关学终结者。关学在清末已

---

[1] 有关清末民初陕西学界的思潮，可参阅拙著：《论清末民初陕西的三大学术思潮及其影响》，《宝鸡文理学院学报》（社会科学版）2019年第2期，第30—35页。

[2] 于右任：《我的青年时期》，见《于右任文选》，中国文史出版社，1987年，第365页。

走向终结，到民国则完全终结了，这就是终结期的关学。①

一、清末关学理论开新

清末率先在陕西主张"因时变学"的是贵州的黄彭年（1823—1890，字子寿）。据载，他有见时局变化，在关中书院"讲明实学"②。遗憾的是乏人响应，没有什么影响。真正开启"因时变学"风气的人，是关学学者柏景伟（1830—1891，字子俊，号沣西老农）。直面"时局之变迁"，他自觉思考"如何变通"的问题。在他看来，"世变方殷"，如果书院教育能够培养出"出而拯之"的人才，那无疑是"吾秦之光也"。经过深思熟虑，他喊出了"学求有用"的口号。于是，他在光绪九年（1883）提出"以实学造士"的教学主张；两年后，又联合刘光蕡在味经书院创立求友斋，专门培养"道德经济，一以贯之"的人才。在柏景伟教学改革的影响下，"关中士风为之一变"。

将陕西的"因时变学"风气推向高潮的关学学者是刘光蕡。刘光蕡（1843—1903，字焕唐，号古愚）是陕西咸阳人，平生以讲学为主，曾任陕甘味经书院和陕甘崇实书院的山长。他是"晚清时期的启蒙者"③，更是晚清"开新运动"真正的先驱之一④，当时与康有为（1858—1927，字广厦，号长素）有"南康北刘"之称。他不仅是"关中大儒"，更是"旷世之通儒"，因为"有清光绪中叶，天下学者称关中大儒必曰刘古愚先生"。⑤张舜徽（1911—1992）曾断言："百年以来关中学者，要必以光蕡为巨擘焉。"⑥

刘光蕡之学以"兴学救国"为宗旨。在他看来，"救国之贫弱孰有捷且大于兴学"，所以，他高喊"兴学救国"，并直言"我辈为学，即求医国之术者也"。⑦这种治学目的导致他将"西人何以富，我何以贫；西人何以强，我何以弱"⑧作为自己毕生思考的基本问题。经反复思考，他最终找到答案："西人之学

---

① 参阅拙著：《崇实致用：关学多元理论中的统一精神——以现代学人的关学终结论为中心》，《中国哲学史》2019年第6期，第97—103页。
② 宋伯鲁、宋联奎：《续陕西通志稿》，见沈青崖、吴廷锡等：《陕西通志续通志》（八），华文书局，1969年，第4066页下。
③ 张岂之：《序》，见任大援、武占江：《刘古愚评传》，陕西人民出版社，1997年，第3页。
④ 王尔敏：《近代经世小儒》，广西师范大学出版社，2008年，第444页。
⑤ 蔡实善：《烟霞草堂遗书续刻序》，见《刘光蕡集》，第672页。
⑥ 张舜徽：《清人文集别录》，华中师范大学出版社，2004年，第555页。
⑦ 刘光蕡：《刘古愚遗稿》，第52页。
⑧ 刘光蕡：《刘光蕡集》，第235页。

皆归实用"是西方"日臻富强"的秘密。相对而言，中国士子学习的儒学是"虚元之说，清谈之习，皆将杂焉"[1]，这是导致中国"国势贫弱，不能自立"的根本原因。基于这种认识，他主张"因时变学"[2]。在他看来，"今日讲学，万不宜自隘程途，悬一孔子之道为的，任人之择途而往，不惟不分程朱、陆王，即荀、杨、管、商、申、韩、孙、吴、黄老、杂、霸、词章以及农、工、商、贾，皆为孔教之人"[3]。非但如此，他还要"兼设书院，借求西学"[4]。这时，关学由张载奠定的多元开放的学术眼光和兼容并包的治学态度达到了发展的巅峰。

刘光蕡治学一味追求"实用"。所谓"实用"，指"崇实学"而"求致用"。他于1903年病逝前，依然强调"今日为学，须心目专注于实用"[5]。这是他一生为学精神的写照。就教学而言，他"设学造士以求实用"[6]；就治学而言，他"一以实用为归"[7]。具体来看，他早年研究经史，是因为"讨论经史，期于坐言起行，可获实用"[8]；后来研究西学，是因为"西人之学皆归实用"[9]。他的弟子李岳瑞（1862—1927，字孟符）甚至说："先生生平每治一学，辄欲施之实用，非是则舍弗治。"[10]这是融合了心学思想的关学走向终结的主要原因，更何况刘光蕡自己也说："学在切实浅近，不在谈心论性，过精微多沦于虚，能粗浅乃徵诸实。"[11]刘光蕡在一味追求"实用"的过程中，淡化和浅化了"心性之学"，结果将关学推向了终结。

刘光蕡之学是"中体时用"之学。就学术建构而言，刘光蕡"因时变学"和"学求实用"的理论成果是他那初具规模的"中体时用"之学。他说："道以中为体，以时为用。"[12]"中"指儒家的"心性之学"，因他学尊李颙而表现为心

---

[1] 刘光蕡：《刘光蕡集》，第48页。
[2] 刘光蕡：《刘光蕡集》，第646页。
[3] 刘光蕡：《刘光蕡集》，第122页。
[4] 刘光蕡：《刘光蕡集》，第136页。
[5] 刘光蕡：《刘古愚遗稿》，第53页。
[6] 刘光蕡：《刘光蕡集》，第127页。
[7] 郭毓璋：《烟霞草堂文集跋》，见《刘光蕡集》，第275页。
[8] 刘光蕡：《刘光蕡集》，第226页。
[9] 刘光蕡：《刘光蕡集》，第140页。
[10] 刘光蕡：《刘光蕡集》，第10页。
[11] 刘瑞骙：《行状》，见《刘光蕡集》，第287页。
[12] 刘光蕡：《〈桂学问答〉跋》，转引自张鹏一：《刘古愚年谱》，陕西旅游出版社，1989年，第130页。

学；"时"强调时代性（即先进性），指西方经济、军事、工业、商业和自然科学诸领域的先进知识，被他统称为"富强之术"。"中"与"时"之间的关系，是实体与其功用的关系。这就是"中体时用"之学。"中体时用"之学看似与晚近以来的"中体西用"之学相同，其实不然。由于刘光蕡认知到了西方先进性的所在，强调向西方学习应当"学于时，非学西学也"[1]，这是"中体时用"最为显著的特征。但是，"中体时用"之学偏重于"富强之术"，淡化了其中的"心性之学"。刘光蕡主张"今日为学不必求深"：儒学至为重要的人性论，在他看来"论性之善恶，不如论人"，因为"人苟无愧于人，即可无愧于性，故凡论性之善恶者，皆其为人计也"[2]。至于心学的核心命题"致良知"，他解释说："夫'良知'者何？即世俗所谓'良心'也，'致良知'者何？'作事不昧良心'也，此则蠢愚可晓，妇孺能喻矣。"[3]这些诠释明显浅化了儒学的心性论。同时，"中体时用"之学在汲取"富强之术"的过程中，有将"心性之学"转化成自然科学的趋向，最突出的表现是他对"格物"的诠释。他说"'格物'者，即物之形以求其性，使归有用也"[4]，进而强调格物是"尽物之性"[5]。格物不再是表达心性修养工夫的宋明新儒学范畴，而是探究事物属性的自然科学概念，这是对宋明新儒学的直接解构。无论是淡化"心性之学"，还是转化"心性之学"，都表明"中体时用"之学当中的"心性之学"相当萎缩；而这种萎缩的"心性之学"当中，心学思想更为薄弱，这是融合了心学思想的关学走向终结的理论表现。

刘光蕡教学重视"实事"。他说"治事即是教学"，即教学应当教学生干实事。当他发觉"外国之富强有实事，中国之仁义托空谈"是造成西方富强、中国贫弱的罪魁祸首时，便直言不讳地说"中国尚虚文，外洋重实事，虚不如实，故逊于外洋也"[6]；进而提出相应的教学改革，即"今日之弊，非矫虚以实不可。矫之，亦必自士子读书始"[7]。于是，他将"学以讲明其理，然后实为其事"[8]作为书院教学的目标。在这种教学目标的导向下，书院的学生读书以"求知其理，实

---

[1] 刘光蕡：《刘光蕡集》，第644页。
[2] 刘光蕡：《刘光蕡集》，第20页。
[3] 刘光蕡：《刘光蕡集》，第124页。
[4] 刘光蕡：《刘光蕡集》，第20页。
[5] 刘光蕡：《刘光蕡集》，第20页。
[6] 刘光蕡：《刘光蕡集》，第136页。
[7] 刘光蕡：《刘光蕡集》，第232页。
[8] 刘光蕡：《刘光蕡集》，第347页。

为其事"为目标，试验以"精研其理，实为其事"为目标，最终形成了学重实事的学风。

生长在近代中国的刘光蕡，"忧中国之危，惧大教之凌夷而思救之"①，自觉以"兴学救国"为终生的学术追求，而放弃了关学"学以成人"的宗旨。当他发现"外国之富强有实事，中国之仁义托空谈"，便一味追求"实用"而将关学"崇实致用"的基本精神推向极端，这不仅导致他的"中体时用"之学重用而轻体，也导致他自觉放弃了关学"以礼为教"的学风。尽管如此，这并不影响刘光蕡成为"关中大儒"。无论从他的学术思想来看，还是从他的学术影响来看，他都是继张载、吕柟、冯从吾、李颙之后又一位杰出的关学宗师。

刘光蕡主讲陕甘味经书院十多年，"关陇俊才，十九列其门"②。这些俊才当中，既有维新人士李岳瑞，有革命元勋于右任，也有水利专家李仪祉，还有报刊大家张季鸾；而真正继承他的"中体时用"之学的弟子，仅有张元勋一人而已。但是张元勋只继承了"中体时用"之学的理论架构，而完全放逐了其中的心学思想。这样看来，融合了心学思想的关学在刘光蕡那里已经终结了。但关学并没有终结：一方面是因为张元勋继承师说，理论上还在发展关学；另一方面是因为融合了理学思想的关学还在通过讲学活动积极传播。

二、清末关学理论守正

朝邑学派因贺瑞麟的推动，在清末再次兴盛。贺瑞麟是陕西三原人，曾从学于李元春；不过，他为学更推崇王建常。在他看来，王建常"实为宋以后关中第一大儒"③，原因是"先生之功尤在尊程朱以斥陆王"④，更根本的原因是他自己为学"尊程朱以斥陆王"。贺瑞麟毕生以弘扬融合了理学思想的关学为己任，长年在正谊书院讲学，门徒众多。他积极的讲学活动使朝邑学派得到广泛传播，达到了发展的巅峰。

贺瑞麟之学以"学以成人"为宗旨。他说"吾儒之学为己而已，为己之学以圣贤为师而已"⑤，认为"学"就是学习儒家的圣贤来培养自己的品性，即"学以

---

① 康有为：《烟霞草堂文集序》，见《刘光蕡集》，第7页。
② 张舜徽：《清人文集别录》，第555页。
③ 贺瑞麟：《贺瑞麟集》上册，第174页。
④ 贺瑞麟：《贺瑞麟集》上册，第25页。
⑤ 贺瑞麟：《贺瑞麟集》上册，第179页。

成人"；因此，他坚决反对"学不成人"。在他看来，"学圣贤之学以求全乎道者"，学以成人应当"学以至圣人之道"。基于这种认识，他主张"学以知道为本"。他认为"人只全凭一个心，若放便不成人也"[①]，便强调"学以涵养性情为先为要"，进而有"为学以静默为要"的看法。这样来看，"学以成人"其实是守护本心，即他所谓的"为学自护"。

贺瑞麟之学一味地追求"纯正"。他为学不只追求"学问纯正"，而且追求"极纯正者"。学问是否纯正的判断标准是什么？他回答说"儒不以程朱为归则不正不纯"[②]。凡是符合这个标准的新儒学被他称为"正学"，凡是不符合这个标准的新儒学不是被他视为"杂学"，就是被他斥为"异端"。抱持这种成见，他一方面大力弘扬程朱理学，另一方面激烈批判程朱理学以外的其他学问。就前者而言，他不只自己"为学恪守程朱"，也呼吁关中士人"今日为学断当专趋程朱门户"[③]。在他看来，"人生程朱之后，百法皆备，只遵守他规矩做工夫，自不得有差，如吃现成饭"[④]。所以，他教导弟子"今日更无庸别著述，只讲明程朱之学而力行之"[⑤]就够了。这必然导致融合了理学思想的关学走向终结。就后者而言，他"专以讲明正学为事"，并激烈批评实学、考据学、科举学、陆王心学以及佛教和道教的学说；这些学问在他看来"皆荆棘榛芜，误人坑堑"[⑥]。尤其是当时在关中兴起的融合了西学思想的实学，被他斥责为"杂学"而受到激烈批评，理由是"杂学害道"[⑦]，有损儒学的纯正性。于是，他以"正学"自居，竭力阻止实学在关中传播。当听闻黄彭年在关中书院"讲明实学"，他便寄信规劝黄彭年放弃实学，同自己一起"闲卫圣道"[⑧]；又见柏景伟在味经书院"以实学造士"，便率门徒去味经书院游说柏景伟放弃实学，同自己一起"共讲圣贤义理之学"[⑨]；但均遭到二人的谢绝。在未能如愿后，他猛烈抨击实学，并率门徒拒斥实学在关

[①] 贺瑞麟：《贺瑞麟集》下册，第798页。
[②] 贺瑞麟：《贺瑞麟集》上册，第91页。
[③] 贺瑞麟：《贺瑞麟集》上册，第356页。
[④] 贺瑞麟：《贺瑞麟集》下册，第884页。
[⑤] 贺瑞麟：《贺瑞麟集》下册，第1001页。
[⑥] 贺瑞麟：《贺瑞麟集》上册，第380页。
[⑦] 贺瑞麟：《贺瑞麟集》下册，第1035页。
[⑧] 黄彭年：《陶楼文钞》，见《近代中国史料丛刊》第三十六辑，文海出版社，1966年，第1035页。
[⑨] 张元勋：《清麓年谱》，见《贺瑞麟集》下册，第1115页。

中的传播。他的这种做法，使关学多元开放的学术眼光和兼容并包的治学态度丧失殆尽。但问题是朱子本人也提倡博学，曾说："博学，谓天地万物之理，修己治人之方，皆所当学。"①在朱子看来，"盖不如是，则所学所守必有偏而不备之处"②。依照贺瑞麟"宗朱者为正学，不宗朱者即非正学"③的标准来判断，他的新儒学不免"偏曲"，何谈"纯正"？当我们发现他深知朱学"广大宏博"④时，他以"专趋程朱门户"来追求"学问纯正"的做法就值得深思。其实，他是在以这种特殊的方式维护中国传统文化，从他反复强调"不可以博爱为仁"⑤的言辞中可以窥见端倪。自韩愈提出"博爱之谓仁"⑥的观点开始，儒者多用"博爱"诠释儒家的核心范畴"仁"。贺瑞麟极力否定韩愈的这种观点，目的是防止基督教思想对儒学进行渗透。据此来看，他为学一味追求"纯正"，实则是在晚近以来西学东渐的文化环境中维护中国传统学术。但过分强调"纯正"，会将关学推向终结。后来的事实证明：贺瑞麟为学追求"纯正"不仅在理论上将融合了理学思想的关学终结了，而且在传播中将关学推向了终结。

贺瑞麟之学是"有体无用"之学。尽管他认为儒学是"体用兼赅之学"⑦，但是他的新儒学依然"有体无用"。这是因为他抱持"杂学害道"的观念而将经世致用之学视为"杂学"，在追求"学术纯正"的过程中将之一概排斥在新儒学之外。就他的新儒学来看，本体是"道"（或"理"），但道是"朱子之道"；工夫要么是"朱子之主敬"，要么是"朱子之致知"：的确是学"宗朱子之学"。

贺瑞麟自觉弘扬关学"以礼为教"的学风。他深知"横渠张子教学者以礼为先，使有所据守。此又吾关学当奉以为法者也"⑧。所以，他教学自觉采用"以礼为教"的教法。同时，他还非常重视表演古礼。光绪元年（1875）受陕西提督学政吴大澄的邀请，他在三原的宏道书院表演古乡饮礼；光绪十三年（1887）受

---

① 朱熹：《朱子全书》第十四册，第291页。
② 朱熹：《朱子全书》第二十一册，第1613页。
③ 贺瑞麟：《贺瑞麟集》下册，第680页。
④ 贺瑞麟说："窃惟朱子之道广大宏博，茫无津崖，学者恒苦于望洋，往往未涉其际而遽已退返。"（《贺瑞麟集》上册，第149页）又说："窃尝思朱子广大宏博，类得圣人气象。"（同上书，第209页）还说："因读者以《语类》《文集》广大宏博，辄有望洋之叹。"（同上书，第71页）这些都证明他深知朱子博学。
⑤ 贺瑞麟：《贺瑞麟集》下册，第1053页。
⑥ 韩愈著，刘真伦、岳珍校注：《韩愈文集汇校笺注》，中华书局，2010年，第1页。
⑦ 贺瑞麟：《贺瑞麟集》上册，第312页。
⑧ 贺瑞麟：《贺瑞麟集》上册，第149页。

陕西布政使李用清邀请，他在西安的鲁斋书院表演乡饮礼；光绪十九年（1893）三月，他又往凤翔、兴平等地表演古礼。据载，凡他表演古礼之处，"观者如堵墙，风俗一变"①，影响非常大。

生活在近代中国的贺瑞麟，为了抵制西学对中学的渗透，更为了维护儒学的地位，为学一味追求"学问纯正"。在刻意追求学问纯正性的过程中，关学"崇实致用"的基本精神被他自觉放弃，关学"体用全学"的理论形态也随之遗失。当"纯正"指墨守程朱理学且拒斥程朱学以外的一切学问，就意味着融合了理学思想的关学被他终结了。当他认知到"以礼为教"是关学的特色，并积极率领门徒在关中表演古代礼仪时，关学的传播不但没有中断，反而还显得相当兴盛。但是这种礼仪表演的热闹当中，潜藏着关学终结的危机。

三、清末关学理论解构

刘光蕡作为清末的关学宗师，门下弟子众多；但就新儒学而言，继承其学说者仅有张元勋一人而已。张元勋（1863—1955，字鸿山，号果斋）是陕西兴平人。他先后两次师从刘光蕡，在味经书院学习长达六七年之久。就成书于1904年的《原道》来看②，他自觉继承刘光蕡的"中体时用"之学，进而发展出自己的"用体用用"之学。

在《原道》建构的哲学体系中，"道"是最高范畴，但张元勋将"道之体"悬置起来，只关注"道之用"。因为在他看来，"体不可见，亦不可名"③，道的超越层面自然就无法研究。再者，与佛老相较，"致用"是儒学最根本的特点，没有必要纠缠于超越层面的道。于是，他悬置了"道之体"，而只阐发"道之用"。他又进而将"道之用"划分为"用之体"与"用之用"两个层面，前者指一切实体性的存在，后者指人的知行活动。这就是张元勋的"用体用用"之学。

"用体用用"之学的特点是中西结合。就形式而言，《原道》首先给出了"用体用用"之学的体系图——由二十二个范畴构成的三层级金字塔体系：在这个体系中，"道"居于最高层，中层是"质""气""知""行"四个范畴，底层是"天""人""物""著""藏""光""火""声""力""事""物"

---

① 徐世昌：《清儒学案》，中华书局，2008年，第8042页。
② 如欲详悉张元勋《原道》阐发的哲学思想，可阅读拙作：《试析张元勋〈原道〉的哲学思想》，《宝鸡文理学院学报》（社会科学版）2016年第6期，第45—50页。
③ 张元勋：《原道》下，尊经堂校印本，1919年，第2页b。

"学""思""内""外""家""国"等十七个范畴；接着，张元勋对每个范畴做了界定，这明显是西方逻辑思维的体现。"道"被划分为"道之体"和"道之用"，"道之用"又有"用之体"和"用之用"的划分，这明显体现的是中国的体用思维。所以说，"用体用用"之学将中国的体用思维与西方的逻辑思维相结合。就内容而言，"质"范畴下的"天""人""物""藏""著"囊括了一切实体性存在，侧重于西方近代的天文学和生物学知识；"气"范畴下的"光""火""力""声"描述了物理世界的一些现象，不单有西方近代的物理学知识，也涉及西方近代的化学知识；"知"范畴下的"物""事""学""思"主要阐发人的认识活动和认识对象，也涉及西方近代的数学知识；"行"范畴下的"内""外""家""国"基本上阐发的是儒家的伦理道德，其中"内"主要阐发心性之学，"外"指向"外王"且侧重于西方近代的工业生产，"家"阐发的是父子、兄弟、夫妇之间的家庭伦理，"国"阐发君臣之道和朋友之谊。所以说，"用体用用"之学将中国的儒家伦常与西方的自然科学相结合。总而言之，"用体用用"之学是中西结合品。

"用体用用"之学存在明显的不足。就形式而言，运用逻辑思维建构哲学体系，不但对范畴一一界定，而且梳理了范畴之间的关系，这相较以往的关学著作而言无疑是一种进步。但是张元勋对逻辑思维的运用显得比较笨拙，最明显的是三级范畴中出现了两个"物"范畴，"质"范畴下的"物"指人以外的动物，而"知"范畴下的"物"指人认识活动的对象，二者明显存在交集，不能作为独立的两个概念，这表现出他逻辑思维的混乱；再者，概念界定很不严谨，比如"质"，他意在囊括现象界的存在物，但却界定为"天地间凡具方、圆、三角之形者，皆曰质"[1]，这种描述式的下定义方法极不严谨。另外，其体用思维也存在不足，作为"用之体"的"质"和"气"表述的是一切客观存在物及其现象，而"用之用"的"知"和"行"指的是人的认识活动和实践活动；那么，"用之体"与"用之用"之间就不具备体用关系：这违背了"体用不二"或"体用一源"的体用思维原则。就内容而言，他重视西方近代的自然科学知识，这值得肯定。同时，他对儒家的伦理道德也有新的看法。比如人，他不像以往儒家用德性来规定人，而是认为"人亦物"[2]，重视人的生物属性，并从进化论和人种学视域

---

[1] 张元勋：《原道》上，第1页b。
[2] 张元勋：《原道》上，第5页b。

认识人，这明显是对儒家人性论的推进；再比如儒家的伦理，他将其区分为身和伦，"身者，伦之个；伦者，身之群也"①，"身"指个人的道德素养，"伦"指人际之间的道德伦理，反映他有私德与公德的区分意识，这是对儒学的发展。但他拒斥西方的平等、自由、民主思想，自由民主被他称为"自由之谬论"②，权利平等被他斥为"平权之邪说"③。总的来看，"用体用用"之学存在明显的不足。

"用体用用"之学的儒学思想过于薄弱。心性论和工夫论都是宋明新儒学的重要论域。就前者而言，"用体用用"之学的二十二个范畴中没有心性范畴，而仅仅在"内"范畴中阐发了"人心"，即"人心维何？仁、义、礼、智其真性；而恻隐、羞恶、辞让、是非，真性之发为情也"④，这完全是宋明新儒学的常识。就后者而言，"用体用用"之学的工夫论则完全缺失。因此，张元勋的"用体用用"之学，严格地看，很难说是新儒学。再者，他将儒学概念转化为认识论概念。他在"物"范畴中阐发了格物思想，认为"格物者，欲由影以定形，宜防视差，勿遽疑形影之不类；欲即响以求声，须防耳误，毋疑声响之顿殊"⑤。格物是通过感官认识事物，是认知活动。同时，他还认为"格物者，必历无穷级数以迄于不可思议"⑥，即格物要通过"数计""推算"等数学方法，锻炼人的逻辑思维。基于对格物的认识论改造，他将儒者理解为博学通识的学者，他说儒者应当广泛学习自然科学各学科的知识，因为"遗一不学，不免有儒不知物之诮"⑦。他进而对儒家向往的"圣人"做了知识型的改造，"圣人者，学于万事万物者也。事物在古，学于典籍；事物在今，学以闻见"⑧。"用体用用"之学的新儒学思想过于薄弱，是因为他过于重视西方近代的自然科学知识。"用之体"阐发的几乎都是西方的自然科学知识，而"用之用"指向人的知与行；那么，"物""思""学""内"等范畴就必然以强调人的认识能力和认识活动为重。这导致原本可以承载新儒学心性与工夫内容的范畴，也承载了认识能力和认识活动方面的内容，从而将儒学导向认识论及自然科学。

---

① 张元勋：《原道》上，第 3 页 a。
② 张元勋：《原道》上，第 26 页 b。
③ 张元勋：《原道》上，第 26 页 b。
④ 张元勋：《原道》上，第 21 页 a。
⑤ 张元勋：《原道》上，第 14 页 b。
⑥ 张元勋：《原道》上，第 15 页 a。
⑦ 张元勋：《原道》上，第 17 页 b。
⑧ 张元勋：《原道》上，第 17 页 b。

张元勋的"用体用用"之学，就内容而言，几乎缺失新儒学本体和工夫论域的内容；就方法而言，严重违背了"体用一源"或"体用不二"的原则：这是关学理论终结的表现。"道"作为超越之在，是宋明新儒学的最高范畴，宋明新儒学被称为"道学"就缘于此。而张元勋却将这个层面的"道"悬置了，这是"用体用用"之学终结了关学最直接的理论表现。探究原因，则是张元勋将关学"崇实致用"的基本精神推向极端的后果。他认为"通古今、合中外、致用者，其惟儒乎"①，便将西学中的实用之学统统纳入"用体用用"之学，结果导致"中体"与"西用"之间并不存在实体与其功用那样的关系，严重违反了"体用一源"或"体用不二"的方法论规范；再者，强调"致用"导致他只关注"道之用"而悬置"道之体"，结果直接解构了宋明新儒学。

在理论上终结了关学之后，张元勋又转而与牛兆濂一起弘扬融合了理学思想的关学。他不但推崇贺瑞麟那汲取了理学思想的新儒学，直言"元勋爱慕先生，恨未及门"②，而且主讲正谊书院，积极地传播其学，以至于被视为"绍关学之坠绪，继清麓之真传"③。但这时的关学在理论上已经终结了，只不过传播活动还没有终止而已。

四、民初关学传播终止

关学传播活动终止于民国初期，突出表现在关学学者牛兆濂对关学乃至儒学生存问题的反思。④民国初期，在贺瑞麟的众弟子当中，牛兆濂最为著名。牛兆濂（1867—1937，字梦周，号蓝川）是陕西蓝田人，曾向贺瑞麟问过学。贺瑞麟去世后，他私淑其学，并在关中竭力传播。在贺瑞麟的门徒看来，牛兆濂在关中传播贺瑞麟的学说"近则先师之门户，赖以维持；上则关学之统绪，赖以继承"⑤。在这些人的推许中，牛兆濂成了民国时期朝邑学派的领军人物。

牛兆濂之学完全继承了贺瑞麟的为学旨趣。他为学"奉程、朱为圭臬"⑥，

---

① 张元勋：《原道》上，第1页a。
② 张元勋：《清麓年谱》，见《贺瑞麟集》下册，第1092页。
③ 孙乃琨：《灵泉文集》上册，第52页b。
④ 参阅拙著：《牛兆濂对儒学生存问题反思的探析》，《宝鸡文理学院学报》（社会科学版）2013年第5期，第29—32+36页。
⑤ 孙乃琨：《灵泉文集》上册，第58页a。
⑥ 牛兆濂：《牛兆濂集》，第73页。

甚至认为"能一生向程、朱脚下盘旋，便使跳崖落井，终是得正而毙"[1]；同时，他批评考据学、心学和新学，将之贬斥为"邪说"，理由是"邪说蜂起，圣途榛塞"[2]。这导致他只是墨守贺瑞麟之学的成规，而不会有所发展。

即使是照着贺瑞麟之学来讲的关学传播活动，牛兆濂也难以维持。在晚清推行新政之前，他主持的正谊书院的讲学活动比较兴盛，学生除了陕西籍的之外，还有河南籍和山东籍的。但自1901年清政府推行新政以来，他的关学讲学活动便难以维持。1903年，作为关学传播阵地之一的鲁斋书院被政府改造为新式学堂，直接取缔了关学讲学；另一阵地正谊书院的学生也不过二十来人，牛兆濂竟还感到"门户有托，至以为慰"[3]。民国以来，关学讲学活动更难以维持，尤其在新文化运动"破坏孔教"[4]的呐喊声中，关学与整个传统儒学一样"为世诟病"[5]，讲学活动更是举步维艰。

关学讲学活动举步维艰的现实，迫使牛兆濂不得不思考关学如何生存的问题。直面列强侵略而国将不国的严酷现状，他反复思考：中国为什么会沦为半殖民地？最终，他给出了"无不归咎于我国之无人格焉"[6]的答案。而国人之所以无人格，是因为儒学衰落导致"教化不明"。简单地说，他认为中国沦为半殖民地的根本原因是儒学衰落。基于这种认识，他说："欲自立于列强竞争之世界，使人人有国民资格，非讲明圣学，其又何道之从？"[7]他要讲明的圣学是融合了理学思想的关学，因为"孔孟程朱之学，所以正人心而立人格之本也"[8]。于是，他高呼"尊孔一义，为目今救时之急"[9]。无论是牛兆濂对当时国情的认识，还是其提出的救亡图存的主张，明显都不切实际。其实，他的这种认识和主张只不过是为关学乃至儒学的生存争取机会。

当以弘扬儒学来救国的主张未能给关学的生存争取机会时，牛兆濂又于民国初年提出儒学宗教化的设想。有见欧洲"各国政与教分，而教之存者，且推而愈

---

[1] 牛兆濂：《牛兆濂集》，第272页。
[2] 牛兆濂：《牛兆濂集》，第186页。
[3] 牛兆濂：《牛兆濂集》，第203页。
[4] 陈独秀：《独秀文存·论文（下）》，首都经济贸易大学出版社，2018年，第11页。
[5] 参阅牛兆濂：《牛兆濂集》，第73、214页。
[6] 牛兆濂：《牛兆濂集》，第54页。
[7] 牛兆濂：《牛兆濂集》，第54页。
[8] 牛兆濂：《牛兆濂集》，第54页。
[9] 牛兆濂：《牛兆濂集》，第68页。

广"的现实,他主张尽管儒学"本不当以宗教名也",但"欲保孔教,势不能不标宗教之名"[①]。他建议政府"组织一班人材"像基督教徒弘扬基督教那样,专门"诵法先王,保存国粹"。他认为这样做需要一个基本前提,即中华民国政府确立儒学为"国教"。早在1916年,康有为就曾建议民国政府"以孔子为大教,编入宪法"[②],但未被民国政府采纳。牛兆濂以宗教方式挽救儒学的设想,自然也无法实现。

在儒学宗教化的愿望未能实现的情况下,牛兆濂提出儒学形式存在的设想。"形式者何?服装是也"[③],即设计儒者的制服。在他看来,"圣教自孔孟以来至于明末,千有余年,服装未之改也",只是到了清代才被废除。他建议恢复儒者的制服,并将这种主张付诸实践,设计了样式"与道士服不甚异"的儒者制服。在征得"督府给以护照,准其权以道服出入"后,他便至死束发道服。他认为这是关学存在的鲜明标志,但其实这恰恰是关学终结的显著表现。

经考证,"在牛兆濂之后,关中再无大儒出现"[④]。依此来看,民国初期不只是融合了理学思想的关学终结了,整个关学都终结了。关学之所以终结于民国时期,是因为在清末已经停止了理论发展的关学,在民国初期失去了赖以生存的社会环境,传播被迫终止。关学的理论发展终止了,关学的传播活动也终止了,那关学自然就终结了。

需要注意的是,这里说的关学终结,只是说属于宋明新儒学发展阶段的关学终结了。儒学在宋明新儒学之后,又发展出了现代新儒学。相应地,关学也应当有属于现代新儒学发展阶段的"新关学"。不过,"新关学"的诞生,还有待关中学人发扬张载"勇于造道"的开创精神,创造出具有现代精神的"新关学"。

[①] 牛兆濂:《牛兆濂集》,第60页。
[②] 康有为:《康有为政论集》,中华书局,1998年,第957页。
[③] 牛兆濂:《牛兆濂集》,第60页。
[④] 刘学智:《关学思想史》,西北大学出版社,2015年,第520页。

第四篇 关学的特征

第九章　关学的为学宗旨

千讲万讲，不过要大家做好人、存好心、行好事，三句尽之矣。

——[明]冯从吾

关学有四大理论特征，"学以成人"的为学宗旨是其中之一。所谓关学的为学宗旨，既指关学学说的思想旨趣，也指关学学者的立说意图。前者是后者的理论表现，后者是前者的群体意志，二者相互统一。

纵观八百多年的关学史，可以发现"学以成人"是关学的为学宗旨。在关学开创之初，张载就将"学以成人"确立为关学的为学宗旨，这就是他说的"学者学所以为人"[1]。后来，关学学者不是提倡"学也者，所以学为人也"[2]，就是倡导"学所以学为人也"[3]。直到民国时期，牛兆濂依然倡导"学者，所以学为人也"[4]。可见，"学以成人"是关学一贯的治学主张。

"学以成人"的为学宗旨以做人为目标，以学习为手段，将学习与做人紧密联系。明末的关学宗师冯从吾说："千讲万讲，不过要大家做好人、存好心、行好事，三句尽之矣。"[5]"千讲万讲"是手段，"做好人"是目的。依此来看，学习就应当按照儒家圣人的"千讲万讲"去"存好心"和"行好事"，做到知行合一、内外如一，最终成为"好人"，这是关学"学以成人"为学宗旨的内涵。

关学"学以成人"的为学宗旨既关乎做人的目标，也涉及学习的方法，还关涉学习与做人的关系。做人的最高目标是圣人，那么什么是圣人？学习的主要内

---

[1] 张载：《张载集》，第321页。
[2] 冯从吾：《冯从吾集》，第84页。
[3] 王心敬：《王心敬集》下册，第820页。
[4] 牛兆濂：《牛兆濂集》，第214页。
[5] 冯从吾：《冯从吾集》，第148页。

容是圣学，那么什么是圣学？通过学习成就圣人，那么怎么学习才能成为圣人？这都是"学以成人"为学宗旨所要回答的基本问题。

一、做人应做圣人

关学的"学以成人"，严格来说，是"学以圣人为至"[①]，即学习的最高标准是成就圣人。张载发现"求为贤人而不求为圣人，此秦汉以来学者之大弊也"[②]，便极力主张"学必如圣人而后已"，教弟子也"以圣人为期"。张载的"求为圣人"是说做人应当"常以圣人之规模为己任"，在取法乎上的高标准要求下，人即使没有将自己培养成圣人，也可以仅得其中而成为大人、贤人、君子。从张载开始，关学学者普遍倡导学以成圣。

《宋史》说张载之学"以《中庸》为体"。这是符合实情的中肯评价，因为张载长年研究《中庸》而深得其精髓，他说："某观《中庸》义二十年，每观每有义，已长得一格。"[③]受《中庸》影响，他对圣人的界定遵循《中庸》"成己，仁也；成物，智也"的观点。圣人，就属性而言，有"仁智合一"的品性，即"必仁智会合乃为圣人"；就形式而言，圣人作为"成己成物"者必然以"治人与夫接物"的方式而存在。当张载认为"圣人，人也"时，圣人就是人的本然状态；那"仁智合一"就是人的本性，"待人接物"就是人的存在方式。

"仁智合一"是人的本性。自张载将"仁智合一"视为人的本性起，"仁智合一"就成了关学的人性论。李元春说："成己，仁也；成物，智也。皆性之德，则皆内也。"[④]这是说仁和智是人与生俱来的属性，人人都先天固有。仁与智是人之成人的根本保障，因为"仁智各以成性"。再者，仁与智在成人的过程中相互促进，这就是吕柟所谓的"仁智实相为用"[⑤]。要想"成人"，必须"仁智兼全"。基于这种认知，关学提倡"仁智合一"的人性论，即人性是道德主导下的道德与理性的统一。

"仁智合一"中的仁即道德。王恕说"仁者，心之全德"[⑥]，仁是人所有道

[①] 张秉直：《治平大略》卷一，第1页b。
[②] 冯从吾：《关学编》（附续编），第2—3页。
[③] 张载：《张载集》，第277页。
[④] 李元春：《李元春集》，第705页。
[⑤] 吕柟：《吕柟集·泾野子内篇》，第232页。
[⑥] 王恕：《王恕集》，第131页。

德观念的总称。仁，就内在而言，指人的怜悯之情，即张载所谓的"恻隐，仁也"，冯从吾更认为"千圣相传只是仁，满腔恻隐始为真"①，即只有满怀怜悯之情才是仁；就外在而言，指人的博爱行为，即由"仁以爱乎人"到"然后爱物"。综合来看，就是李复说的"仁心博爱"，即内怀仁爱之心，外有博爱之举。李元春说："仁有主爱言者，有主无私言者，无私方可言爱。"②这其实是说博爱不只是博大的爱，更是无私的爱。仁作为怜悯之情，也被称为"仁爱之心"，是一切德行的原动力，诚如冯从吾所说"仁如桃仁杏仁，虽止一粒，而枝叶花实无穷生意已具"③，人的一切善行都由仁爱之心生发。就此而言，"元善为仁"④，即仁是万善之源，是最基本的善。本质地说，仁即道德。

"仁智合一"中的智即理性。理性是人不能或缺的基本属性，人一旦缺失理性就难以"成人"。何谓智？萧㪺回答说："密察精辨、清明开爽、睿哲聪觉、达渊贞正、确固专栗、缜密俭约，智之属也。"⑤依此来看，智的内涵比较丰富，但本质地看，智即理性。在关学学者看来，理性是人获取知识的基本保障，即所谓的"智则有所知也"⑥，"不智则不知"。就认知活动而言，人只有在理性的主导下，才能够认知事物，即"资之智以启其明达"⑦，简单地说，就是"智达识明"。就知识形成而言，人只有具有理性，才能够形成知识，即所谓的"智明理得"⑧。就认知对象而言，理性既以经验界的具体事物为认知对象，"智周乎万物"；也以超验的天道或天理为对象，因为"智能达乎形之上"⑨。理性既因"神心睿智，事物之理，澄然融会"⑩而掌握物理，也因"充其德性则为上智"⑪而成就人性。再者，关学学者认为理性是社会有效治理的基本保障，因为"必智周万物，始能经纶万物"。无论就个人而言，还是就社会而言，理性都十分重要，不可或缺。

---

① 冯从吾：《冯从吾集》，第351页。
② 李元春：《李元春集》，第811页。
③ 冯从吾：《冯从吾集》，第82页。
④ 贺瑞麟：《贺瑞麟集》下册，第621页。
⑤ 萧㪺：《勤斋集》，见《元代关学三家集》，第49页。
⑥ 柏景伟：《沣西草堂文集》卷四，第2页b。
⑦ 杨屾：《知本提纲》卷八（一），第36页a。
⑧ 贺瑞麟：《贺瑞麟集》下册，第955页。
⑨ 李复：《李复集》，第47页。
⑩ 王徵：《王徵集》，第171页。
⑪ 张载：《张载集》，第307页。

"仁智合一"中的人性以道德为主导。关学学者普遍重视理性,最终还是将道德作为人性的主导。这主要有两方面的原因:一是理性并非人类所特有,另一是理性自身存在不足。就前者来看,关学学者认为高等动物也具有理性。吕大临说:"狝猴尤似人,故于兽中最为智巧,童昏之人见解不及者多矣。"①这样的话,就不能将理性视为人的本质属性,更不能用理性规定人。就关学学者秉持的"清者智而浊者愚"②的观点来看,理性由清气决定。因为高等动物由清浊相杂的气构成,那高等动物也具有一定的理性。就后者而言,理性是"因身发智"③,即理性由气生发,而气本身带有"私欲",这决定人不免会"自私用智",从而出现"利令智昏""智为物昏"等现象。但是人的道德需要理性辅助,没有理性人无法认识自己固有的道德;再者,没有理性人们无法辨别是非,道德难以培养。如何处理道德与理性的关系?贺瑞麟说:"道理源头,则仁在智先。学问功夫,则智又在仁先。"④就道德的超越依据天理而言,道德无疑是最根本的人性;就实际中人性的培养来看,理性却是认识道德的前提。这就是"仁智合一",道德主导下的道德与理性的统一。

就人的存在方式来看,人是关系之在。张载认为人是"待人接物"式的存在;吕大临进而认为"人道主交"⑤,即人是交往式的存在。李元春说:"世间只有一理二气,分而为天地人物四者。"⑥这是从宏观的视域将世界上的存在划分为四种,即天、地、人、物。关学学者大都将天地视为人的生活场所,即所谓的"戴天履地而为人"⑦。这样来看,与人同时在场的只有物,那么,人的交往就是人与物的交往以及人与人的交往,即"待人接物"。这就是人的存在方式。

人的存在离不开物的存在。关学学者不只关注人性,也比较关心人形,因为人性依附于人形而存在。就人形来看,一旦作为人性载体的人形毁坏了,人性就荡然无存,人也就不存在了。人形的存在依赖的是物,因为人的衣食住行无一不需要物来满足,即所谓的"天生万物以供人用"⑧。自然之物能够满足人的需

---

① 程颢、程颐:《二程集》,第54页;吕大临等:《蓝田吕氏集》下册,第975页。
② 萧㪽:《勤斋集》,见《元代关学三家集》,第56页。
③ 张载:《张载集》,第25页。
④ 贺瑞麟:《贺瑞麟集》下册,第1015页。
⑤ 吕大临:《吕大临文集》,见《蓝田吕氏集》上册,第257页。
⑥ 李元春:《李元春集》,第387页。
⑦ 李颙:《二曲集》,第136页。
⑧ 刘光蕡:《刘光蕡集》,第467页。

要，人直接向自然界索取，这就是"备物致用"；自然之物无法满足人的需要，人便加工自然之物来满足自己的需求，这就是"造物备用"。无论"备物"还是"造物"，都反映出人的存在离不开物的存在。就人性来看，人的存在也离不开物的存在。人性是内在于人的天理，人的自我认知本质地说是对天理的认知。首先，人与物都具有天理，人的自我认知需要认知物之天理。张载认为"万物皆有理"，而且，此理诚如吕柟所说是"物我一理"。其次，人对自己本心的认知，不得不依赖于物的触发。张载说："人本无心，因物为心。"①这是说：人未接触物时，本心寂然不动，是自在；人接触物时，本心感而遂通，人自觉其在。再次，人对本心的护持需要借助物来验证和锻炼。本心"如明镜止水，物来不乱，物去不留"②。人心能否处于本然状态，需要借助物来验证；如果不能，还需要通过与物的接触来锻炼。张载还认为"大其心则能体天下之物，物有未体，则心为有外"③，想开阔心境就需要不断接触物。最后，人性的维护需要"即物穷理"。人性依附于人形存在，而人形需要物滋养。如何以物养形？这需要"详万物备用之则"，即掌握物理，而掌握物理则需要"即物穷理"。总而言之，人的存在离不开物的存在。所以，关学学者认为"成己成物，只是一事"④，甚至有"离成物不足以成己"⑤的观点。

关学所谓的"学以成人"，其实是"学以成圣"。圣人，就其本质属性而言，是"仁智合一"之在；就其存在方式而言，是"成己成物"之在。那么，"学以成人"就既要培养自己"仁智合一"的品性，也要实现"成己成物"的业绩。在关学学者看来，现实中就有这种指导人学以成圣的学问，这就是"圣学"，也是关学所谓的"全学"。

二、为学当为圣学

学以成圣的学问被关学学者称为"圣学"或"全学"。具体而言，即他们说的"有体有用，有圣有王"⑥之学，或者"内圣外王，有体有用"⑦之学。"有圣

---
① 张载：《张载集》，第333页。
② 王建常：《王建常集》，第236页。
③ 张载：《张载集》，第24页。
④ 牛兆濂：《牛兆濂集》，第356页。
⑤ 王心敬：《王心敬集》下册，第821页。
⑥ 王弘撰：《王弘撰集》下册，第802页。
⑦ 王徵：《王徵集》，第296页。

有王"或"内圣外王"指儒家的"圣王之学",简称"圣学";"有体有用"是关学学者在继承"圣学"的过程中发展出来的"有体有用之学",即关学特有的"体用全学",简称"全学"。

儒学被关学学者普遍视为"圣王之学"。就先秦诸子学来看,儒、墨、道、法等皆标榜"圣王"。有学人研究认为,"在中国哲学中,无论哪一派哪一家,都自以为是讲'内圣外王之道'"。[①]但是关学学者普遍认为,只有儒学才配称"圣王之学",因为"有体有用,内圣外王,孔门'一贯'之心法"[②]。就文献依据来看,吕柟认为《论语》和《尚书》中的"典""谟""训"最易体现儒学是"圣王之学"[③];杨爵认为《周易》中的卦辞也体现儒学是"圣王之学"[④];王心敬认为"内圣外王"的渊源在《大学》,他说"观《大学》圣经一章寥寥二百余言中,举帝王天德王道之精蕴渊源于此,吾儒内圣外王之旨归渊源于此"[⑤];贺瑞麟也认为"《大学》明新至善,内圣外王之规,一以贯之矣"[⑥]。总而言之,关学学者认为"内圣外王"是儒学独具的特色,只有儒学才配称"圣王之学"。

儒学的"圣王之学"强调道德修养与社会治理相统一。荀子说:"圣也者,尽伦者也;王也者,尽制者也;两尽者,足以为天下极矣。"[⑦]其实,这就是孔子说的"修己以安百姓"。在孔子看来,"修己以安百姓,尧舜其犹病诸?"[⑧]可见,"内圣外王"是儒家对人类存在的崇高理想。关学学者认为"内圣外王"是儒学独具的特色,那么他们对"内圣外王"的理解自然与原始儒家相同。具体来看:杨爵认为,"内圣"是通过"修己"来"畜内圣之德";"外王"是通过"治人"来"成外王之化"。[⑨]王心敬认为,"成己,内圣之修;成物,外王之事"[⑩]。综合来看,"内圣"侧重于道德修养,"外王"侧重于经世致用。相应

---

① 冯友兰:《新原道:中国哲学之精神》,生活·读书·新知三联书店,2007年,《绪论》第5页。
② 王徵:《王徵集》,第12页。
③ 参阅吕柟:《吕柟集·泾野先生文集》下册,第1132页。
④ 杨爵认为:"内圣外王之学,'观颐,自求口实'尽之矣。"(《杨爵集》,西北大学出版社,2015年,第59页。)
⑤ 王心敬:《王心敬集》上册,第426页。
⑥ 贺瑞麟:《贺瑞麟集》上册,第51页。
⑦ 《荀子·解蔽》。
⑧ 《论语·宪问》。
⑨ 杨爵:《杨爵集》,第70页。
⑩ 王心敬:《王心敬集》上册,第432页。

地,"内圣外王之学"也被关学学者划分为"内圣之学"和"外王之学"。无论是"内圣外王",还是"圣王之学",都反映出关学主张人一方面要通过道德修养不断完善自己,另一方面要帮助他人完善乃至使人类社会臻于至善。

"圣王之学"的圣与王之间是内外关系。内指自己,外指自己以外的人和物;内外关系既涉及人己关系,也涉及物我关系。吕大临说:"人有是形而为形所梏,故有内外生焉;内外一生,则物自物、己自己,与天地不相似矣。"①依此来看,人有"内外之别"是以自我为中心的结果。从构成人质料的气来看,人物同此气;从构成人本性的理来看,人物同此理。所以,不只人己、物我应当"混混一体"②,而且"天地万物为一体"③。这样来看,内外一体,不可分离。基于这种认识,王弘撰强调"内外元不相离"④,王心敬反对和批评割裂内外而"视为两截"⑤的观点和做法。内外是一种对立统一的关系,那圣王之间也是一种对立统一的关系。

圣王之间的内外关系也被关学学者理解为本末关系。这是受《大学》影响的结果。《大学》将"明明德之事"视为"本",将"新民之事"视为"末",使圣王之间具有了本末关系。《大学》被关学学者视为"内圣外王"的渊源,那圣王之间的本末关系自然就被视为合理的观点而接受了。"本"的本义是树木之根,而"末"的本义是树木之梢。据此来看,一方面本末一体,本是末之本,末是本之末,二者紧密联系,不可分离;另一方面本先末后,因为末由本生,自然本先在于末。《大学》"知所先后"就"物有本末"而言,强调先本后末。就内圣外王来看,自然是先内圣而后外王。

圣王之间的内外本末关系决定了学习"圣王之学"的轻重缓急。就内外本末一体来看,不当有内外之别和本末之分,之所以要区分,诚如王弘撰所说:"大抵天下之理,内外虽不相离,然必有内外之分,所以有合内外之道。如无分矣,又何以言合?"⑥区分的目的是更好地结合。关学从张载开始就主张"合内外";吕大临强调要"合内外而无间"。这是说学习"圣王之学",应当"内外

---
① 吕大临:《吕大临文集》,见《蓝田吕氏集》上册,第112页。
② 吕大临:《吕大临文集》,见《蓝田吕氏集》上册,第111页。
③ 吕大临:《吕大临文集》,见《蓝田吕氏集》上册,第174页。
④ 王弘撰:《王弘撰集》下册,第584页。
⑤ 王心敬:《王心敬集》下册,第814页。
⑥ 王弘撰:《王弘撰集》上册,第497页。

不遗"，"本末毕该"，做到"内外本末，必一齐俱到"①。就本先末后的关系来看，首先要"有本末轻重之辨"②，然后"内外别轻重"而做到"先内而后外，由本以及末"③，理由是"惟本先而末后，本重而末轻，由本及末，由重及轻，亦自由内及外"④。这是说学习"圣王之学"应当先"圣"而后"王"，应以"圣"为重而以"王"为轻。当然，这只是从学习先后次序的角度来说。总的来看，学习"圣王之学"应当先学习"内圣之学"而后学习"外王之学"，但最终必须"内圣之学"与"外王之学"兼备。

关学学者将儒学视为"内圣外王之学"，是出于正当地建构"圣王之学"的考虑。而之所以要建构"圣王之学"，是因为无论对个人还是对社会而言，"圣王之学"都显得比较合理，即杨爵说的"内圣外王同贯合，身谋国计总相因"⑤。就个人而言，人作为道德与理性相互统一的存在，德才兼备无疑是人应当具备的基本品质。基于这种认识，关学认为做人应当将"道德"和"经济"统一起来，主张培养"道德经济，一以贯之"⑥的"通才"。就社会而言，社会治理应当采用"德治"，推行"仁政"，将"天德"和"王道"统一起来。关学主张社会治理应当遵循"天德王道，一以贯之"的原则。⑦个人发展需要遵循"道德经济，一以贯之"的基本原则，社会发展也需要遵循"天德王道，一以贯之"的基本原则，而这两种基本原则都包含于"圣王之学"。所以，关学学者认为儒学是"圣王之学"，并自觉建构"圣王之学"。

关学学者在继承"圣王之学"的过程中，形成关学特有的"体用之学"。所谓"体用之学"，指在"道德"和"经济"之间搭建体用关系的"圣王之学"。就内容而言，无论是从"内圣外王，有体有用"⑧来看，还是从"有体有用，有圣

---

① 李颙：《二曲集》，第126页。
② 孙景烈：《滋树堂文集》，见《清代诗文集汇编》第307册，上海古籍出版社，2010年，第88页上。
③ 李颙：《二曲集》，第508页。
④ 李元春：《李元春集》，第415页。
⑤ 杨爵：《杨爵集》，第261页。
⑥ 王心敬：《丰川全集正编》，见《四库全书存目丛书》集部第278册，第481页下。
⑦ 对于社会治理，李颙主张"天德王道，一以贯之"（《二曲集》，第193、405、510页），王心敬主张"圣学是天德王道兼综条贯事"（《王心敬集》下册，第693页），张秉直主张"天德王道同条共贯"（《治平大略》卷一，第1页b）。
⑧ 王徵：《王徵集》，第296页。

有王"①来看,"圣王之学"和"体用之学"都具有相同的内容,即都具有"道德之学"和"经济之学"。就关系而言,无论是从"内外合而体用备"②来看,还是从"体用兼该,内外不遗"③来看,都用体用关系替代内外本末关系。其实,"体用之学"是将"圣王之学"的内外本末关系改变成体用关系,从而将"内圣外王之学"转换为"有体有用之学"。

"体用之学"具有非常显著的特点。就内容来看,这个显著特点是"全学",既包括"道德之学",也包括"经济之学"。尤其后者,几乎囊括了前现代社会人类生存和发展所需要的各种基本知识和技能。就关系来看,这个显著特点是"体用",道德素养和经世才能之间是体用关系。

"体用之学"具有非常重要的价值。就儒学的理论形态而言,如果说儒学尤其原始儒学是"圣王之学"的话,那么,"体用之学"不仅继承了原始儒学的精髓,而且在继承中将之发展为一种崭新的理论形态——"有体有用之学"。就儒者的基本精神而言,如果说原始儒家抱持"修己以安百姓"的崇高精神的话,那么,"体用之学"主张的"道德经济备而后为全儒"④则是对原儒精神的弘扬和光大。总而言之,"体用之学"作为关学的理论形态,既体现关学对儒学精神的继承,也体现关学与时俱进的创新。

圣学,就传承而言,是儒家的"内圣外王之学";就创新而言,是关学的"有体有用之学"。但就学以成圣来看,二者都是指导人成就圣人的学问。圣学只为人提供了学习的内容,如何学习才能成圣?张载回答说"致学而可以成圣"。

三、致学可以成圣

学习圣学就是认知圣学和实践圣学。用张载的话语表达,前者是"知学",后者即"致学"。"知学"是认知"圣学",前已有述,这里只论"致学"。张载说"致学而可以成圣",即只有将认知的圣学付诸实践才能成圣。

"致学"就是"学以致其道"⑤,实践所学的知识,运用所学的知识。人如何"致其学"?王恕回答说"措诸行事"。用张载的话语来说,就是"致学"既

---

① 王弘撰:《王弘撰集》下册,第802页。
② 马理:《马理集》,西北大学出版社,2015年,第297页。
③ 王心敬:《王心敬集》上册,第593页。
④ 李颙:《二曲集》,第450页。
⑤ 刘光蕡:《刘光蕡集》,第176页。

要付诸"实行",又要见于"实事"。关学学者认为"圣贤之道不过在于日用行事之间而已"①,"致学"也被要求"全在日用行事见得"②。

"致学"首先强调"实行"。所谓"实行",就是"力行以实之"③,通过实践活动将知识转化为实实在在的事情。就"道德之学"以及"德性之知"而言,"实行"即道德实践。人只有凭借道德实践,内在的德性才能表现为外在的德行,从而成为一个真正有道德的人。不然的话,只有道德自觉而缺失道德实践,人就无法成为一个有道德的人。这如同李复所说:"士之于学,非尚其志、强其力,终无异于众人。"④就"经济之学"以及"见闻之知"而言,"实行"是将待人应事接物的原则和方法落实于待人应事接物,将日常事务办理好。综合来看,"实行"是将做好人与干好事统一起来。

"实行"是"圣学"的内在要求。"圣学"不只是圣人之学,更是成就圣人之学;而成就圣人要实践圣人之道,从而具有圣人之行。这就是王心敬说的"学道是学所以行也"。再者,学依赖于实行。一方面,"道德之学"以及"德性之知"依赖于"实行"。人有无道德既无法依据超越的天理判断,也无法依据内在的德性判断,而只能依据经验的德行判断。因为天理是超验之在,经验界无法感知;而德性作为内心之在具有隐微性,他者无法感知。这样的话,判定道德只能依据经验界人人可以感知的道德行为,这说明人的道德依赖"实行"。另一方面,"经济之学"以及"见闻之知"也依赖于"实行"。"见闻之知"作为具体形态的知识本身就是关于事物的知识,脱离具体事物其可靠性就值得怀疑,这导致"见闻之知"需要"实行"验证其正确性,进而证明其价值。"经济之学"作为经国济世的学问,广泛涉及社会中的人、事、物,再兼"经济之学"强调因地制宜和因时制宜,就更依赖于"实行"。就此而言,"圣学"是"学以为行也"⑤,吕柟更简洁地表达为"行学"。

"实事"就是"实为其事"⑥,实实在在做事。关学学者从张载开始就提倡"须行实事"。就张载"事即是实行"的言辞来看,他主张实实在在做事的目的

---

① 马理:《马理集》,第359页。
② 冯从吾:《冯从吾集》,第296页。
③ 萧㪺:《勤斋集》,见《元代关学三家集》,第53页。
④ 李复:《李复集》,第63页。
⑤ 贺瑞麟:《贺瑞麟集》上册,第466页。
⑥ 刘光蕡:《刘光蕡集》,第20页。

是强调实践，尤其是道德实践。因为只有"见于事实"，内在的德性才能转化为外在的德行。吕大临主张"实有是心，故实有是事"也是出于这种目的。到了明代，吕柟将关学的"实事"主张推向顶峰，倡导学习与做事统一。他说："今人把事做事，学做学，分作两样看了。须是即事即学，即学即事，方见心事合一，体用一原的道理。"①就方法来看，"心事合一"，即"心事不相离，事上亦所以习心也"，就是做人与做事相统一。具体而言，"事未至时，固当涵养。至于临事时，亦须要一验，不然，若只是静便感而遂通，除非是浑然的圣人。故一于定静，而恶与物接，恐又堕于禅佛。夫子不云'执事敬'！"②这是说人应当在应接事物中修心养性。到了晚清，贺瑞麟依然出于这种目的而主张做事，他说："学问之道须是一面读书穷理，一面练习事务方好。平素虽觉有自得处，若不向日用事物艰难困苦中磨厉一番，终靠不住。"③关学学者主张做事的目的是道德实践，甚至于将做事当成道德修养的手段，而并不关注事情本身，只考虑如何成功办理事情。后来，这种观念在西学的剧烈冲击下发生了改变，表现是刘光蕡主张"精于治事"④。在西方的比照下，刘光蕡发现"外洋之事治，中国之事不治也"；原因是"外人之学在事，中国之学在文"，即西方人学习做事，中国人学习作文。基于这种认知，他认为中国要富强，中国人必须"精于治事"，尤其是"富强之事"，进而提倡"以治事为学"。这就是关学所谓的"事实"，即"致学"的一种方法。

"实事"也是"圣学"的内在要求。就对道的体知来看，人需要做"实事"。道普遍存在于事物，那对道的认识诚如吕柟所说："夫诸士子志于道者也，然道无往而不在，则其学无事而可忽。"⑤具体而言，一是人在应接事物的过程中"随事观理"，另一是人将事情办理得"事合于理"⑥：这两个方面都是"实事"。就道德实践来看，人需要做"实事"。如果人们"日逞口谈，而身无一事"，必然无法成就德行。再者，"儒者逞空谈、重心性而薄事功"不但会导致儒学"流于黄老清谈"，甚至会"贻祸于世者尤巨"。⑦更根本的原因是，与事

---

① 吕柟：《吕柟集·泾野子内篇》，第131页。
② 吕柟：《吕柟集·泾野子内篇》，第159页。
③ 贺瑞麟：《贺瑞麟集》下册，907页。
④ 刘光蕡：《刘光蕡集》，第21页。
⑤ 吕柟：《吕柟集·泾野先生文集》上册，第465页。
⑥ 刘光蕡：《刘光蕡集》，第467页。
⑦ 刘光蕡：《刘光蕡集》，第442页。

物打交道是人的存在方式。人要存在必须与事物打交道，必须做"实事"。

"致学"是"知学"的内在要求。就"知学"之知的真实性和正确性而言，知识在"致学"的过程中得到了验证。"实行"可以验证"圣人语性及天道"的真实性，"实事"可以验证"物理"和"事理"的正确性。就"知学"之知的现实性而言，知识在"致学"的过程中被转化为经验。"实行"可以将超越的天理和内在的德性转化为经验界的德行，"实事"则因遵守"物理"和"事理"应事接物而成功地办理事情。"致学"将可能性转化为现实性，使潜在成为实在。

"知学"和"致学"是对如何学以成人的回答。前者告诉我们，学习的学问是"道德之学"和"经济之学"，学习的知识是"德性之知"和"见闻之知"；而且学习以"道德之学""德性之知"为本为要，以"经济之学""见闻之知"为末为次。如果说儒家自孔子以来，"学的目的是最大限度地完善自己，实现自己的潜能"[①]的话，那么，关学的"知学"和"致学"就是对儒学学习主张的继承和发展，在学习方面体现原儒旨趣。但同时，关学强调"博学""多识"，以儒家文化为主，广泛吸收中国固有的各种学问，甚至对西学也多有涉猎。如果说儒家自孔子以来，学的含义是"传承文化"，学的对象是"传统智慧"的话[②]，那么关学更是如此，这也是在学习方面体现原儒旨趣。后者告诉我们，要将学习的"道德之学"和"经济之学"付诸实践，即知行并进、学用结合。"实行"强调将所学的知识付诸实践，"实事"强调精研其理而实为其事。如果说儒家以孔子为代表的儒学是实践哲学的话，那么关学更是实践哲学，这也是在学习方面体现原儒旨趣。就学习角度来看，关学恪守原儒旨趣。这是自张载以来，关学学者"为往圣继绝学"的突出表现。

关学"学以成人"的为学宗旨将"圣人"确立为人的最高目标，将学习和实践"圣学"视为人成圣的必由之路。当"圣人"被理解和诠释为"仁智合一"时，道德和理性的统一就成了人的本性，那"学以成人"就是不断培养自己的道德和理性：这是人的自我实现，是人的自我成就。关学，就其"学以成人"的为学宗旨来看，可以称为"人学"，而且是颇具价值的"人学"。

---

① 陈来：《孔子·孟子·荀子：先秦儒学讲稿》，生活·读书·新知三联书店，2017年，第14页。

② ［美］郝大维、［美］安乐哲著，何金俐译：《通过孔子而思》，北京大学出版社，2005年，第46—50页。

关学"学以成人"的为学宗旨是关学相对的理论特征,不是绝对的理论特征。因为"学以成人"不只是关学的为学宗旨,还是孔子为儒学确立的宗旨[①],甚至是中国哲学的为学宗旨[②]。就此来看,关学既是典型的儒学,也是典型的中国哲学。但是,"学以成人"依然是关学显著的特色。一方面是因为关学学者将"学以成人"作为为学宗旨更为自觉,关学"学以成人"的为学宗旨更为突出;另一方面是因为关学用"仁智合一"界定"人性"和用"体用全学"诠释"圣学",使其"人学"思想独具特色,更有价值。所以说,"学以成人"的为学宗旨是关学的一大特色。

---

① 参阅[美]杜维明:《杜维明思想学术文选》,上海古籍出版社,2014年,第35—47页。
② 张立文认为"人始终是中国哲学求索的中心,因此中国哲学可谓人的哲学,或称人学"。〔张立文:《中国哲学范畴发展史(人道篇)》,中国人民大学出版社,1995年,第45页。〕

第十章　关学的理论形态

儒者明体适用之全学。

——［清］王心敬

关学有四大理论特征，"体用全学"的理论形态是其中之一。理论形态也称学术形态，关学属于宋明新儒学，其学术形态自然是儒学。但这是关学的类属性，并非特性或个性。关学独特的理论形态是什么？清代著名关学学者王心敬回答说"儒者明体适用之全学"[①]，即关学的理论形态为"体用全学"。

"体用全学"，相对"有体无用"和"有用无体"的"偏曲之学"而言。"有体无用"之学只关注心性修养而忽视经世致用，内容缺失"经济之学"，以"释老之学"为典型；"有用无体"之学只关注经世致用而忽视心性修养，内容缺失"道德之学"，以"杂霸之学"为典型。"体用全学"既关注心性修养也关注经世致用，内容既有"道德之学"也有"经济之学"，而且"道德"与"经济"之间的关系是体用关系，故称"体用全学"。

关学从张载开始就有建构"体用全学"的自觉。张载发现释老之学"有体而无用"，便有将儒学建构成"合体与用"之学的设想。后来，李复和同恕认为儒学是"体用之学"。明代的关学学者普遍提倡"圣贤体用之学"，尤其薛敬之和吕柟提出"明体适用之学"。清初，"体用全学"被李颙"明体适用之学"典型的理论形态所完善。[②]从此以后，王心敬的"立体致用"之学、杨屾的"著体致用"之学、张秉直的"明体达用"之学、刘光蕡的"中体时用"之学和张元勋的

[①] 王心敬：《王心敬集》下册，第921页。
[②] "体用全学"本是康熙八年（1669）张珥为李颙讲解的明体适用书目及提要起的书名（李颙：《二曲集》，第48—54页），但由《体用全学·题识》可知，"体用全学"也是张珥对李颙"明体适用之学"的称呼。

"用体用用"之学相继诞生。关学学者的这些"体用之学",共同构成了关学的"体用全学"。

一、"体用全学"的"道德之学"

"道德之学",顾名思义,是成就人的德性和德行的学问。人为何具有道德?这指向本体;人怎样具有道德?这指向工夫。有关前者的讨论构成道德之学的本体论,有关后者的讨论构成道德之学的工夫论。

"体用全学"的本体论以道为核心,因为道被关学学者视为最高的本体。本体之域的道,也被表述为"理"。作为本体的道具有多方面的规定性,如果用贺瑞麟的话语表达,就是"道原于天,具于心,著于伦常,散于事物,全于圣人,而备于书"[1]。

道是超验的存在,用关学话语表达就是"理无形"。李元春说"理虽无形,实也"[2]。道无法被感官感知,便显得不存在,其实不然,道才是最真实的存在。王弘撰"理本实,而其位则虚"[3]的话语,也表达了这种看法。道作为超验的存在,首先是宇宙万物的逻辑在先。李元春认为"道先天地即太极",道是宇宙万物产生之前的浑沦之在;牛兆濂说"宰天地万物而终始之者,道也"[4],也认为道是万物的逻辑在先。另外,关学学者通过道与气的关系来说明道是逻辑在先,这就是李元春所谓的"气后道先",即道先于构成宇宙万物的气而存在。为了确保道的先在性,他甚至主张"气非理则不生"。道作为超验的存在,还表现在道具有普遍性和永恒性。薛敬之说"道在天下,只是个公共底物"[5],这是说道是普遍的存在。王建常说"道之在天地间者,未尝一日亡也"[6],即道是永恒的存在。总而言之,道是超验的存在。

道是内在于人和物的性。张载认为"万物皆有理",又认为"人生固有天道":这表明道具有内在性。道之所以内在,是因为理只有附着于气才能存在。诚如薛敬之所说:"若无气则无物,却说个甚么理?"[7]张秉直"天下无事外之

---

[1] 贺瑞麟:《贺瑞麟集》上册,第438页。
[2] 李元春:《李元春集》,第200页。
[3] 王弘撰:《王弘撰集》下册,第727页。
[4] 牛兆濂:《牛兆濂集》,第43页。
[5] 薛敬之:《思庵野录》,见《薛敬之张舜典集》,第46页。
[6] 王建常:《王建常集》,第296页。
[7] 薛敬之:《思庵野录》,见《薛敬之张舜典集》,第54页。

道"①的言辞，也是从这个角度表达道具有内在性。人由气构成，但具有理。这种内在性对人而言，是道具有先天性，所以，杨爵说"道，吾所固有"②。就道的内在性而言，"人之理不异于己，物之理不异于人"③。关学学者更关注内在于人的道，因为"夫万物之中，人所以最贵者，只是为有此理"④。这是说道是人之为人的根本依据。

道内在于人，即人之本性。吸收了理学思想的关学学者认为，内在于人之道即性。由于道是本体，内在于人之道——性——被称为"性体"。这种观点用命题的方式表达，就是"性即理"，即性是内在于人心的理。"性即理"命题最早由程颐提出，他说："性即是理，理则自尧、舜至于涂人，一也。"⑤又说："性即理也，所谓理，性是也。天下之理，原其所自，未有不善。"⑥这里的性指人性，即性是内在于人心的理。吕大临接受程颐"性即理"的观点，认为"吾生所有既一于理，则理之所有皆吾性也"⑦。后来，吸收了理学思想的关学学者普遍主张"性即理"。萧𣂏认为"理也，为仁义礼智之性"；杨爵认为"性与道一也，统于心为性"；王建常认为"性即理，心属气"；贺瑞麟认为"性是心之理"；牛兆濂说人"得于天之理，则性也"。汲取理学思想的关学学者普遍认为"性即理"，将性视为内在于人心的道。

道内在于人，即人之本心。有不少关学学者认为，内在于人的道即本心。由于道是本体，内在于人之道——本心——也被称为"心体"。这种观点用命题的方式表达，就是"心即理"。最先提出"心即理"命题的宋明新儒家是南宋的陆九渊，他在论孟子的"四端之心"时说："人皆有是心，心皆具是理，心即理也。"⑧其实，这是将"四端之心"视为理。"四端之心"被陆九渊称为"本心"，即"仁义者，人之本心也"⑨。那么，陆九渊所谓的"心即理"是说本心是理。关学学者主张"心即理"并非受陆九渊心学的影响，而是接受了明代心学的

---

① 张秉直：《开知录》卷二，第15页 b。
② 杨爵：《杨爵集》，第60页。
③ 贺瑞麟：《贺瑞麟集》上册，第412页。
④ 萧𣂏：《勤斋集》，见《元代关学三家集》，第51页。
⑤ 程颢、程颐：《二程集》，第204页。
⑥ 程颢、程颐：《二程集》，第292页。
⑦ 吕大临：《吕大临文集》，见《蓝田吕氏集》，第109页。
⑧ 陆九渊：《陆九渊集》，第149页。
⑨ 陆九渊：《陆九渊集》，第9页。

相关观点。南大吉受阳明"良知即天理"思想影响，认为良知既是理也是本心，这就是"心即理"。冯从吾受江门心学影响而大谈"心之本体"，当他认为"此'善'字即'未发之中'，即'天命之性'，即心之本体"①，也就承认"心即理"。后来，李颙和王心敬不但认为"天理者吾之本心也"，而且强调"心外无道"；祝垲则明确主张"性即本心也"。这就是"心即理"，即将本心视为内在的道。

作为关学的本体，"道"既是超越的存在，也是内在于人和事物的存在。中国古典哲学的本体具有的"内在—超越"属性是中国哲学的特色，能够体现哲学的民族性②，那关学无疑也具有这种特色，也在哲学领域彰显华夏民族的特性。中国古典哲学的本体为什么具有内在的特性？就关学的学理来看，是为了寻绎人之为人的根本依据，即贺瑞麟说的"只是要求个自家为人道理"。从人自身寻找人之为人的依据，这就是张载所说的"性即天道"和"天道即性"，结果使超越的道具有内在性，即"内在—超越"的存在。道的这种特性决定了人之成人必须在现象界中追求本体，在经验界中追求超越，从而具有《中庸》所谓的"道高妙而极中庸"的特色。

工夫也写作"功夫"，指道德修养方法。关学学者普遍提倡"主敬"与"主静"相结合的工夫。这就是李颙说的"敬以为之本，静以为之基"③。这种工夫始于薛敬之，他倡导主敬工夫，但认为"涵养非静不可"，甚至有"静，理窟也"④的言辞。此后，提倡主敬工夫的马理也教导"初至者必令静坐许时"，因为"静而正，欲之尽也"⑤。冯从吾主张"敬中求真"，也强调"静坐原是吾儒养心要诀"，原因是"坐久静极，不惟妄念不起，抑且真念未萌，心体惟觉湛然"⑥。李颙认为"'敬'之一字，彻上彻下的工夫，千圣心传，总不外此"⑦，同样强调工夫之始"只是要主静"，而主静的方法是静坐，因为"静极明生"；更何况他明确地说："水澄则珠自现，心澄则性自朗。故必以静坐为基。"⑧王心敬说"尽

---

① 冯从吾：《冯从吾集》，第302页。
② 参阅郭齐勇：《中国哲学史十讲》，第28页。
③ 李颙：《二曲集》，第96页。
④ 薛敬之：《思庵野录》，见《薛敬之张舜典集》，第39页。
⑤ 马理：《马理集》，第95页。
⑥ 冯从吾：《冯从吾集》，第302页。
⑦ 李颙：《二曲集》，第46页。
⑧ 李颙：《二曲集》，第20页。

六经、四子、千圣万贤发明学术的脉络，总不出一'敬'字"①，但也提倡主静工夫，理由是"主静自明"②。明代以来的关学学者普遍主张"主敬"与"主静"相结合的工夫。

就思想渊源来看，"主敬"与"主静"的工夫并非关学自创。宋明新儒家中，最早提出主敬工夫的是程颐。他在论"心有主"时说"如何为主？敬而已矣"③；在论"如何为善"时说"只是主于敬，便是为善也"④：这就是"主敬"。何谓主敬工夫？程颐解释说："所谓敬者，主一之谓敬。所谓一者，无适之谓一。"⑤这是说：敬是专心一意于心中之理，不能有丝毫松懈和怠慢，这就是主敬工夫。⑥主静工夫源于周敦颐倡导的"主静"，他在《太极图说》中提出通过"主静"来"立人极"的想法。他所谓的"静"，是"无欲故静"⑦，主静工夫即无欲静心的工夫。关学"主敬"与"主静"相结合的工夫，明显继承了程颐的主敬工夫和周敦颐的主静工夫。

就学理来看，关学学者提倡"主敬"与"主静"相结合的工夫，有关学独到的见解，即将"主静"作为初始工夫，便于认识本体。王心敬说："学道宁专靠静坐，静中却易见真心。"⑧而所谓的"静"，并非周敦颐的"无欲故静"，而是"心不妄动之谓静"⑨，即心不产生妄念杂念便是静。静坐可以隔断外在的引诱，令心无所攀缘而顿然思虑清宁。对持"性即理"观点的关学学者而言，心中欲念净尽而没有遮蔽，天理便可呈现；对持"心即理"观点的关学学者而言，心中欲念净尽便是本心，本心即天理。可见，主静工夫易于认知天理。当天理呈现之后，采用主敬工夫维护本体，使天理继续呈现。这是马理说的"敬非只是闭门叉手静坐，要在随事谨恪做去"⑩，即在应事接物中做主敬工夫；这也是贺瑞麟说的"敬无他，只是时时事事都要用心"⑪。就思想渊源而言，无论"主敬"还是

---

① 王心敬：《王心敬集》下册，第689页。
② 王心敬：《王心敬集》上册，第125页。
③ 程颢、程颐：《二程集》，第169页。
④ 程颢、程颐：《二程集》，第170页。
⑤ 程颢、程颐：《二程集》，第169页。
⑥ 参阅蒙培元：《理学范畴系统》，人民出版社，1997年，第405页。
⑦ 周敦颐：《周敦颐集》，中华书局，1990年，第6页。
⑧ 王心敬：《王心敬集》下册，第1146页。
⑨ 吕柟：《吕柟集·泾野子内篇》，第81页。
⑩ 马理：《马理集》，第604页。
⑪ 贺瑞麟：《贺瑞麟集》上册，第428页。

"主静"都不是关学固有的思想，但用主静工夫体认本体，再用主敬工夫维持本体，却是关学在运用方面的创新。这种创新不只是一种运用创新，也是一种综合创新，这是关学工夫论域的一个显著特征。

再者，关学"主敬"与"主静"相结合的工夫看似继承周敦颐的"主静"和程颐的"主敬"思想，其实并不尽然，这也是对张载相关思想的继承。就主静工夫来看，有学人认为"张载也主张静中功夫"。[①]探究原因，一方面是张载认为"盖静者进德之基"[②]，另一方面是张载认为"静者善之本"[③]。前者是从工夫角度主张"静"，后者是从本体角度主张"静"。同时，张载也有"主敬"的思想，即他所谓的"君子庄敬"和"敬和接物"。这样来看，关学学者之所以接受周敦颐的"主静"和程颐的"主敬"思想，是因为这也是张载的思想。

"道德之学"包括本体论和工夫论，前者探讨人之为人的根本依据，后者探讨如何修养而成为人。这样来看，道德之学完全关注的是"修己""成己"的问题。但是关学学者恪守原始儒学的旨趣，坚信儒学是"修己治人"之学，是"成己成物"之学，是"内圣外王"之学；那么，在探讨"修己""成己""内圣"之后，必须探讨"治人""成物""外王"，这就指向"体用全学"的"经济之学"。

二、"体用全学"的"经济之学"

就儒家的"圣王之学"来看，"修己"不能不"治人"，"成己"也必须"成物"；就关学的"体用全学"而言，"道德"必然指向"经济"。"经济"领域，用李颙的话来说，是探讨"经世宰物"[④]的论域，探讨的内容构成"经济之学"。

关学学者普遍主张"经世"。在他们看来，"辅世""经世""济世""匡世""救世"都是儒者的天职。张载认为"经世"是"圣人"的使命，所以，抱有"为万世开太平"理想的他将"经世"视为儒者的职责。吕大临认为儒者应当积极"应世"，而批评"外乎世务"。同恕主张儒者"应务适变，有用于世"[⑤]。吕柟强调儒者不只是"学为体道者也"，也是"学为经世者也"。[⑥]杨爵力倡"君

---

① 蒙培元：《理学范畴系统》，第404—405页。
② 张载：《张载集》，第113页。
③ 张载：《张载集》，第325页。
④ 李颙：《二曲集》，第126页。
⑤ 同恕：《榘庵集》，见《元代关学三家集》，第170页。
⑥ 吕柟：《吕柟集·泾野先生文集》下册，第1029页。

子欲行道济世"。到了清代,李颙明确提出"吾儒之教,原以'经世'为宗"①。晚清的刘光蕡依然强调"圣人以学承尧、舜之统,以经世为重"②。可见,"经世"是关学学者处世的基本态度。

关学学者普遍重视"经世之学"。他们认为"吾儒之道原是经世之道",既然儒家的"六经"记载的是"古圣王以道经世"的学问,那儒家的"学者自当为用世之学"③。在儒学建构方面,关学学者主张"学原不问精粗,总期有济于世",不然的话,儒者"言不切于时务,不关于经世",儒学也就成了"虚谈迂论"。④

何谓"经世"?关学学者刘绍攽(1707—1778,字继贡,号九畹)回答道:"经世者,治世也。"⑤经世就是治理社会,即管理国家、处理政务。就"经济"来看,"经济,谓经国济世也"⑥,同样,也指治理社会和管理国家。如果要经世,必然涉及"经世之法",其实,"体用全学"的"经济之学",就是"经世之法"。关学"经世之学"的内容相当丰富,关学学者普遍认为"政教者,治世之先务"⑦。他们所谓的"政教",即政治教化,既指向政治,也指向教育。

政治是"经世之学"最重要的内容。因为关学有"学政不二"的传统。张载说:"朝廷以道学政术为二事,此正自古之可忧者。"⑧这是说"吾儒之道"即"经世之法",这就是"学政不二"。张载的这种观点,被后来的关学学者普遍继承。明代的南大吉主张"学与仕本一事";清代中期,孙景烈(1706—1782,字孟扬,号酉峰)提倡"夫学与仕,其道一而已矣"⑨;清代末期,前有贺瑞麟倡导"学与治无二道也",后有刘光蕡提倡"仕学一贯"。关学的"学政不二"传统决定了关学学者普遍关注政治,这是关学一个比较显著的特点。

教育是"经世之学"的重要内容。一个重要原因是教育承担着培养治国之才的重任。在专制主义中央集权时代,治理国家被视为君主的家事,但是"四海之广,而皇上不能亲至",君主不得不委托臣僚代为管理。诚如杨爵所说:"天下

---

① 李颙:《二曲集》,第122页。
② 刘光蕡:《刘光蕡集》,第406页。
③ 李元春:《李元春集》,第393页。
④ 韩邦奇:《韩邦奇集》下册,西北大学出版社,2015年,第1367页。
⑤ 刘绍攽:《二南遗音》,见《四库全书存目丛书》集部第412册,第397页上。
⑥ 杨屾:《知本提纲》卷九(一),第36页a。
⑦ 南大吉:《南大吉集》,第139页。
⑧ 张载:《张载集》,第349页。
⑨ 孙景烈:《滋树堂文集》,见《清代诗文集汇编》第307册,第88页下。

之事，当与天下之贤才共之，而非一人之手所能成。"①于是，选贤与能成了治理国家的重要任务，即"欲治天下，当以求贤才为先务"②。对贤能的培养依赖于教育，在科举制度中选贤与能尤其依赖教育。另一个重要原因是教育的终极目的是建构谐和社会。同恕说："国家开设学校，长育人材，凡以建民极之中庸，跻至治之馨香也。"③学校能培养社会精英，也能提高民众素质。就前者而言，王弘撰说"先王之制，党庠术序有其地，师氏保氏有其职，《诗》《书》以训之，《礼》《乐》以节之，名物以彰之，黼黻以治之，为士计至殷"，最终培养出"守身有道，养之以有为也"的学生。④就后者而言，"学校所以教民也"，即依靠学校教育提高民众的素养。

大体掌握了"经世宰物"中"经世"的内容之后，再来看"宰物"。由"经世理物"⑤来看，"宰物"也作"理物"，都强调从政治民需要掌理万物。治理国家要掌理万物，是因为国家需要"备物"来"养民"和"卫民"。

"养民"有赖财物，而"卫民"依靠军事，即吕柟所说的"养民莫如财，卫民莫如兵"⑥。前现代社会的"生财之道"主要依靠农业，那"养民"就依靠农业生产。在关学学者看来，治理社会"兵食二政则亦事权之重，不可忽者"⑦；此外，李颙强调："兵食固为政先图，而固结人心，尤经济要务。"⑧这样来看，"宰物"主要是指掌握农业和军事方面的知识和技能。

关学学者非常重视农业，尤其是清代的关学学者。首先，他们主张"重农"，即国家应当重视农业以及农民。李颙认为"农者，国之本、民之命"，所以推行"王道"必须"重农"。⑨重视农业，就应当重视农民。李元春认为农民同士人一样尊贵，即"士农为贵"。其次，他们主张"知农"，即国人应当普遍懂得农业生产的相关知识。农业看似是农民的专业，但更是国家长治久安的基本产

---

① 杨爵：《杨爵集》，第62页。
② 王承裕：《少保王康僖公文集》，见《明别集丛刊》第1辑第81册，黄山书社，2013年，第508页上。
③ 同恕：《榘庵集》，见《元代关学三家集》，第143页。
④ 王弘撰：《王弘撰集》下册，第1065页。
⑤ 王心敬：《王心敬集》下册，第821页。
⑥ 吕柟：《吕柟集·泾野先生文集》下册，第1088页。
⑦ 吕柟：《吕柟集·泾野先生文集》上册，第281页。
⑧ 李颙：《二曲集》，第483页。
⑨ 李颙：《二曲集》，第537页。

业，即杨屾所谓的"虽属民人专业，实为经国远猷"①。管理社会事务的官员应当懂得农业知识。杨屾说："君知农，可以理天下；臣知农，可以佐治平；士知农，可以储经济；民知农，可以立身家。"②只有国人普遍掌握农业生产知识，才能够大力推动农业生产。关于农业知识，李颙认为"审其土宜，通其有无，如水利其最要矣；次如种树、种蔬、种药之法，必详必备"③。杨屾认为，"耕稼要法，园圃助养，蚕桑要法，树艺要法，畜牧要法"④都要掌握。最后，他们强调"悯农"，即同情和关爱农民。王心敬有"最可怜者在农民"的观点，原因是"国家财计亦全出于农"，而当时的现状是"民穷如丐，官尊如天，役猛如虎"⑤。"悯农"一方面要"稽农田"，确保农民有田地耕种；另一方面要"均赋税"，确保农民承担的税赋公平。尤其在征收农税方面，朝廷要"轻敛"，做到"非时不征"。只有这样，农业生产才能发展，民众才能被养活。

关学学者自张载起就非常关注军事。据载，张载"少喜谈兵"，曾专门研究兵学，后在范仲淹"儒者自有名教可乐，何事于兵"的教诲下，转而研究儒学。张载后来虽然以儒学家著名，但他的新儒学包含兵学知识。他之后的关学学者普遍重视兵学，以至于一致反对"兵非儒者所事"⑥的观点，而具有"儒者不可以不知兵"⑦的共识。因为关学学者重视军事学，他们的军事学著作非常丰富。张载的《边议》、马理的《兵防论》、南大吉的《兵论》、王徵的《兵约》和《乡兵约》、王心敬的《培植将才》《兵间事宜》《兵论》和《军机琐言》、张秉直的《足兵》、李元春的《左氏兵法》和《结寨团练议》、刘光蕡的《壕堑私议》和《团练私议》都是关学中的军事学专著。即使没有军事学专著的关学学者，也对军事学抱有极大兴趣，吕柟就说："予素不职兵，亦未尝经阅塞徼，第闻人有探兵本、晓兵机者，则知其为善，喜爱不已也。"⑧所以，这些关学学者的著作中也或多或少论及兵学，如李复、杨屾都论及"兵政"，韩邦奇论及"戎兵"。可见，关学学者普遍关注军事学，这是关学的显著特征。

---

① 杨屾：《知本提纲》卷五，第62页b。
② 杨屾：《知本提纲》卷五，第63页a。
③ 李颙：《二曲集》，第537—538页。
④ 杨屾：《知本提纲》卷首《目录》，第3页b。
⑤ 王心敬：《丰川全集外编》卷二，康熙五十五年额伦特刻本，第10页b。
⑥ 李颙：《二曲集》，第53页。
⑦ 李元春：《李元春集》，第123页。
⑧ 吕柟：《吕柟集·泾野先生文集》下册，第1083页。

政治、教育、理财、强兵是"经世宰物"的基本方法，也是"体用全学"的经济之学的主要内容。关学学者认为四者当中教育和理财（尤其是农业）最为重要。在他们看来，治理社会无非"教养两端"①。"教"即"教民"，依靠的是教育；"养"即"养民"，依靠的是农业。于是，他们更关注教育和农业。

"体用全学"的经济之学主要探讨的是"治人""成物"。"治人"就是"经世"，通过政治和教育来"治人"；"成物"就是"宰物"，通过理财和强兵来"养物""备物"，最终来"养民""卫民"。有关"经世""宰物"的思想构成了"体用全学"的"经济之学"。

三、"体用全学"的体用关系

"体用全学"的"道德"与"经济"之间是体用关系。体用范畴是中国哲学的固有概念。李颙认为体用范畴源于禅宗，并反驳顾炎武"体用"源于儒家的观点说："'体用'二字相连并称，不但《六经》之所未有，即《十三经注疏》亦未有也。"②牛兆濂指出李颙的论据有误，因为："《正义》云：'天者，定体之名。乾者，体用之称。'"③这是说《周易正义》中已经出现体用概念，但牛兆濂没有进而探究体用范畴的源头。据研究，体用范畴最早出自《荀子》；真正成为哲学范畴，则见于魏晋玄学；后来，佛道二教普遍运用体用范畴。④可见，李颙有关体用范畴渊源的看法不正确。其实，李颙关注的是"今无论出于佛书、儒书，但论其何体何用"⑤，即认为体用范畴贵在运用，而不是贵在知其渊源。他认为体用范畴源于禅宗，还坚持用来建构"明体适用之学"，说明他具有开放的治学态度，这也是他能够建构出"明体适用之学"的主观原因。

就关学文本来看，体用范畴中的"体"指"本体"，"用"指"作用"。吕柟说："指门腔是体，为人出入是用；灯能照满室是用，光是体。"⑥这是以比喻的方式表明："本体"是实体，而"作用"是实体的功用或属性。由于关学学者

---

① 李元春：《李元春集》，第837页。
② 李颙：《二曲集》，第150页。
③ 牛兆濂：《牛兆濂集》，第264—265页。
④ 参阅张立文：《中国哲学范畴发展史（天道篇）》，中国人民大学出版社，1988年，第625—634页。
⑤ 李颙：《二曲集》，第149页。
⑥ 吕柟：《吕柟集·泾野子内篇》，第63页。

普遍接受程颐"至微者理也，至著者象也。体用一源，显微无间"①的观点，认为"本体"是形而上者，"作用"是形而下者；所以，"本体"指向现象背后的本质，而"作用"则是经验界的现象。同时，就"本体"被称为"元初的本体"②或"本来之体"③来看，"本体"具有本然之意。依此来看，有学人认为中国哲学中的"本体"指"本然状态"④是正确的。但是"本然状态"并不与"实体"相冲突，因为"元初"和"本来"有强调原始性和终极性的意味。简单地说，本体是终极依据，是最高实体。综合来看，"体"指本体、本质、实体，"用"指本体的作用、本质的现象、实体的属性：这就是体用范畴的内涵。

体用之间是对立统一的关系，体居于核心地位。体用联系紧密，不可分割。王心敬说："用即体之用，无用便体不成体；体即用之体，无体便用不成用。盖体以用而名，无用则体于何见？且将以何为体？用以体而名，无体则用于何本？且将以何为用？"⑤就体用的内涵来看：体是实体，用是属性；体是本质，用是现象；体是本体，用是作用。可见，后者依附前者而存在，自然不能分离。但是在体用之中，体居于核心地位。用是实体的属性，是本体的作用；那么，具有体必然具有用。这就是马理所谓的"体具用周"，即具有完备的体，便拥有周全的用。相应地，就人的认识和实践活动而言，只要挺立体，便会彰显用。此即马理所谓的"体具而用行"，李颙所说的"体立自然用行"。

体用的显著特点是蕴含形上与形下相统一的意涵。将"体用"与"内外""本末"比较来看，这种特点更为突出。李元春说："治己，本也、体也；治人，末也、用也。"⑥这说明体用含有内外关系，即体内而用外，这就不难理解马理"内外合而体用备"⑦的观点。同样，体用也内含本末关系。李元春说："内，本也、体也；外，末也、用也。"⑧体用具有本末关系，即体本而用末。由于"本之立者

---

① 程颢、程颐：《二程集》，第582页。
② 吕柟：《吕柟集·泾野经学文集》，第319页。
③ 王心敬：《王心敬集》下册，第621页。
④ 张岱年认为"宋明哲学中所谓本体，常以指一物之本然"。（《中国哲学大纲》，第66页。）
⑤ 王心敬：《王心敬集》下册，第822页。
⑥ 李元春：《李元春集》，第705页。
⑦ 马理：《马理集》，第297页。
⑧ 李元春：《李元春集》，第705页。

末必生"①，那"体立自然用行"。体用具有内外、本末所不具有的特点，这就是"体用一源，显微无间"。"显"即显著，"微"指隐微，前者是经验界的现象，而后者既可指内验之在，也可指超验之在。就内验之在而言，体用主要表现为"心之体用"，即"蕴之中为体，见于外为用"②，强调德性与德行之间的体用关系。这种体用关系用"内外"也可以表达，并非体用的特点。就超验之在而言，体用主要表现为"道之大用全体"，在儒学"道器一贯"的观点中，体就是道，用表现为器。依照张载"无形迹者即道也"和"有形迹者即器也"的观点③来看，这种体用关系揭示的是现象，是本质的表象，而本质是隐匿在现象背后的实体：二者是形上与形下的统一。道器角度的"体用"，无论"内外"还是"本末"都不具有这种含义。这样来看，"体用"具有"内外"和"本末"所具有的全部含义，又具有"内外"和"本末"所不具有的含义。就概念间的逻辑关系来看，"体用"包含"内外"和"本末"，或者说"内外""本末"包含于"体用"。有鉴于此，关学学者要在"圣"与"王"之间搭建体用关系，将"内圣外王之学"改造为"有体有用之学"。

"体用全学"是关学的理论特色。宋明新儒家虽然普遍使用体用范畴，但除关学外，没有哪个宋明新儒学流派一贯地提倡"体用之学"。据载，宋初胡瑗就宣扬"明体达用之学"。按其著作，既没有"体用之学"的内容，也缺失建构"体用之学"的自觉，仅仅提及儒学"有体有用"，即"圣人之道，有体、有用、有文。君臣父子，仁义礼乐，历世不可变者，其体也。《诗》《书》史传子集，垂法后世者，其文也。举而措之天下，能润泽斯民，归于皇极者，其用也"④。胡瑗的弟子程颐提出了被宋明新儒家普遍接受和使用的"体用一源，显微无间"体用论，但并未建构"体用之学"，反倒认为张载追求的"体用全学"不免有"博杂"的不足。关学则不然，从张载开始就倡导"博学"，而且主张"合体与用"来建构"体用之学"。张载"合体与用"之学博而不杂，因为其学具有体用关系。关学学者深知"君子为学，贵博不贵杂"⑤，为了避免学问庞杂，自觉在"道德"与"经济"之间搭建体用关系，于是建构成了"体用之学"。"体用

---

① 王心敬：《王心敬集》下册，第766页。
② 李元春：《李元春集》，第412页。
③ 张载：《张载集》，第207页。
④ 黄宗羲原著，全祖望补修：《宋元学案》第一册，第25页。
⑤ 李颙：《二曲集》，第125页。

全学"是关学显著的理论特色。

"体用全学"是对儒家"内圣外王之学"的继承和发展。就内容而言,"体用全学"既包括"道德之学",也包括"经济之学",前者是对儒学有关"圣"之内容的发展,而后者则是对其有关"王"之内容的发展。就方法而言,"体用全学"在"道德"与"经济"之间搭建体用关系,这是对"圣"与"王"之间"内外"关系的发展。"体用全学"发展了"内圣外王之学",具有重要的理论价值。如果说"内圣外王之学"体现原儒"修己治人""成己成物"的基本为学旨趣的话,那么,"体用全学"无疑继承并弘扬了这种原儒旨趣。从儒学史的角度来看,关学"体用全学"的理论形态具有重要的学术价值。

"体用全学"是对秦汉以来儒家恢复原儒教旨的实现。秦代焚书坑儒,儒家的"全学"从此残而不全。东汉学者荀悦(148—209,字仲豫)说:"秦之灭学,书藏于屋壁,义绝于朝野。逮至汉兴,收摭散滞,固已无全学矣。"[①]从此以后,儒者力图恢复儒家的"全学"。但是对寄寓在"六经"中的"圣人之道","汉儒得其制数,失其义理"。[②]后来,隋唐之儒亦复如是。有鉴于此,张载树立"为往圣继绝学"的志向,并提出建构"合体与用"的"全学"的理想。从此以后,关学学者自觉而积极地恢复儒家的"全学",最终以体用方法建构成儒家的全学——"体用全学"。从儒学史的角度来看,关学"体用全学"的理论形态具有重要的学术地位。

当然,"体用全学"并不是对原儒"全学"的还原,而是重构了儒家的"全学"。因为它内含崭新的体用方法,而并非原儒的内外本末方法。再者,以体用方法重构儒家"全学"是关学的特色,因为关学以外的其他宋明新儒学学派没有这种自觉和传承。关学在运用体用方法重建儒家"全学"的过程中形成了丰富多样的"体用之学",构成了特有的理论形态——"体用全学"。关学"体用全学"的理论形态是其显著的理论特色。就理论形态而言,关学可以称为"体用全学",简称"全学"。

---

① 荀悦撰,黄省曾注,孙启治校补:《申鉴注校补》,中华书局,2012年,第95页。
② 戴震:《戴震文集》,中华书局,1980年,第144页。

第十一章　关学的基本精神

学贵实用，非徒文辞，故"五经""四书"谆切诰诫，无非教养两端。

——［清］杨屾

关学有四大理论特征，"崇实致用"的基本精神是其中之一。关学精神，既指关学学者所共同具有的精神，也指关学理论所普遍蕴含的精神。前者是后者的精神主体，后者是前者的理论表现，二者相互统一。经研究，关学精神不但内容丰富，而且层次多样。[①]但是在关学的精神中，"崇实致用"是最基本的精神。

关学既有"崇实"的价值取向，也有"致用"的学术追求。杨屾说："学贵实用，非徒文辞，故'五经''四书'谆切诰诫，无非教养两端。"[②]这种观点其实是关学学者的普遍看法。在他们看来，儒家经典既因重视物质文明和精神文明而具有"崇实"的特色，也因教导人们学以致用而具有"致用"的特色。那么，儒学就具有"实用"的特征，学习儒学就应当追求"致用"，前者强调学问自身的有用性，后者强调对学问的实际应用：这就是关学"崇实致用"的基本精神。

"崇实致用"是"崇实"和"致用"的合称。就前者而言，张载为学主张"务实"，吕大临治学提倡"崇实"；有明一代，吕柟治学倡导"务实为要"，马理倡导"务为笃实之学"，冯从吾主张"君子务实"；到了清代，王建常为学提倡"笃实"，李颙治学主张"一味务实"，刘光蕡为学倡导"求实"。就后者

[①] 赵馥洁认为关学精神体现在多个方面，即"立心立命"的使命意识、"勇于造道"的创新精神、"崇礼贵德"的学术主旨、"经世致用"的求实作风、"崇尚节操"的人格追求和"博取兼容"的治学态度。〔氏著：《论关学的基本精神》，《西北大学学报》（哲学社会科学版）2005年第6期，第6—11页；《关学精神论》，西北大学出版社，2014年，第6—19页。〕

[②] 杨屾：《豳风广义》卷首，见《续修四库全书》第978册，第19页上。

而言，张载为学提倡"求致用"；元代的萧𣂏强调学问要"务见实用"；有明以来，马理认为学问应当"有博济之用"，吕柟提倡"穷经以致用"，冯从吾批评儒者"驰空谈而鲜实用"，王徵批评儒者"学术漫无用处"；到了清代，李颙主张"学为有用"，杨屾倡导"穷经致用"，刘光蕡主张"为学专注实践，归依致用"。总而言之，"崇实致用"是关学学者的普遍主张，是关学一贯的思想。

"崇实致用"中的"崇实"指为学非常看重"实用""实行"和"实事"，而"致用"指将"实用"的学问付诸"实行"从而形成"实事"。这样来看，关学"崇实致用"的基本精神主要表现为学求"实用"、学务"实行"和学重"实事"。

一、关学学求"实用"

学求"实用"就是关学文本中的"学贵实用"，是关学"崇实致用"精神的基本内容，也是关学的显著特征。"学贵实用"也称"学贵有用"，即学问应当具有使用价值或应用价值，强调学问的有用性或实用性。"学贵有用"是学务"实行"和学重"实事"的理论前提。只有学问自身具有使用价值，才可能被实践、被运用，即"实行"；才最终会在实践中转化成实实在在的事情，即"实事"。可见，"学贵有用"是关学学者对儒学最基本的理论要求，也是关学学者建构"体用全学"的基本为学态度。

"学贵实用"既是关学一贯的为学态度，也是关学一贯的治学要求。关学从张载开始就主张"学贵于有用"[1]。他不但要求学问"切于用"，而且要求实行以"见其用"。金元之时，萧𣂏主张学问"足以应务适变，有用于世"[2]，人应当实践其学而"务见实用"。到了明代，前有王恕强调学问"施为有用"，中有吕柟主张学问"可以应用"，后有杨爵对学问要求"应用当其可"。到了清代，前有李颙倡导"务为有用之学"；中有王心敬提倡"有用之学"而反对"学问无实用"，李元春强调"学者自当为用世之学"；后有柏景伟为学"讲求实用"，贺瑞麟倡导"有用道学"。显见，"学贵实用"是关学自始至终提倡的治学态度和为学要求。

"学贵实用"的核心是学问要"适用"。所谓"适用"，就是学问能够适应时代要求和满足时代需要，即张载所谓的"惟义所适，惟时所合"[3]。就关学文献

---

[1] 程颢、程颐：《二程集》，第1196页。
[2] 萧𣂏：《勤斋集》，见《元代关学三家集》，第170页。
[3] 张载：《张载集》，第74页。

来看，吕大临最早强调了学问的适用性，这就是他所说的"适于实用"。同时，李复也主张学问"可适于用"。金元之时，萧䭈明确提倡"学必适用"。从此，"适用"成了关学的基本要求。吕柟强调学问"实而适于用"①，李颙认为"明体而不适于用，便是腐儒"，王心敬认为"终身学而不适于实用，非口耳章句之学，即情识意见之学"②，刘光蕡甚至认为"空谈而不适于用，其弊当甚于八股"。

但问题是怎样确保学问"适用"，刘光蕡回答"因时变学"。他说："夫学将以治万世之天下，岂能拘执一法，而强以应万世之变哉？则必因时制宜，与世推移，而后不穷于用。故学于古者，必以身所值之时习之，习之而得古人之法之意，则准之以应当时之变，然后推行无弊。"③学问要具有适用性，学问建构者必须具有自觉的"因时制宜"意识，在建构学问之时，直面时代问题，把握时代脉搏，使学问具有反映时代精神的品质，这样学问才能具有适用性。就关学的"体用全学"形态而言，古代关学之所以有"明体适用之学"的经典形态，是因为关学学者有见"道德为人所需"而为学提倡"明体"，有见"经济为人所需"而为学提倡"适用"；近代关学之所以表现为"中体时用"之学的理论形态，是因为刘光蕡认为"伦理学者，所以迪民志使知有公利也；科学者，所以扩生利之具也"④。前者是中国固有的道德伦理；后者是西方的科学技术，但仍被视为"经济之学"。总的来看，关学"体用全学"的实用性主要体现为"道德、经济之实"⑤，这是人类存在的基本需求。

"道德之实"，即关学在培养道德方面的实用性，也就是关学具有帮助人们认知德性进而形成德行的使用价值。关学之所以具有"道德之实"，是因为关学的"体用全学"包含"道德之学"⑥。关学的"道德之学"，就现代的学科分类来看，广泛涉及哲学、心理学、伦理学和宗教学等多个学科的知识。换句话说，关学的"道德之学"是一个横跨多个学科的广泛领域。

关学的"道德之实"，就学术的实用性而言，是关学具有认知人性进而呈现人性的使用价值。当人性的最终依据是天理时，对人性的认知必须探讨"性与天

---

① 吕柟：《吕柟集·泾野先生文集》上册，第493页。
② 王心敬：《王心敬集》下册，第819页。
③ 刘光蕡：《刘光蕡集》，第405页。
④ 李岳瑞：《墓志铭》，见《刘光蕡集》，第281页。
⑤ 李颙：《二曲集》，第485页。
⑥ 薛敬之：《思庵野录》，见《薛敬之张舜典集》，第35页。

道"，这必然与哲学关涉。当人性以德性为主导，就需要认知德性，并实践而形成德行，这必然涉及伦理学。成就德行，就是立志成为圣贤，就是"以理制欲"而反对"纵欲败度"，就是性"发而中节"而反对"任情冥行"，这必然涉及心理学。但这一切的前提是，相信人的本质是"性与天道"，相信儒家学说，这涉及宗教学。关学的"道德之学"是哲学、心理学、伦理学、宗教学多学科的综合，具有明显的跨学科性。

"经济之实"，即关学在治理社会方面的实用性，也就是说关学具有帮助人们掌握治理社会的知识并进而实践治理社会之知识的使用价值。关学之所以具有"经济之实"，是因为关学的"体用全学"包含"经济之学"[①]。关学的"经济之学"，就现代的学科分类来看，广泛涉及教育学、政治学、经济学、军事学、社会保障学以及自然科学等多个学科的知识。简单地说，关学的"经济之学"是一个横跨多个学科的广泛领域。

关学的"经济之实"不但要求儒者识"经时济世之实务"，而且要求儒者建"经时济世之实功"[②]。何谓"经济"？王心敬说："盖所谓经者，经理之使得宜；所谓济者，康济之使得所也。"[③]这说明"经济之实"内含价值原则，即将社会事务处理得恰到好处，这就是王心敬所谓的"施之事而合义，达之人而偕宜"[④]。社会治理要符合这个原则，不得不掌握教育学、政治学、经济学、军事学、社会保障学乃至自然科学诸学科的具体知识。关学学者对"经济之实"的要求，使关学吸纳其他学科的知识，最终形成内容丰富的"经济之学"。

"博学广识"是关学学者对关学的基本要求。关学从张载开始就主张"博学"；到了清代末期，刘光蕡依然倡导"广识"。关学学者普遍提倡"博学广识"，是想成就"博大之事业"。为了实现这种远大抱负，他们甚至主张"一事不知，儒者之耻"[⑤]。在这种观点的指导下，他们积极学习其他学科的知识，以至于有"遗一不学，不免有儒不知物之诮"[⑥]的顾虑。在这种兼容并包的学习过程中，关学逐渐被建构成一个囊括哲学、心理学、伦理学、宗教学、教育学、政治

---

① 吕柟：《吕柟集·泾野子内篇》，第155页。
② 王心敬：《王心敬集》上册，第448页。
③ 王心敬：《王心敬集》下册，第676页。
④ 王心敬：《王心敬集》下册，第676页。
⑤ 吕柟：《吕柟集·泾野子内篇》，第74页。
⑥ 张元勋：《原道》卷上，第17页b。

学、经济学、军事学、社会保障学、天文学、物理学、化学、生物学的跨学科知识体系。如果说"儒学是多学科的"[①]综合的话，那关学更是多学科的综合；如果说儒学是"全体大用之学"[②]的话，那关学更是全体大用之学，更何况关学的理论形态就是"体用全学"。这是关学在宋明新儒学中，内容最"宏伟渊博"、理论最"规模阔大"、思想最"大气磅礴"的主要原因。这是关学"学贵实用"的优点。

"学贵实用"也存在不足。"学贵实用"表明关学学者从事学术研究并不是为了学术自身的发展，而是追求学术的使用价值。依此来看，没有使用价值的学术，他们不会研究；再者，对某种学术的研究，一旦满足了现实的需要，他们便不再深入研究。王心敬说："吾于切用之物，只为是离之不可得，故遇之留心，究其生产制造之宜。至于鹤颈何以长，凫颈何以短，桃之何以红，李之何以白，不惟聪明有不及，亦且心力有不暇。"[③]这不只是王心敬的个人看法，也是关学学者对待学术研究的共同态度。可见，过度强调"学贵实用"有碍关学理论的发展。

二、关学学务"实行"

学务"实行"是关学学者的一贯主张，也是关学最基本的学术要求。关学从张载开始就倡导"贵行"。他认为"人之事在行"[④]，那学以成人就不得不"实行""实作"。所以，他主张只有将对人性的认知"实行去"，才能成为人。吕大临承续师说，认为人之"成己"应当"实吾行"。金元之时，萧斠提倡"力行以实之"；到了明代，薛敬之治学提倡"贵在力行"，马理为学主张"以行为贵"，吕柟为学"真实以力行"，王徵为学"一味实做"；到了清代，李颙讲学自言"我这里重实行"，杨屾主张学问应有"躬修之实"，张秉直倡导学问"随地实践"，刘光蕡教学提倡"务为实行"。"实行"是关学学者普遍坚持的治学原则，也是关学一贯的主张。

"实行"，也作"实作"或"实做"，即认真去做从而具有真实的行为。就个人来看，"实行"是将自己的认知尤其是对人性的认知付诸实践，即关学所谓

[①] 参阅［美］杜维明：《二十一世纪的儒学》，中华书局，2014年，第6—8页。
[②] 参阅朱汉民：《儒学的多维视域》，第1—3页。
[③] 王心敬：《王心敬集》下册，第770页。
[④] 张载：《张载集》，第325页。

的"实见之行"①；就朝廷而言，"实行"指将治世之道通过具体的政策而落实，即"实见之施行"②。关学的"实行"侧重前者，主要指人的道德实践。当然，这里的"行"都是好的行为，即关学所谓的"善行"或"美行"。这样来看，"实行"主要指人日常生活中的行为都是好的行为，用关学话语表达，就是"日用常行"都是"善行"。关学关注这种"善行"的实在性和真实性，所以特别强调"实行"。

"实行"的核心是"行实"。所谓"行实"，就是"躬行之实"，强调道德实践务必真实、确实。人的道德实践真实和确实的根本保障是人必须"循理而行"，具体到人类社会则是人必须"率礼而行"。只有"循理而行"或"率礼而行"，人的行为才可以避免"行伪"，而臻于"行实"。

"循理而行"是马理的关学话语，意谓人的日常行为必须遵循天理。其实，这种观点是关学的一贯看法。关学在张载开创之初就倡导"顺理而行"；直到关学终结之时，刘光蕡依然提倡"奉理而行"。关学主张"循理而行"，是因为只有人的行为遵循天理，才能确保人行为的正当性和合理性，即"措之于行而当于理"。就学理而言，天理是人之为人的终极依据，那人要以人的状态存在，人的日常行为就不得不遵循天理。有鉴于此，关学倡导"循理而行"，而反对"悖道之行"或"行不中道"。

"循理而行"首先必须是"任真而行"。"任真而行"③指人的行为是在人性的主导下而施展的；反过来说，不是依据人性而施展的行为属于"行伪"。杨屾说："外无内德，斯为鄙诈之行。"④即使看起来具有道德的行为，如果这种行为不是德性主导而产生的，那它就带有欺诈性而非真实的德行。儒家强调"诚于中而形于外"，外在的言行是内心的真实反映，人应当内外如一。然而"行伪"是一种外是而内非的行为，这种行为是内外不一的，带有欺诈性。这种欺诈性，无论欺人还是自欺，都属于"行伪"。另外，还有一种内外不一但主观上并不存在欺诈的行为，这就是关学所谓的"饰行"。这种行为主要是出于掩饰的目的，但毕竟属于内外不一的行为，所以，关学学者依然认为"饰行而行者，所行必

---

① 王心敬：《王心敬集》下册，第803页。
② 李颙：《二曲集》，第517页。
③ 李颙：《二曲集》，第443页。
④ 杨屾：《知本提纲》卷六（下），第3页b。

伪"①。"任真而行"体现的是伦理学上的动机论，不是结果论。

如果说"循理而行"是"实行"的基本原则和最高标准的话，那么"率礼而行"就是"实行"的实现方法和具体要求。因为"循理而行"要求"行有格"的具体落实是"率礼而行"，而"循理而行"要求"动不违则"的具体表现也是"率礼而行"。

"率礼而行"也是马理的关学话语，意谓人的日常行为应当遵守礼仪规范。同样，"率礼而性"也是关学的一贯主张。关学从张载开始就主张人应当"动作皆中礼"；后来，吕大临认为人之修德需要"礼以正其外"。到了明代，王承裕和马理倡导"率礼而行"，吕柟主张"动皆守礼"，冯从吾强调"视听言动一一要合礼"。到了清代，李颙主张"礼为立身之准"，王心敬倡导"立身自当中礼"，李元春主张"律身以礼"，贺瑞麟提倡"视听言动必求合礼"，牛兆濂主张"行之必以礼"。可见，"率礼而行"也是关学的一贯主张。

关学之所以倡导"率礼而行"，就学理而言，是因为礼的本质即理。张载认为"礼者理也"。王心敬将礼与理的联系阐发得更为明确，他说："道者，浑沦之礼；礼者，条理之道。"②理是礼的超验存在，礼是理的经验存在；理如果是抽象的"一"，礼就是具体的"多"。不过，就张载"大道之行，由礼义而行者也"③的言辞来看，确切地说"礼义"才是理。再者，他认为"礼非止著见于外，亦有无体之礼。盖礼之原在心"④，这样来看，礼是超验与经验的统一。礼包括"礼仪"和"礼义"。前者是礼的仪式，即具体的言行规范，是经验的存在；后者是礼的原理，即礼的终极依据——理，是超验的存在。张载也用"有体"和"无体"表示礼的不同层面："无体之礼"即形而上之礼，指礼义，也就是理；"有体之礼"即形而下之礼，指礼仪，也就是礼仪规范。礼义即理，那理就寓于礼，"率礼而行"就可以达到"循理而行"的目的。正缘于此，关学提倡"率礼而行"。

关学主张的"实行"包括"循理而行"和"率礼而行"，二者紧密联系。就道德实践来看，"率礼而行"是对"循理而行"的实践。礼具有礼仪和礼义两个层面，二者是形式与内容的统一。就礼义来看，礼的本质是理，这决定了"率礼

---

① 吕大临：《吕大临文集》，见《蓝田吕氏集》上册，第157页。
② 王心敬：《王心敬集》下册，第755页。
③ 张载：《张子全书》，第336页。
④ 张载：《张载集》，第264页。

而行"和"循理而行"一样,可以体验到道。就礼仪来看,礼表现为具体的行为规范,使"率礼而行"具有可操作性。人们"率礼而行"的行为便具有正当性和合理性,最终也可以体验到道。这样来看,"率礼而行"是对"循理而行"的实践。无论"循理而行"还是"率礼而行",都以成就人的德行为目的。

关学的"实行"特色是关学学者"实行"的写照。据《宋史》记载,张载"学古力行,为关中士人宗师"。这既说明张载具有"实行"的品质,也说明北宋的关中士人普遍偏好"实行",尤其吕大临被认为"务为实践之学"。金元之时,萧𣂏被时人推许为"巨儒",是因为他"真学实践";同恕被时人视为"大儒",也是由于他"履真践实"。有明一代,马理被认为"务为笃实之学";吕柟之学被称为"证诸躬行,见诸实事";杨爵被认为"以躬行实践为先"。到了清代,李颙被时人称为"以理学倡关中,以躬行实践为先务";王建常被赞为"躬行实践,不愧大儒";李元春之学"不为空言",而"自有以见诸实行";刘光蕡被时人称为"为学专注实践"。关学学者的"实行"品质表现在理论上,就是关学的"实行"特色。换句话说,关学的"实行"特色是关学学者"实行"的理论表现。

关学学务"实行"既有其优点,也存在不足。就学以成人而言,"实行"无疑是成人的必备条件,那学务"实行"必然易于成人,这是关学的优点。就关学特色而言,关学学者认为"即行可以验学"[1],普遍学务"实行",这既使关学学者"学真行实",也使关学成为名副其实的"实学"[2],这也是关学的优点。但是,过于重视"实行"有碍学术发展,尤其不利于学术创新。关学学者为了强调"实行",而主张"不为高远空阔之谈"[3]。关学的核心是哲学,而哲学恰恰看重的是"高远空阔之谈",那么,重视"实行"在一定程度上不利于关学的理论发展。更严重的是,过于强调"实行",会导致关学学者缺乏学术创新意识。提倡"一味务实"的李颙就有"论学于今日,不专在穷深极微、高谈性命"[4]的言辞;倡导"学以为行"的贺瑞麟甚至说"今日更无庸别著述",而只是实践而已,

---

[1] 王心敬:《王心敬集》下册,第779页。
[2] 这里的"实学"是中国古典文献中的实学概念,以"通经、修德、用世"为内涵。欲详知中国古典文献中的实学概念,可参阅姜广辉:《走出理学》,辽宁人民出版社,1997年,第27—53页。
[3] 贺瑞麟:《贺瑞麟集》上册,第172页。
[4] 李颙:《二曲集》,第491页。

"如吃现成饭"。主张"务为实行"的刘光蕡也提倡"今日为学不必求深"。试想理论研究不"求深""穷深",那如何理论创新?这是关学的严重不足。这就不难理解,关学为何只有张载和杨屾极具学术创新意识且"勇于造道",其他关学学者大都守成有余而创新不足。

三、关学学重"实事"

"实事"从表面来看是实实在在的事情,其实是有价值的、重要的事情,用关学话语表达就是"大事"。那么,学重"实事"指关学看重干"大事"。关学所谓的"大事",是站在国家利益的立场而言的"富强之事"。

学重"实事"是关学的一贯主张。张载为学提倡"须行实事",在他看来,只有做实事才算是"实行",即"事即是实行"[①];吕大临继而主张学习不只"实有是理",而且"实有是事"。到了明代,关学学者普遍看重"富强之道":马理、吕柟、韩邦奇、杨爵无不主张"实行"富强之道,王徵直言要做"恤商富国"的大事。有清一代,李颙提倡学人有"经济之才",王心敬和张秉直主张"富国强兵",李元春倡导"富民"和"足兵",刘光蕡建议国人"实为富强之事"。干"实事",干"大事",这是关学的基本主张。

关学从张载开始就提倡"致博大之事"[②],而"富强之事"就是"博大之事"。就古代关学而言,"富强之事"主要指农事和兵事;晚近以来,受西学影响,"富强之事"由农事、兵事拓展到工事、商事。依此来看,关学倡导的学重"实事"主要是学重农事、学重工事、学重商事和学重兵事。

首先,关学的学重"实事"是学重"农事"。关学学者非常重视农业生产,尤其是清代的关学学者。在清代的关学学者当中,王心敬和杨屾在农业方面的成就特别突出,都是当时很有成就的农学家。他们不但有农学方面的专著,还在专著中提出了独到的农学理论;更重要的是这些农学理论被付诸实践后,取得了丰硕的成果。王心敬和杨屾不只研究农学,还从事农业生产,这就是干"实事"。他们的农学知识和技能被推广而取得很好的成效,那他们的农学知识就成了治国理民的"大事"。所以,在关学学者看来,农学是"实事",是最大的"实事"。王心敬和杨屾都将农学视为儒学的"经世之法";同时,他们都以儒者自

---

① 张载:《张子全书》,第80页。
② 张载:《张载集》,第272页。

处，而不以农学家自居。

其次，关学的学重"实事"是学重"工事"。工事即工业生产以及有关工业生产的知识和技能。关学学者对工业生产的重视程度远远不及农业。张载肯定手工业者和从商者的辛勤劳动，说："工商之辈，犹能晏寐夙兴以有为焉。"① 晚明以前，关学文献中很少出现工业方面的词汇，即使出现，也不过是《尚书》中的"百工惟时"之类有关手工业的老调话语。晚明以来，王徵的著作改变了关学的这种局面。后来，关学学者开始关注工业，清代中期的杨屾以及清代末期的刘光蕡表现得尤为突出。王徵、杨屾、刘光蕡都积极投身于工业实践。王徵不只研究西方的器械，还动手制造，甚至不无创造，以至于现代学人将他称为"工程师"；杨屾认为纺织是女性的专业，但他依然积极投身纺丝织绸的实践，创造出"秦纱"；刘光蕡教学"终身以农桑、工艺为事"②，并试图模仿西方而创办先进的织布工厂——陕西保富织布局。关学学者治学不只"精研其理"，而且"实为其事"。③他们不只是学问家，也是实干家。

再次，关学的学重"实事"是学重"商事"。商事即有关商业的事务及知识。中国传统社会"重农抑商"，士人普遍看不起商业及商人，古代关学学者也如此，只有王徵受西学影响而重视商业，是个特例。近代的关学学者受西学冲击，大都比较重视商业以及商人，其中，刘光蕡尤为突出。晚近以来，关学"富强之术"及"富强之事"的内容发生了变化。晚近以前，"富强"主要依靠的是"农"和"兵"；晚近以来，"富强"依赖的是全民的努力。刘光蕡说"士、兵、吏所以为强也；农、工、商所以为富也"④；张元际（1851—1931，字晓山，号仁斋）进而认为"自强者其要有三：曰兵，曰商，曰农"⑤。总的来看，商业受到了前所未有的重视。

最后，关学的学重"实事"是学重"兵事"。兵事即军事，就是有关军旅或战争之事以及与之相关的知识。关学素有"儒者不可以不知兵"的主张。这种主张不只表现在关学学者重视军旅之事而研究兵学，也表现在关学学者从事军旅之事，直接或间接地参与战争。张载年少之时曾追随邠州的焦寅研习兵学，而且

---

① 张载：《张载集》，第271页。
② 李岳瑞：《墓志铭》，见《刘光蕡集》，第281页。
③ 刘光蕡：《刘光蕡集》，第21页。
④ 刘光蕡：《刘光蕡集》，第51页。
⑤ 张元际：《补印知本提纲序》，见杨屾《知本提纲》，第1页a。

试图运用所学兵学知识夺取"洮西之地"。张载的关中籍弟子也有从事军旅之事者，比如担任秦凤路经略使的李复。有明一代，四海升平，关学学者的兵学研究比较薄弱，更不用说从事军旅之事。清代的战争比较频繁，关学学者普遍关注兵学，而且多参与战事。王心敬曾间接参与了准噶尔之战：一方面他的门人蔡瑞寰和江机直接参与战事，先后随军进入新疆和西藏，及时给他提供战争实况；另一方面朝廷派往督战的高级将领额伦特和鄂尔泰都曾通过书信与他探讨过战争的相关问题。清代后期，内战比较频繁，关学学者直接参与战事，其中，祝垲的战功比较显著。他在河南任职期间参与清廷抗击太平军的战争，屡建奇功，时任两江总督的曾国藩称赞他"气韵沉雄，才具深稳，能济时艰"[1]。左宗棠在历数参与抗击太平军的河南官员时，称赞他"吏干将才为中州一时之冠"[2]。遗憾的是祝垲未能施展其才，就英年早逝了。诚如他的弟子冯端本所说："使天假之年，当宏此远谟。不独绍阳明之学术，并可为阳明之事功。"[3]学重"实事"既是关学的显著特征，也是关学学者的显著特征。

"实事"，就关学文本来看，主要指将农业、工业、商业、军事诸领域的知识付诸实践，从而形成实实在在的农事、工事、商事、兵事。就人之在世而言，"应事接物"是人的存在方式，人只能通过农事、工事、商事、兵事等大事来展现自我的存在；换句话说，农事、工事、商事、兵事是"修己""成己"的必然要求。同时，农业、工业、商业、军事诸领域的知识作为"经世之法"，是治国理民的基本要求，只有将之付诸实践而成为实实在在的农事、工事、商事、兵事，国家才能被有效治理；换句话说，农事、工事、商事、兵事也是"治人""成物"的必然要求。总而言之，"修己治人""成己成物"必然有农事、工事、商事、兵事等"实事"。张载说"人之事在行"，"实事"正是对"人之事"的"实行"。

"实事"即"富强之事"。晚近以前，关学主要将农事视为致富之本，将兵事当作强国之本。晚近以来，关学依旧将兵事视为强国之本；但一方面将工事、商事同农事一并视为致富之本，同时也将农事、工事和商事当作强国之本，充分意识到经济是国家富强的坚实基础。

---

[1] 曾国藩：《曾国藩全集·奏稿（九）》，岳麓书社，1991年，第5574页。
[2] 左宗棠：《左宗棠全集·奏稿（三）》，岳麓书社，1989年，第430页。
[3] 冯端本：《祝爽亭观察事略》，见《体微斋遗编》，光绪十六年刻本，第10页b—11页a。

"实事"是"实行"的直接结果。将农业、工业、商业、军事诸领域的知识付诸实践，就是农事、工事、商事、兵事。农业、工业、商业、军事诸领域的知识，是关学学者"精研其理"的结果；农事、工事、商事、兵事，是关学学者"实为其事"的结果。就此来看，关学学者既是理论家，也是实干家。这是关学有别于其他宋明新儒学的显著特征，也是关学学者有别于其他宋明新儒家的显著特征。

关学之所以具有"崇实致用"的基本精神，是因为关学具有强大的关中文化基因。对此，关学学者非常自觉。南大吉说："盖关中，古周、秦、汉、唐都会之地。周人尚礼义而贵农桑，秦人尚武勇而贵富强，汉人尚宽大而贵敦朴，唐人尚章程而贵勋伐。"[1]这就是厚重的关中文化，是周、秦、汉、唐优秀文化的结晶。北宋之时，诞生在关中的关学继承了厚重的关中文化。张载等生活在关中的儒学学者，在厚重的关中文化的熏陶下，不但形成了朴实的人格而注重"崇实致用"，而且著书立说传播这种"崇实致用"精神，从而使关学具有"崇实致用"的基本精神。

关学，就其"崇实致用"的基本精神而言，可以称为"实学"。张载早就提出了"实学"[2]概念，但没有将儒学视为"实学"的表述。将儒学视为"实学"的表述始于金元之时的萧㪺，他认为儒学是"圣门实学"[3]。有明一代，前有薛敬之提倡"实德实学"，中有吕柟倡导"士敦实学"[4]，后有冯从吾提倡"有用实学"；到了清代，前有李颙提倡"道德经济"之"实学"，中有王心敬倡导"明体达用实学"[5]和李元春倡导"圣贤实学"[6]，后有刘光蕡提倡"崇实学"[7]。当儒学被萧㪺等关学学者明确视为"实学"时，那"关学乃实学"就是这种观点的题中本有之义；更何况自明代起，关学学者普遍具有将关学建构成"实学"的意图。足见，就关学的基本精神而言，关学就是"实学"。

---

[1] 南大吉：《渭南志》，第69—70页。
[2] 张载说："苟能体经，自然皆知是实学。"（《张子全书》，第382—383页。）
[3] 萧㪺：《勤斋集》，见《元代关学三家集》，第8页。
[4] 吕柟：《吕柟集·泾野先生文集》上册，第624页。
[5] 王心敬：《王心敬集》下册，第848页。
[6] 李元春：《李元春集》，第292页。
[7] 刘光蕡：《刘光蕡集》，第140页。

第十二章　关学的教学风尚

横渠张子教学者以礼为先，使有所据守。此又吾关学当奉以为法者也。

——［清］贺瑞麟

关学有四大理论特征，"以礼为教"的教学风尚是其中之一。将"以礼为教"视为张载学风的观点，已经成为现代学界的共识。这里的学风既指张载的学术风格，也指关学的学术风气。就前者来看，"以礼为教"应当是张载的教风，而不是学风。程颢"子厚以礼教学者，最善"①的言辞表明，"以礼为教"是教学风尚。需要澄清的是，张载的"以礼为教"是"使学者先学礼"，并非只以礼教人。司马光说，张载"教人学虽博，要以礼为先"②。后来的关学学者也深知此理，他们说"横渠张子教学者以礼为先"。就后者而言，在张载长期"以礼为教"的影响下，"关中学者，用礼渐成俗"③，形成了尚礼的学术风气。这就是关学"以礼为教"的教学风尚。

张载"以礼为教"的教学风尚被后来的关学学者自觉传承。诚如张岱年所说："后来关中地区的学者，大多传衍了以礼为教的学风。"④在后来关学学者的不断传承过程中，"以礼为教"成了关学的显著特征。张载之后的关学学者之所以自觉传承"以礼为教"，是因为他们深知"以礼为教"是维系关学传承的基本特征。这就是贺瑞麟说的"横渠张子教学者以礼为先，使有所据守。此又吾关学

---

① 程颢、程颐：《二程集》，第23页。
② 司马光：《又哀横渠诗》，见《张载集》，第388页。
③ 程颢，程颐：《二程集》，第114页。
④ 张岱年：《序》，见陈俊民：《张载哲学思想及关学学派》，人民出版社，1986年，第5页。

当奉以为法者也"①。在关学学者的不断传承中,关学"以礼为教"的教学风尚更为突出。

关学能够形成"以礼为教"的教学风尚,是关学学者近师张载和遥承周公的结果。关学的"以礼为教"既有追远周公制礼的深意,也是近师张载"以礼为教"的自觉。这样来看,"以礼为教"不只是比较外缘的学风,也有维系关学学派传承的学统意图。这个学统就是关学学者所谓的"道学之统自关中始"。

一、遥承周公制礼

关学具有强大的周文化基因。如果周文化可以概称为"礼乐文化"的话,那这种周文化的缔造者无疑是周公(姬旦),因为周公"制礼作乐"是中国传统知识分子的共识。张载也持这种观点,其"周之礼乐尽出周公制作"的言辞就是有力证据。依此来看,张载教学采取"以礼为教"不无继承"周公制礼"的意图。

张载的"以礼为教"有继承"周公制礼"的意图。首先,他通过礼来会通孔子和周公。重礼是孔子儒学的重要特征,孔子认为个人的成长需要"约之以礼",国家的发展需要"齐之以礼",所以,他非常重视礼。针对前者,他提出了"克己复礼"的修养方法;针对后者,他提出了"为国以礼"的治国理念。在张载看来,孔子的重礼思想非常可贵,值得继承。他根据"仲尼生于周,从周礼"②,从而认为孔子有关礼的思想继承了周公的相关思想。这样来看,继承"周公制礼"是从源头上继承了"孔子之礼"。接着,他主张全面继承"周公制礼",不但要继承周公制定的礼仪制度,即他所谓的"周公之法";还要继承周公制礼的基本精神,即"周公之意"。自觉继承"周公制礼",这是张载"以礼为教"教风形成的一个重要原因。

"以礼为教"是张载关学理论特征在教学领域的表现,这是张载"以礼为教"教风形成的另一个重要原因。首先,"以礼为教"是张载提倡"学以成人"的具体表现。张载认为学以成人"未有不须礼以成者也"。在他的哲学中,天理既是礼的本质,也是人的本性,人"能守礼已不畔道矣",也就维持了自己的本性。基于这种认识,他说"礼所以持性"。再者,人的本性是隐匿还是呈现需要通过人的行为验证,人的"动作皆中礼"即本性呈现,人的行为"有悖礼法"即

---

① 贺瑞麟:《贺瑞麟集》上册,第149页。
② 张载:《张载集》,第41页。

本性隐匿，学以成人需要通过守礼来表现。其次，"以礼为教"是张载追求"合体与用"之学的具体表现。礼被他划分为"无体之礼"和"有体之礼"，前者是礼的超验存在——天理，后者是礼的经验存在——礼仪，这说明礼本身就有体有用。再就礼的作用来看，礼既被用来培养人性，也被用来治理社会。培养人性的"知礼成性"属于关学体用全学的"道德之学"，治理社会的"礼义为纪"属于关学体用全学的"经济之学"，可见礼本身横跨体用全学的体与用两大论域。最后，"以礼为教"是张载推崇"崇实致用"的具体表现。就礼的礼仪层面而言，其比超越的天理实在，他说"礼著实处"。再者，人是否认知天理，是否呈现至善之性，都需要依靠礼来判断，即他说的"不以礼则无征"。基于这种认识，他说"惟礼乃是实事"。同时，"礼仪三百，威仪三千"详细规定了个人的日常行为，即他所谓的"礼在日常"，确保人日常生活有礼可依，使礼显得非常"切于用"。因为礼具有这些特点，张载在提倡"学以成人"的为学宗旨、追求"合体与用"的理论形态、推崇"崇实致用"的基本精神的过程中，形成了"以礼为教"的教风。

张载的"以礼为教"具有合理性和正当性，这是"以礼为教"教风形成的根本原因。他深知"君子教人，举天理以示之而已"[1]，教学采用"以礼为教"就不得不将礼与理统一起来。这促使他为礼寻找超越的根据，即"天理"。于是，他提出"礼者理也"的观点。具体而言，礼具有经验和超验两个层面：前者是礼的具体内容和形式，即礼仪；后者是礼的基本精神和原则，即礼义。在张载看来，礼义是天理，站在这个立场，他说"除了礼天下更无道"。他强调"礼即理"本是周公制礼精神，即"周公之意"，因为"不闻性与天道而能制礼作乐者末矣"[2]。当礼的本质是天理时，"以礼为教"就能够教导人们认知和遵守天理，从而具有合理性和正当性。就教学规律来看，采取"以礼为教"也具有合理性和正当性。教学应当先易后难，"以礼为教"遵循了这个教学规律。天理是超验的存在，即张载说的"义理无形体"，非常抽象，人难以认知；而礼则比较具体，即他说的"礼有形"，易于认知。如果直接以天理教人，诚如他所说的"今始学之人，未必能继，妄以大道教之，是诬也"[3]，教学的结果必然是"教之而不受，虽

---

[1] 张载：《张载集》，第23页。
[2] 张载：《张载集》，第18页。
[3] 张载：《张载集》，第31页。

强告之无益，譬之以水投石，必不纳也"①。出于这些考虑，他教学"使学者先学礼"。再者，他结合孔子提倡的"下学上达"，认为"今学者下达处行礼，上又见性与天道"②。可见，张载"以礼为教"的教学方法可以教导生徒体认天理，这使"以礼为教"的教风既合理又正当。因为"以礼为教"合理又正当，才被张载付诸实践而成为教风，才被后来的关学学者普遍继承而成为关学最显著的传统。

后来的关学学者在自觉继承张载"以礼为先"的教学方法的同时，也普遍溯源到周公"制礼作乐"，使关学的"以礼为教"有"周公之礼"的源头活水。南大吉用诗歌表达了这种观点，即"前访周公迹，后窃横渠芳"③。在关学学者看来，周公是"以礼乐兴西周者"，更是"万世制治之良规"的奠基者，开创了中华礼乐文明。他们盛赞"周公之立制为天下虑，至深且远矣"④。就礼而言，"周公制礼"使"周人尊礼"，更使"周礼行天下"，奠定了中国成为"礼仪之邦"的文明基础。同时，礼也是"周公传心之要"⑤，是中国的心灵文化、中国的精神文明。这样来看，不能简单地将关学的"以礼为教"看作学风或教风，而应当看作传播中华文明的载体。关学的"以礼为教"传承着"周公制礼"，承载着中华礼乐文明。

关学学者有崇拜周公的情结。他们认识到了礼的价值，加深了对"以礼为教"教风重要性的认知。为了传承"以礼为教"所承载的中华文明，为了强调关中是中华文明的发源地，更为了突显关学的儒学正统地位，他们不只"横渠是师"，更大力推崇周公。他们不只有"谒周公庙"的膜拜之举，还有"今宵北窗梦，或可见周公"⑥的怀念之情。这都是张载之后的关学学者自觉传承"以礼为教"教风的表现。

二、礼是天理人性

关学所谓的礼，超越层面是天理，经验层面是礼仪。这就是张载说的礼乃"有体之礼"和"无体之礼"。吕大临继而解释说："礼必有体，其无体者，非

---

① 张载：《张载集》，第285页。
② 张载：《张子全书》，第88页。
③ 南大吉：《南大吉集》，第11页。
④ 李元春：《李元春集》，第19页。
⑤ 吕柟：《吕柟集·泾野子内篇》，第46页。
⑥ 杨奂：《还山遗稿》，见《元代关学三家集》，第423页。

礼之文，乃礼之本也。"①从此以后，"夫圣人之礼，有本有文"②成了关学学者的普遍观点。礼之文即"有体之礼"，指礼制及各种礼仪；礼之本是"无体之礼"，即礼的本质——天理。

礼的本质是天理。关学学者当中，张载最早提出这种观点，这就是他说的"礼者理也"。后来的关学学者具体阐释了这种观点。王心敬说："道者，浑沦之礼；礼者，条理之道。"③天理是各种礼仪的共同本质，各种礼仪是天理的具体表现，二者是一般与个别的关系。清代末期，贺瑞麟说"礼者，天理之节文"④，即礼是天理的仪式。既然礼的本质是天理，那现实生活中人要"存天理"，就不得不如李颙所说的要"循礼尽道"。

礼内在于人就是人的本性。关学的这种观点也始于张载，即"礼之原在人心"。他说："礼所以持性，盖本出于性。"⑤即礼内在于人就是人的本性。张载有"天道即性"和"性即天道"的观点，这都说明天理内在于人就是人的本性。人要维护本性就不得不像张载所说"知礼成性"。当然"知礼"仅仅是前提，更重要的是"守礼"，即张载所谓的"学礼则可以守得定"。

礼的经验存在即礼仪。吕柟认为"礼制而有数度则不紊"，这是说礼被制度化后形成了各种等级森严的礼仪。作为人的行为规范的礼仪，越繁缛越好，越具体越好。李颙说："礼为立身之准，日用切务，经礼三百，曲礼三千，无一可忽。"⑥礼仪规范要满足日常生活的需要，就必须做到方方面面有礼可依，这必然导致礼仪细致且繁缛。礼仪的这种特点被李元春概括为"礼莫如严"。

礼仪应当被人自觉遵守。关学学者既把礼抬升为天理，又把礼内化为人的本性，目的只有一个——规劝人自觉知礼守礼。礼是天理，既说明礼的普遍合理性，也强调人知礼守礼具有合理性；礼是人性，既说明礼的先天固有性，也强调人知礼守礼的自觉性。在张载看来，人遵守礼仪是自然而然的事情，因为"礼本天之自然"。贺瑞麟更直白地说："夫礼出于自然之理，而非强人以所难。"⑦人

---

① 吕大临：《吕大临文集》，见《蓝田吕氏集》上册，第80页。
② 韩邦奇：《韩邦奇集》下册，第1372页。
③ 王心敬：《王心敬集》下册，第755页。
④ 贺瑞麟：《贺瑞麟集》上册，第77页。
⑤ 张载：《张载集》，第264页。
⑥ 李颙：《二曲集》，第511页。
⑦ 贺瑞麟：《贺瑞麟集》上册，第77页。

不但要自愿遵守礼仪，而且要自觉遵守礼仪，把"恪守礼法"做得自然而然。

礼仪的基本特点是"贵贱有等"。礼被制度化后具有等级森严的特点。礼的等级遵循"贵贱有别"而制定，即张载所谓的"礼达分定"。这里的"分定"指由身份贵贱有别而具有的不同名分，礼不但体现了这种名分的不同，而且会使人们懂得安守本分。张载特别强调礼的等级差异，即"礼别异"。在他看来，"礼天生自有分别"，原因是"天之生物便有尊卑大小之象，人顺之而已，此所以为礼也"[1]。基于这种认识，他强调礼的等级差别，并认为等级差别是礼固有的特点，即"礼本天之自然"。吕大临更强调礼的等级差异特征，他说："礼之所贵，别而已矣。亲疏、长幼、贵贱、贤不肖，皆别也，大别之中又有细别存焉。"[2]礼仪等级森严的特征，是制礼者为了区别对待而刻意制造的。在吕大临看来，区别对待是礼仪的可贵之处。只有这样，礼仪才能体现"贵贵之义"，维护贵族的利益。这是礼仪贵贱有等的本质。

守礼的本质是安守本分。礼仪"贵贱有等"的特点，是现实中的人具有"贵贱之别"的制度化表现。承认人的身份贵贱有别，是遵守礼仪的前提，即马理所说的"安其分而明其礼"。人应当承认身份贵贱有别，自愿接受这种贵贱差异，并积极"恪遵礼法"，这叫作"安分守礼"，不然的话，就是"越礼犯分"。为了规劝人们恪守礼仪，关学学者甚至将"分定"说成是"命"。人应当明白贵贱有别乃命中注定，接受命运安排的身份，自觉遵守适合自己身份的礼仪。用李颙的话语表达，就是"信命安义，以礼自律"[3]。在前现代社会，这种礼制观念使身份高贵的人心安理得地剥削和压迫身份低贱的人，也使身份低贱的人心甘情愿地被身份高贵的人剥削和压迫，即张载所谓的"和必以礼节之"。这就是张载之后的关学学者所乐道的"礼可以节和"。

礼仪是前现代社会的治世法宝。张载认为治世应当"礼义以为纪"，李复直言"圣王治世莫重于礼"，王心敬甚至认为"天地间一日无礼，一事无礼，便世界不成世界，人事不成人事"[4]。直到清末，刘光蕡依然盛赞："礼者，先王经世之大经、大法，纲纪万事者也。"[5]礼仪被前现代社会奉为治世的法宝，是因为礼

---

[1] 张载：《张载集》，第264页。
[2] 吕大临：《吕大临文集》，见《蓝田吕氏集》上册，第209页。
[3] 李颙：《二曲集》，第232页。
[4] 王心敬：《王心敬集》下册，第653页。
[5] 刘光蕡：《刘光蕡集》，第429页。

仪可以维和，可以维稳。所谓维和，所谓维稳，指礼仪能够防止民众作乱。张载主张"和必以礼节之"，就是因为"礼义以为纪之事，所以防乱也"①。后来的关学学者无不明白这个道理。李颙说："礼不明则体统陵，体统陵则民志惑。民志惑者，僭奢之端、祸乱之原也。"②李元春简洁地表达为"礼禁乱之所由生"。到了民国，牛兆濂依然重弹"有礼义则安，无礼义则乱"③的老调。基于这种认识，关学学者普遍认为礼仪是治世的法宝。

关学学者对礼的认知具有时代局限性，而且有关礼的理论存在逻辑矛盾。就前者而言，礼是维护贵族利益的工具，具有明显的阶级性。就后者而言，礼被张载称为"天地之礼"，再结合他"礼即天地之德也"的观点来看，礼是"天德"，是"天地之仁"。问题是，"万物一体之仁"为什么产生"天生自有分别"的礼？可见，"礼天生自有分别"并非天生，完全是人为，是贵族所为。换句话说，关学学者将人间的礼制抬升为天理，是为礼制的合理性和正当性做辩护。当礼被他们视为"三纲五常"时，他们的辩护性表现得更为明显。

三、礼是"三纲五常"

礼在人世间的主要表现是"三纲五常"。关学从张载开始就非常关注伦常，他说："人伦，道之大原也。"④关学发展到终结期，牛兆濂依然倡导"三纲五常，礼之大体，百世不能改"⑤。"三纲五常"即"三纲"和"五常"的合称，前者指"君为臣纲，父为子纲，夫为妻纲"，后者指仁、义、礼、智、信。二者紧密联系，可简称"纲常"。

关学学者普遍维护"三纲五常"。在他们看来，礼的核心是"三纲五常"，他们不但多维度阐发"三纲五常"的合理性，而且想方设法维护"三纲五常"的推行。首先，关学学者认为"三纲五常"是"人道"。冯从吾说"三纲五常为生人之道"，人必须遵守；不然的话，就如王恕所说："无纲常，则不孝不弟不忠不信，与禽兽无异，是纲常不可以不重也。"⑥一方面他们认为"三纲五常"是天

---

① 张载：《张子全书》，第337页。
② 李颙：《二曲集》，第538页。
③ 牛兆濂：《牛兆濂集》，第150页。
④ 张载：《张子全书》，第442页。
⑤ 牛兆濂：《牛兆濂集》，第356页。
⑥ 王恕：《王恕集》，第83页。

理，贺瑞麟说："天地所以不敝，古今所以常存者，惟三纲五常之道相与维持焉耳。"①牛兆濂也说："予维天地之所以立，纲常而已。"这表明"三纲五常"的本质是天理。另一方面他们认为"三纲五常"是人的本性，李元春说："君臣、父子、夫妇、昆弟、朋友，三纲五常之道，人生性皆禀之。"其次，自晚清以来，"三纲五常"被关学学者视为中国的特色。刘光蕡在与西学的比照中认为"中国道重五伦，统于三纲"②。基于这种认识，他与张元勋拒斥西方的自由平等思想，他认为"西人平等之说，原以坏吾三纲，万不可从"，张元勋为了维护"君为臣纲"而批评"平权之邪说"和"自由之谬论"。最后，关学学者捍卫"三纲五常"。他们认为"三纲五常"是儒家修身、齐家、治国的基本纲领。李复说："古之圣帝明王，治身、治家、治国，三纲五常，人伦之道而已。"③儒者必须自觉遵守和捍卫"三纲五常"，用关学的话语表达，就是"身系三纲五常之任"，或"身任纲常之重"。在他们看来，儒者既要"上明三纲，下达五常"④，也要在行为上"克尽纲常"；儒者既要"为斯世扶纲常"，也要"扶持万世之纲常"：总而言之，"卫我纲常"⑤被关学学者视为自己的职责。他们站在维护"三纲五常"的立场拒斥西方传来的自由平等思想时，就充分暴露了"三纲五常"的时代局限性。

"三纲五常"是维护男权的伦理思想，其中，"夫为妻纲"最为明显。中国前现代社会是绝对的男权社会，关学作为前现代社会的产物具有明显的重男轻女思想。吕大临说："人之类，男子为贵也，其配则天也、阳也、乾也，可以服人而不可以服于人者也。"⑥这种男权思想是关学学者的普遍看法，只不过其他关学学者没有这样直白地表达而已。晚近以来，随着西学东渐，西方的男女平等思想传入中国。刘光蕡说"男女平等"如果"专指父母爱子女"，那是正确的，可以接受；如果指男女两性在社会和家庭中享有同等的权利，那是错误的，不能接受。在他看来，"夫妇不可平等，阴必统于阳，家必统于夫也"。所以，"未婚

---

① 贺瑞麟：《贺瑞麟集》下册，第729页。
② 刘光蕡：《刘光蕡集》，第50页。
③ 李复：《李复集》，第41页。
④ 吕柟：《吕柟集·泾野先生文集》上册，第303页。
⑤ 马理：《马理集》，第307页。
⑥ 吕大临：《吕大临文集》，见《蓝田吕氏集》上册，第205页。

嫁以前，则男先女而下女；既婚娶以后，则女顺男而从男，皆经义也"①。维护男权是关学的一贯立场。

"三纲五常"是维护君权的伦理思想，其中，"君为臣纲"最为明显。中国前现代社会是绝对的君权社会，关学的政治哲学比较突出地反映了这种社会现实。在关学"以道治世"的政治哲学思想中，民的理想政治人格是"顺民"，基本政治素养是"勤"和"俭"，为民宗旨是"以顺从为道"，总而言之，老百姓没有丝毫政治权利，完全是被统治和被驯服的。君主是国家绝对的统治者，拥有至高无上的权力。就君臣关系来看，"臣也者，受君之命而奉以行之者也"②，臣子应当绝对忠于君主。臣之事君如杨爵所说，即使"外混尘埃罹罗网"，也要"内抱赤心与忠肠"，做绝对"忠君"的"忠臣"。就君民关系来看，关学学者主张"爱民"，但"爱民"是"爱民如子"③，那君与民乃至臣与民就是如同父与子般的上下关系，老百姓对待官员必须像儿子侍奉父亲般绝对服从，这就是"顺民"。臣民必须绝对服从君主，用刘光蕡的话语表达，就是"惟君独尊"④。晚近以来，西方传入的民主思想并未改变关学尊君抑民的思想。在刘光蕡看来，治国还是"忠孝"靠得住。他说："欲建今日之中国，君今日中国之民，不使由孝以识天下一家之仁而重宗子，则人皆无君，无君而国可建乎？故孝者，建国之本也。"⑤关学自始至终都抱有维护君权的思想观念，这也明显具有严重的时代局限性。

当"以礼为教"中的礼是具有时代局限性的礼仪时，那关学的"以礼为教"就不免具有时代局限性。如此，便不难理解为何自新文化运动兴起，关学便寸步难行。新文化运动的倡导者之所以批判礼教，就是因为"儒者三纲之说，为吾伦理政治之大原，共贯同条，莫可偏废。三纲之根本义，阶级制度是也。所谓名教，所谓礼教，皆以拥护此别尊卑明贵贱制度者也"⑥。然而此时，铭记"礼教兴行，关学一脉不致叹于中断"⑦之师训的牛兆濂，还在一边高唱着"三纲五常，礼

---

① 刘光蕡：《刘光蕡集》，第138页。
② 杨爵：《杨爵集》，第43页。
③ 李颙：《二曲集》，第382页。
④ 刘光蕡：《刘光蕡集》，第313页。
⑤ 刘光蕡：《刘光蕡集》，第345页。
⑥ 陈独秀：《独秀文存·论文（上）》，第32页。
⑦ 贺瑞麟：《贺瑞麟集》下册，第641页。

之大体"的陈年老调,一边竭力在关中"扶持世教,整顿纲常",关学岂有不终结的道理?

四、近师横渠教风

"以礼为教"能够成为关学最显著的特色,是因为张载深知礼在前现代社会具有重大的实践价值。礼不只是个人的行为规范,更是社会的维稳系统。前者即张载所谓的"时措之宜便是礼",后者是他说的"和必以礼节之"。对个人而言,"人必礼以立","不得礼则不立",人不知礼守礼就无法正常生活;对国家而言,"当以礼义为纪",因为"礼义以为纪之事,所以防乱也"[①],不然的话,国家就会动乱。由于张载清醒地认识到了礼的作用和价值,他才因时制宜地提出了"以礼为教"的教学观念。果不其然,其"以礼为教"的教学实践受到了普遍认可,不但"关中学者,用礼渐成俗",而且同行也称赞"子厚以礼教学者,最善",甚至连地方高官也"闻先生名行之美"而聘请他主讲学宫。这是"以礼为教"成为张载关学显著特色的现实原因。

"以礼为教"是关学最显著的特色,是张载之后的关学学者的共识。明代,前有吕柟在阳明心学的冲击中高喊"张子以礼教人",使关学的特色不被淹没;后有冯从吾在阳明心学的遮蔽下疾呼"横渠以礼教为学者倡",使关学的本色继续彰显。有清一代,前有李颙倡导"张子以礼为教",中有李元春弘扬"横渠以礼教人",后有贺瑞麟高呼"横渠张子教学者以礼为先",使关学的特色越来越突出。民国时期,在"吃人的礼教"的批判声中,牛兆濂依然高喊"横渠以礼教关中学者",使关学的本色继续维持。

正因为深知"以礼为教"维系着关学的传承,关学学者才积极传承张载的"以礼为教"。金元之时,萧斛"尤邃《三礼》"且"为善于礼"。有明一代,王承裕"教人以礼为先",马理"执礼如横渠",吕柟被时人认为"以礼教学者,似张横渠"[②]。到了清代尤其是晚清,有"礼教兴行,关学一脉不致叹于中断"自觉的贺瑞麟,以倡导礼教来振兴关学,使"横渠遗教畅然行乎三辅"。民国之初,牛兆濂"大倡礼教",希望"关中学者兴行于礼教"来复兴关学。这使其时来陕西讲学的山东大儒孙乃琨不禁感叹:"自横渠张子倡明礼教,本于天理

---

① 张载:《张子全书》,第337页。
② 吕柟:《吕柟集·泾野子内篇》,第246页。

民彝，合乎洙泗教法，故其学愈传愈远，历久弥曜。故至今西安文庙行礼，少长咸集，宛若熙朝盛世，莫不肃敬将事，令人忘其为晦盲时代。"①这从他者的视域表明，关学学者在自觉弘扬张载"以礼为教"的教风来传承关学。

关学学者自觉传承张载"以礼为教"的教风，使关学在汲取其他宋明新儒学学派思想的同时能够保持本色。吕大临虽师从二程，但遵守张载"以礼教学者"的教风。后来元、明、清各代的关中儒者，"凡所以立身诲人者，往往奉横渠张子为准的"②，更自觉地恪守张载"以礼为教"的教风。甚至在民国初期儒学遭遇"吃人的礼教"的激烈批判时，关学学者依然固守"横渠礼教"来"振兴关学"。关学学者在汲取其他宋明新儒学思想的同时，能够保持关学的基本特色，自觉坚守"以礼为教"的教风是一个重要原因。

关学学者还自觉地将"以礼为教"的源头追溯到了"周公制礼"。他们既通过"以礼为教"为关学建立学统，也通过"以礼为教"为关学争取儒学的正统地位，表现是他们认为周公是儒学的真正开创者，关中是儒学的发祥地。

周公被关学学者视为儒学的开创者。在他们看来，孔子自觉继承了"周公之道"而开创了儒学。孔子曾自言他一生"述而不作"，他所转述的是谁的思想？关学学者回答说周公。吕柟认为《周礼》和《仪礼》是"周公传心之要"，而"孔子作《春秋》，本二《礼》而作"。③在关学学者看来，既然儒学创始人孔子的思想来自周公，那周公就是儒学真正的开山祖：这正是关学学者大谈孔子继承周公思想的目的。关学发展到终结期，关学学者将周公视为儒学开创者的意识更为强烈，牛兆濂说："三代之治莫盛于周，礼乐之制作于是为大备，此周公之德所以明光上下而道为万世师也。由公而上，上而为君，道以政行；由公而下，下而为师，道以教明。鲁为周公封国，孔子生焉，宪章文武，即梦寐周公。故名教之垂肇于周、孔，而言中国之道者，必曰周公、仲尼。西汉以来，学宫崇祀周公为先圣，而先师孔子配之。则周公者，上以承尧、舜、禹、汤、文、武之传，而下以开孔子之统。"④儒家的道统肇端于周公，这是关学学者的道统观，用李元春的话语表达，即"周公，千古行道之宗"⑤。抱持这种道统观念，关学学者对儒

---

① 孙乃琨：《灵泉文集》下册，第13页a—b。
② 周长发：《史复斋文集·序》，见《四库全书存目丛书》集部第281册，第1页下。
③ 吕柟：《吕柟集·泾野子内篇》，第46页。
④ 牛兆濂：《牛兆濂集》，第140页。
⑤ 李元春：《李元春集》，第54页。

学的称呼比较特殊。儒家学说被关学学者称为"周公、仲尼之学"[1]或"周孔之学",儒家经典被称为"周公、孔子之书"[2],儒家的大道被称为"周公、孔子之道"[3],儒家的圣人之言被称为"周公、孔子之言"[4]。诚然,周公奠定的礼乐文化是儒学的思想渊源,但周公不是儒学的开创者,孔子才是儒学的创始人。关学学者的这种看法并不正确,他们之所以坚持这种不符合客观事实的看法,是为了维护关学的地位,明显是一种本位思想。

关中被关学学者视为理学的发祥地,当关学学者将周公视为儒学的开山祖时,关中也就成了儒学的发祥地。抱持这种看法,冯从吾在《关学编·自序》中说"我关中自古称理学之邦"。这种观念在关学的终结期表现得更为突出,刘光蕡说:"自周公集三代,学术备于官师,见于《七略》,道学之统自关中始。成、康而后,世教陵夷,遂至春秋,大圣首出东鲁,微言所被,关中为略。降及战国,秦遂灭学。汉、唐诸儒,训诂笺注,循流而昧其源,逐末而亡其本。自宋横渠张子出,与濂、洛鼎立,独尊礼教,王而农诸儒谓为尼山的传,可驾濂、洛而上。"[5]刘光蕡认为关中是儒学的发祥地,即"道学之统自关中始"。他还强调儒学发展到北宋,张载开创的关学才是儒学嫡传,濂学和洛学并非儒学正宗。他说这是明清之际的思想家王夫之(1619—1692,字而农,号姜斋,人称"船山先生")的看法,其实是借他人之言来表达自己的观点。

"以礼为教"是张载自觉继承"周公制礼"和"孔子之礼",并根据时代需要,为关学创造的独具特色的学风。张载之后的关学学者在自觉继承"以礼为教"之关学学风的同时,既继续会通"孔门礼教"的原儒思想,又不断发掘"周公制礼"的文化资源,建构了"张子所谓礼教与圣门克己复礼、成周官礼,未必不同条共贯"[6]的融会贯通理论。这种理论认为关学是儒学嫡传,关中是儒学发源地,进而认为关学是儒学正统。站在这种立场,关学学者对关学的传承更为自觉,即贺瑞麟所谓的"横渠启关学,洙泗相传,愿诸生奋心独往,断当力崇礼

---

[1] 同恕:《榘庵集》,见《元代关学三家集》,第170页。
[2] 刘光蕡:《刘光蕡集》,第227页。
[3] 吕柟:《吕柟集·泾野先生文集》上册,第455页。
[4] 吕柟:《吕柟集·泾野先生文集》上册,第605页。
[5] 刘光蕡:《刘光蕡集》,第41页。
[6] 刘光蕡:《刘光蕡集》,第42页。

教"①。但这时的关学已走向终结。

"以礼为教"既是张载倡导的"先教以礼",也是孔子主张的"克己复礼",还是周公奠定的"周人尊礼"。这样来看,"以礼为教"不只体现着关学的基本特色,也体现着儒学的正统地位,还体现着中华的礼乐文化。所以,自张载倡导"以礼为教"以来,关学学者自觉传承"以礼为教"的教风,使"以礼为教"成了关学最为显著的理论特征。但当"以礼为教"中的"礼"是前现代社会的礼制时,"以礼为教"明显具有时代局限性。尽管如此,"以礼为教"教风依然是关学最显著的理论特色。就"以礼为教"教风来看,关学可以称为"礼学"。

---

① 张元勋:《清麓年谱》,见《贺瑞麟集》下册,第1167页。

第五篇　关学的价值

第十三章　关学的历史影响

关中自古多豪杰，其忠信沉毅之质，明达英伟之器，四方之士，吾见亦多矣，未有如关中之盛者也。

——［明］王守仁

关学有无历史影响？若有，又有怎样的历史影响？既然关学以"学以成人"为治学宗旨，那就应当通过其塑造的历史人物来回答这些问题。具体而言，要通过考察关学学者的精神风貌来探究关学的影响。明代心学集大成者王阳明说："关中自古多豪杰，其忠信沉毅之质，明达英伟之器，四方之士，吾见亦多矣，未有如关中之盛者也。"[1]这反映的是北宋关学的影响。明末清初的著名思想家顾炎武说："秦人慕经学，重处士，持清议，实与他省不同。"[2]这反映的是明代关学的影响。民国时期的山东大儒孙乃琨说："关中风气甲天下，不惟讲学纯儒历世不绝，即贤宰良吏亦较倍于他省。"[3]这反映的是清代关学的影响。关学对关学学者的精神风貌影响很大，因而关学的历史影响也就很大。

关学的历史影响源于关学塑造了关学学者的豪杰气象。在王阳明看来，关学学者的豪杰气象是受张载关学熏陶的结果。张载的关学为什么具有培养豪杰气象的功能？因为张载具有豪杰气象。诚如李元春所说："横渠，儒者中豪杰也。"[4]张载的豪杰气象使他开创的关学也具有豪杰气象。关学学者受关学思想陶冶而大都具有豪杰气象，普遍批评"以庸流自处，而以豪杰让人"[5]的想法和做法。什么

---

[1] 王守仁：《王阳明全集》第一册，上海古籍出版社，2014年，第235—236页。
[2] 顾炎武：《顾亭林诗文集》，第87页。
[3] 孙乃琨：《灵泉文集》上册，第74页a。
[4] 李元春：《李元春集》，第705页。
[5] 杨树椿：《杨损斋文钞》卷二，第4页a—b。

是豪杰气象？关学学者乡居教学时身上表现的真儒风骨，关学学者出仕为官时身上表现的名臣气节，都是豪杰气象。

一、关学学者的豪杰气象

关学学者的豪杰气象，即关学学者具有的豪迈大气的格局、质直好义的品格、刚劲敢为的气质和朴实无华的作风。

首先，关学学者大都具有豪迈大气的格局。关学学者豪迈大气的格局由张载奠定，李元春认为张载是儒中豪杰，是因为"其志与气，本皆过人远甚"。张载志气豪迈的突出表现是"横渠四句"所表达的志向和抱负。这种志向和抱负使张载认为一个学者应当"以天下为度"，一个国家应当有"天包海蓄之度"①；而且，他在现实中自觉"大其心"，因为"心大则做得大"②。后来的关学学者将"横渠四句"作为自己的志向和抱负，认为"如此方可为学，如此方可为人"③；不然的话，"志不如此，便不成志；学不如此，便不成学；做人不如此，便不成人"④。因为具有这种做人志向，关学学者强烈反对"以庸流自处，而以豪杰让人"的想法和做法，而普遍养成了志气大、胸怀广、眼界高的人生格局；具体到学术素养来看，关学学者大都具备有容乃大的学术胸怀、多元开放的学术眼光、兼容并包的治学态度：这就是关学学者豪迈大气的格局。

其次，关学学者大都具有质直好义的品格。《论语》有"质直而好义"之说，意思是本质正直讲求道义，关学学者大都具有这种品格。关学学者的质直好义品格也由张载奠定。他自言："某只是太直无隐，凡某人有不善即面举之。"⑤这是他质直好义的表现。他这么做是奉行"直己而行正也"理念的表现。在他看来，"君子俯仰之际，直而好义"，原因是"天道不越乎直"。有道作为根据，他甚至认为"生直理顺，则吉凶莫非正也；不直其生者，非幸福于回，则免难于苟也"⑥。人即使因为质直好义而招致灾祸，那也是正命而亡，死得其所。关学学者的这种品格，使他们既反对随众"附和"，也反对追求"时尚"。所谓"附

---

① 张载：《张载集》，第362页。
② 张载：《张子全书》，第306页。
③ 李元春：《李元春集》，第727页。
④ 李颙：《李颙集》，第136页。
⑤ 张载：《张载集》，第282页。
⑥ 张载：《张载集》，第24页。

和",即应和、追随别人的言行,也就是不加辨别地跟着别人说或做。冯从吾认为"附和"完全是"私相迎合",这是说附和是为了自己的利益考虑而刻意顺从或投合别人,其实是同而不和。刘光蕡说:"惟求和衷,不审其事之可否,阿意曲从,则又非也。"①以讨好他人为目的附和,无视其认同的对象是否真正值得赞同,完全是一种曲意逢迎他人的做法,这种言行当然不值得肯定。什么是"时尚"?吕柟分辨得比较详细,他说:"夫所谓时务者,非媚俗以同尘也,非附势以窃荣也,非避危以苟安也,非取便以合乖也,非罔人以谋利也。"②这是带着各种不同目的追求时尚的人,在吕柟看来,这些人都不配称为儒者,因为他们根据大众喜好而尾随追捧,根本没有自己的价值观。关学学者既反对追求时尚,也反对随众附和,这都是"质直好义"的表现。由于有"好义"的正确价值导向,关学学者的"质直"往往表现为正直。如果缺失正确的价值导向,"质直"很有可能表现为粗野。再者,孔子说"质胜文则野","质直"过度不免粗野。但关学有"以礼为教"的学风,便不会走向粗野。

再次,关学学者大都具有刚劲敢为的气质。北宋之时,程颐与张载论学就有"关中人刚劲敢为"③的论断,后来,朱熹也认为"西北人劲直"④。关学学者刚劲敢为的气质也由张载奠定。吕大临说张载"气质刚毅",张载也自言:"人又要得刚,太柔则入于不立。亦有人生无喜怒者则又要得刚,刚则守得定不回,进道勇敢。载则比他人自是勇处多。"⑤张载明白自己敢为的原因是具有刚劲的气质。基于这种认识,他提倡"君子重夫刚者",并为人气质刚劲的正当性做辩护:就养气而言,"浩然之气,严正刚大",人需要刚劲;就修德而言,"克己者必有刚强壮健之德乃胜己",人需要刚劲;就人格独立而言,"性刚者易立",人需要刚劲;就学问进步而言,"今人为学如登山麓,方其迤逦之时,莫不阔步大走,及到峭峻之处便止,须是要刚决果敢以进"⑥,人需要刚劲。总之,刚劲是敢为的前提。后来,关学学者谨记"惟先生尝言人又要得刚,太柔则入于

---

① 刘光蕡:《刘光蕡集》,第 246 页。
② 吕柟:《吕柟集·泾野先生文集》上册,第 72 页。
③ 程颢、程颐:《二程集》,第 114 页。
④ 朱熹:《朱子全书》第十七册,第 3364 页。
⑤ 张载:《张载集》,第 377 页。
⑥ 张载:《张载集》,第 283 页。

不立"①的教诲,而普遍养成了"刚劲敢为"的气质。由于有"质直好义"的价值导向,关学的"刚劲敢为"普遍表现为曹冷泉所概括的关学学者"勇于从善"②。孔子说"见义不为,无勇也",关学学者"刚劲敢为"的气质保证他们普遍"见义勇为"。在见义勇为的过程中,关学学者赢得了"勇于从善"的美誉。

最后,关学学者大都具有朴实无华的作风。关学学者朴实无华的作风始于张载。他说"仲尼欲无言,直欲务实"③,意谓孔子强调实干。就做人而言,关学学者主张老实做人和做老实人。前者指规规矩矩做人,后者指做忠厚正直之人。承续张载做"诚实"人的宗旨,吕大临主张德性所知既要"实有是心",又要"实有是事"。金元之时,萧㪺和同恕都强调道德修养务必"真履实践"。到了明代,前有薛敬之主张道德实践要"著实",中有吕柟强调道德修养要有"身心之实",后有冯从吾主张做人要"踏实"。到了清代,既有李颙倡导做人要"务实",其后学王心敬和杨屾进而主张"敦本崇实";又有王建常主张做人要"切实",其私淑者李元春与贺瑞麟便提倡"切实为己"。老实,即关学普遍推崇的"朴实"。诚如贺瑞麟所说:"人须是朴实头,方是本色。"④这种人格也如吕柟所说,看似"朴实无闻",其实忠厚正直;而之所以"无闻",如李颙所说,乃"敛华就实"的结果。这就是关学学者朴实无华的作风。

关学学者具有豪迈大气的格局、质直好义的品格、刚劲敢为的气质和朴实无华的作风,这共同构成了关学学者的豪杰气象。这种豪杰气象在不同的职业领域有不同的表现。大体而言,当关学学者作为教授一方的师儒时,豪杰气象表现为其身上的真儒风骨;当关学学者出仕为官时,豪杰气象表现为其身上的名臣气节。

关学主张做人应当"学必如圣人而后已",学习应当学"内圣外王之学";但是圣人毕竟难以企及,更何况家天下时代,由圣成王根本没有可能。基于对现实的清醒认识,关学学者将"学以成人"的目标在现实中降而求其次,即用"圣人"目标在现实中培养"大儒",用"王者"目标在现实中培养"名臣",这便形成了关学"学以成人"的现实目标——"学为大儒,仕为名臣"。自晚明以来,关学学者自觉提倡"学为大儒,仕为名臣"。晚明之时,王徵率先主张"处

---

① 贺瑞麟:《贺瑞麟集》上册,第62页。
② 曹冷泉:《关学概论》,《西北文化月刊》1941年第3期,第18页。
③ 张载:《张子全书》,第397页。
④ 贺瑞麟:《贺瑞麟集》上册,第415页。

为真儒，出为名臣"[1]；到了清代，前有主讲二曲书院的王心敬教学提倡"处且为真儒硕士，出且为循良名臣"[2]，中有主掌关学书院的孙景烈倡导"出为良吏，处为真儒"[3]，后有主讲关中书院的柏景伟提倡"处为名儒，出为名臣"[4]。这是关学学者豪杰气象的职业表现。

二、关学学者的真儒风骨

关学理想的儒者人格是"真儒"。"真儒"也被称为"纯儒"（或"醇儒"）。从字面意思来看，"真儒"指真正的儒者、真实的儒者。儒者是不是真儒，应当依据其行为来判断。就关学的"体用全学"来看，真儒是具有"道德之实"和"经济之实"的儒者。

"真儒"首重"讲学明道"。关学学者普遍认为儒者"以讲学为首务"。儒者的本职工作是讲学，儒者最重要的身份是教师。在他们看来，讲学至为重要。冯从吾说："开天辟地，在此讲学；旋乾转坤，在此讲学；致君泽民，在此讲学；拨乱返治，在此讲学；用正变邪，在此讲学。学者不可作屑小事看。"[5]李颙认为："立人达人，全在讲学；移风易俗，全在讲学；拨乱返治，全在讲学；旋乾转坤，全在讲学。为上为德，为下为民，莫不由此。此生人之命脉，宇宙之元气，不可一日息焉者也。息则元气索而生机漓矣！"[6]讲学意义重大，因为所讲之学不只是具体的知识，更是宇宙人生的真谛。关学从张载开始就强调"君子教人，举天理以示之而已"。后来，关学学者明确主张"吾儒讲学所以明道也"[7]。基于这种认识，他们认为"学不讲而道不明也"[8]。道内在于人和物，即"人伦"和"物理"。这样来看，儒者讲学的内容是"成己成物"之道，而以"人伦"为基础。同时，关学学者站在"讲学明道"的立场，批评"媚师以势教，鄙师以利教，懦师以悍教"[9]。因为"夫惟以势为教也，士固有青衿居而奔竞心者矣；夫惟

---

[1] 王徵：《王徵集》，第 301 页。
[2] 王心敬：《王心敬集》下册，第 850—851 页。
[3] 孙景烈：《滋树堂文集》，见《清代诗文集汇编》第 307 册，第 182 页上。
[4] 柏景伟：《沣西草堂文集》卷五，第 1 页 b。
[5] 冯从吾：《冯从吾集》，第 472 页。
[6] 李颙：《二曲集》，第 105 页。
[7] 冯从吾：《冯从吾集》，第 57 页。
[8] 马理：《马理集》，第 341 页。
[9] 吕柟：《吕柟集·泾野先生文集》上册，第 99 页。

以利为教也，士固有诗书诵而金帛志者矣；夫惟以悍为教也，士固有孱弱躯而跋扈行者矣"[1]，都不能培养人的德行，反而有损人的德行。关学的教育核心是人格教育，但并不忽视知识教育。

"真儒"看重"以身为教"。李颙说："师之于及门，有言教，有身教。"[2]"言教"即教师通过语言教导学生，"身教"是教师以身作则来引导学生。关学重视"身教"，提倡"以身为教"。李颙说："言教固所以教其行，然不若身教之得于观感者尤深。"[3]李元春进而指出"夫教士以言不如教士以身，以言教其入之也易，其感之也浅；以身教其服之也难，其感之也深。"[4]关学学者教学主要通过自己的行为来感化学生，引导学生自觉地学习和实践。就教学的内容而言，教学是教导学生认知"大道"。对道的认知只能依靠人"自得"，那教学只能通过教师的行为引导学生"体道"。这样来看，教师的主要工作如刘光蕡所说"使人自得而已"，这是关学提倡"身教"的一个重要原因。就教学目的而言，"讲学本为躬行"。如果教师"往往讲之以口，而实未尝验之于身"[5]，那有什么资格要求学生实践？冯从吾批评只重视"言教"而忽视"身教"的儒者说："讲而不行，可耻孰甚？"[6]这是关学提倡"身教"的另一个重要原因。提倡"身教"的前提是教师必须"身正行端"，能够"为人师表"[7]。杨屾有"死生不易其操"[8]的言辞，刘光蕡非常认可这种观点。戊戌变法失败后，刘光蕡被视为"味经康党"而成为清廷逮捕的对象。夜间有学生来书院劝他逃亡，他"厉声曰：'国事如此，吾死国难，幸何如之！何言逃也？'"岿然独守书院，不为所动。这就是关学提倡的"以身为教"。

"真儒"必须"学兼经人"。关学学者普遍认为"经师易遇，人师难逢"[9]。所谓"经师"，是对教学只重视讲授知识的教师的称呼；教学重视人格教育的教师才能被称为"人师"。教师有"经师"与"人师"之分，是因为教学的目标不

---

[1] 吕柟：《吕柟集·泾野先生文集》上册，第99页。
[2] 李颙：《二曲集》，第459页。
[3] 李颙：《二曲集》，第459页。
[4] 李元春：《李元春集》，第163页。
[5] 李颙：《二曲集》，第38页。
[6] 吕维祺：《川上会纪序》，见《冯从吾集》，第498页。
[7] 马理：《马理集》，第566页。
[8] 杨屾：《修齐直指》，见《刘光蕡集·修齐直指评》，第719页。
[9] 李颙：《二曲集》，第459页。

同，经师的教学目标是传授知识，人师的教学目标是培养人格。关学主张"学兼经人之师"，教师既要做经师，也要做人师。就学问而言，要做到经师人师兼备，必须具有"体用全学"。"体用全学"既有"道德之学"，也有"经济之学"，前者主要是人师的知识储备，后者主要是经师的知识储备。就教学而言，要做到经师人师兼备，必须"教书育人"，即在传授具体知识的过程中，教授学生做人的道理。孙景烈的弟子张玉树进京谒选前辞别老师，并请教宋明新儒学的"气质之性"与"天命之性"，孙景烈回答："子他日亲民，其事有欲便己而不便民者，此气质之性使之也，君子弗性气质，子当曰天不命我以此也，则力绝之。有欲便民而不便己者，此出于吾性之天然也，君子必畏天命，子当曰天固命我以此也，则力为之。"①孙景烈的回答非常巧妙，既阐发了"气质之性"与"天命之性"的不同，也在教导弟子如何做官、如何做人。这就是"教书育人"。这样的教师既是经师，也是人师。关学学者认为，真正能够将经师与人师统一起来的是"大儒"，故而主张"师资宗大儒"②。

"真儒"自觉"挺立师道"。张舜典提倡儒者自觉"挺立师道"③，即儒者通过自己的教学来维护师道尊严。关学学者中，张载最先提出"师道"一词，但他没有给出"师道"的内涵。就其使用来看，"师道"就是"为人师表"中的"仪表"，"为人师范"中的"模范"；本质地说，即老师应当遵守的基本规则。李复承续张载的"师道"说，进而指出："为师有道，其礼严，其道严，圆冠方领，摄衣危坐，望之俨然。学者擎跽馨折，拱手列侍，礼之严也。非法不言，非善不迹，揭表道途，欲少违之，若陷水火，道之严也。"④依此来看，师道的基本特点是"严"：一方面是老师仪表严整，态度严肃；另一方面是老师教学严谨，要求严格。李元春认为师道的特点是"尊"，人们不只"知师之宜尊"，而且做到"尊师"。前提是老师要自尊，只有"自尊以致人之尊"。综合来看，师道的基本特点是既"尊"又"严"。用韩邦奇的话语表达，就是"师道最尊严"。师道具有"尊"的特点，是因为"道尊分斯不得不尊，己自尊人亦尊之，皆为道耳，己非自大而人非虚崇也"⑤。这是说真儒传授的是道，道独一无二，至

---

① 孙景烈：《滋树堂文集》，见《清代诗文集汇编》第307册，第88页下。
② 刘光蕡：《刘光蕡集》，第262页。
③ 王心敬：《关学续编》，见《关学编》（附续编），第75页。
④ 李复：《李复集》，第80页。
⑤ 李元春：《李元春集》，第96页。

高至大；那么，道的尊贵性决定了师道也具有尊贵性。师道具有"严"的特点，也是因为"道严"。这样来看，"挺立师道"是指教师的行为要呈现天道。具体而言，教师既要有"道德之实"，成为学生的道德楷模；又要有"经济之实"，做到应事接物恰到好处。只有这样，才能"挺立师道"。基于这种认识，刘光蕡强调"师以道立"，"苟失其道，安能成乎人邪"①？牛兆濂说："尝谓教学，不正己，何以为人之法；不明理，何以为开导人？"教师自己"明理"，才能使学生"明理"；教师"正己"，才能够"正人"。教师只有"正己"和"明理"才能"为人师表""为人师范"，这就是"挺立师道"。

关学学者在推崇"真儒"的同时，批评"伪儒"。他们站在"真儒"的立场，批评形形色色的"伪儒"，吕柟的批评最为全面。他说："古之异端犹异类也，今之异端则同类也。挟术数者，世称才儒；闲诗赋者，世称雅儒；记杂丑者，世称博儒；趋时而竞势者，世称通儒；谈玄者，世称高儒；临事含糊淹滞者，世称老儒；蹈袭性命之言者，世称理儒。斯非皆为孔子之书者乎？然误天下苍生者，皆此异端也。"②就名目来看，"才儒""雅儒""博儒""通儒""高儒""老儒""理儒"，无一不是美名在外；但就行为来看，不只有名无实，而且其行有辱其名：这就是"伪儒"。儒者当中之所以存在"伪儒"，是部分儒者唯利是图的结果。孔子说："君子喻于义，小人喻于利。"③依此来看，这类儒者的行为无疑是"小人儒"，但他们经过伪装而博取"通儒"等好的名声。诚如王心敬所说，这类儒者"假道学之公名，以自饰其名利之私心者"④，其人不只贪得，而且虚伪，人品极差。他认为这类儒者就做人来看，实属"一辈佞人"；如果要算作学者，也只能是"窃冒之学者"。

关学学者还激烈批评"贼儒"。所谓"贼儒"，就是儒者中的"蟊贼"。李颙说："惟是借经书以行私，假圣言以文奸，政事明敏，辞令泉涌，适足以助恶而遂非，其为害有甚于腐儒，乃经学之贼、世道之蠹也。"⑤这类儒者很有才智，但他们利用自己的才智谋取一己之利，类似于今天所说的"精致的利己主义者"。他们还利用儒家的"圣人之言"掩过饰非，甚至于颠倒是非。作为儒者，

---

① 李复：《李复集》，第80页。
② 吕柟：《吕柟集·泾野子内篇》，第15页。
③ 《论语·里仁》。
④ 王心敬：《丰川全集正编》，见《四库全书存目丛书》集部第278册，第552页上。
⑤ 李颙：《二曲集》，第489页。

这类人"阳附而阴违,以乱吾道之真脉"[①],实属"经学之贼";作为官员,这类人"惟知渔利,人面而鬼心,此盗贼之行也"[②];总而言之,"贼儒"对社会有害无益,属于人类社会的蠹虫。基于这种认识,关学学者激烈批评"贼儒"。

关学学者"处为真儒"的观点是其豪杰气象对儒者的规范化要求。"真儒"的"讲学明道""学兼经人""以身为教"和"挺立师道"等特点,其实是关学学者豪迈大气的格局、质直好义的品格、刚劲敢为的气质和朴实无华的作风在儒者身上的综合体现。这样的儒者才是"儒中豪杰"。

"真儒",关学学者指的是"处为真儒"。这里的"处"与"出"相对,"出"指出仕为官,"处"指未步入仕途。未步入仕途的儒者没有治世的权力,"经济之学"无法被很好地实践。"真儒"侧重实践"道德之学",成为有德行的儒者,而"经济之学"主要被当作知识来传授。"经济之学"被有效实践,需要依赖儒者出而为官。儒者出而为官,有效实践"体用全学",即"出为名臣"。

三、关学学者的名臣气节

"出为名臣",关学文本也表述为"仕为名臣""出为良吏"。张载说:"官,已仕者。"[③]依此来看,"仕为名臣"是探讨读书的士人如何做官的问题。关学对这个问题的回答是"做好官":一层意思是做官要做好的官员,这个"好"主要指官员的人品好;另一层意思是把做官这件事做好,主要指官员的政治业绩好。前者强调做官要有"道德之实",后者强调做官要有"经济之实",二者统一起来就能成为政治人格高尚、政治业绩卓越的官员——"大臣"或"名臣"。

"名臣"的基本原则是"以道为仕"。关学认为做官的基本原则是"以道为仕",即官员的行为必须"循理而行""顺理而行";如果做不到,宁可不做官,即吕大临说的"不由其道不仕也"。这里的"道"既指治世的基本原则,也指各种官职应当履行的职责。就前者来看,首先,道是"得民之道","以道为仕"应当坚持以民为本;其次,德即"道具于心而为性","以道为仕"应当坚持以德治国;最后,学可使"道明德立","以道为仕"应当坚持以学治世——

---

① 王心敬:《丰川全集正编》,见《四库全书存目丛书》集部第278册,第552页上。
② 李颙:《二曲集》,第383页。
③ 张载:《张子全书》,第360页。

这里的学指"体用全学"。就后者来看，各级各类官员都要各司其职、恪尽职守，即王心敬说的"凡官职无论大小高卑，莫不各有其宜尽之道"①。关学提倡"以道为仕"，是因为"以道为仕"是关学名臣政治人格的突出表现。关学学者执着地坚持"以道为仕"，即使遭遇廷杖、贬官，甚至生命危险，也不放弃"以道为仕"的原则。马理被明代学者崔铣（1478—1541，字子钟，号后渠）称为"爱道甚于爱官"②，原因是马理"仕以殉道，行屼言危。道苟弗伸，辄疏以辞"③；杨爵更是有明一代"完名全节"的理学大臣，甚至被称为"天地正气"，原因是杨爵"立朝之谠言，百折不替"④，做到了"万死不回道直方"。另外，王恕、吕柟、韩邦奇、冯从吾等关学名臣都具有"爱道甚于爱官"的政治操守。关学名臣具有"以道为仕"的精神向往和执着追求，才使关学提倡"以道为仕"。

"名臣"的基本要求是"做好官"。关学的宗旨是"学以成人"，而成人的目标是"做好人"。这样来看，"做好官"是"做好人"在政治之域的具体表现；或者说，从政者"做好人"的表现是"做好官"。冯从吾说："做官做个好官，就是做人。"首先，"做好官"要有"恤民"的情怀。李颙说："欲做好官，须是恤民。"⑤要成为"好官"，必须有怜悯百姓的真情和救济百姓的实意。只有"恤民"，才会树立自觉为百姓服务的意识。冯从吾说："古人做官，原为百姓。今人做官，原为一身。"⑥古代官员大都具有为百姓服务的意识，而现今的官员大都为自身谋利，那"做好官"就应当效法古代官员。只有具有为百姓服务的意识，才会考虑老百姓的利益，做到"居官以利民为心"⑦。其次，"做好官"要有"爱民"的行为。关学的"爱民"指官员的行为体现其具有关爱百姓的用心。官员是否爱民，依据其行为判断，而并非空喊"爱民"的口号。"爱民"的行为是"凡事便于民底，固当劝为之。即便于民而或不便于官底，亦当力劝为之"⑧。凡是有利百姓的政事，官员都应当积极去做，哪怕这件事有损官员的利益。再次，"做好官"要有"亲民"的作风。贺瑞麟说："欲作好官，须将官架

---

① 王心敬：《王心敬集》下册，第863页。
② 黄宗羲：《明儒学案》上册，第165页。
③ 乔世宁：《马谿田先生墓碑》，见《马理集》，第625页。
④ 高仪：《请谥典疏》，见《杨爵集》，第329页。
⑤ 李颙：《二曲集》，第389页。
⑥ 冯从吾：《冯从吾集》，第486页。
⑦ 同恕：《榘庵集》，见《元代关学三家集》，第188页。
⑧ 王建常：《王建常集》，第358页。

子掀倒。"①柏景伟也说："力除官样牌子，方能为好官。"②这都说明"做好官"要亲近百姓，要平易近人。最后，"做好官"必须履行工作职责。王建常提出"当官四要"："一曰'静重'。持身须先静重，即事来杂沓，只当端指麾，不可轻动从物。一曰'忠信'。与人必忠，发己自尽，出言必信，循物无违是也。一曰'慎密'。凡事皆须慎密，于细微处越发谨慎，于忙迫时益加精密。一曰'谦虚'。事上以谦，过则归己，善则必欲归人。受言以虚，可用即见之于行，不可用勿拒之于色。"③王心敬进而提出"居官八字符"："昔人以'清、慎、勤、敏'为居官四字符，余谓此四字自是要紧，然但知此四字亦只可谨身寡过而已。必兼之'仁、明、公、正'，则知明处当，仁尽义至，始能建俊伟光明之业。"④总而言之，"做好官"既要遵循"恤民""爱民""亲民"的基本原则，也要遵守"当官四要""居官八字符"等具体准则。

"名臣"的最高理想是"理学名臣"。"名臣"中的"臣"是"大臣""辅弼之臣"，即位居中央的高官，最理想者莫过于宰相；"名"是"留名青史"，即政治人格和政治业绩被载入国史，流芳百世。如何成为"大臣"？关学认为由"全儒"成就"名臣"，即将"体用全学"完全付诸实践。如贺瑞麟所说："为辅弼之臣，必以格君非、恤民隐、举真才、求直言为之主。"⑤首先，"大臣"应当"以道事君"。王心敬说"大臣者，以道事君"⑥，即"大臣"辅弼君主要遵循大道。"大臣"不但侍奉君主的行为要合乎道，而且要建议君主的一切政治行为"循理而行"，即杨爵所谓的"大臣之职，辅君当道"⑦。其次，"大臣"应当"以安民为心"。王恕认为"大臣之道"必须"以安民为心，而不为势利所夺可也"⑧。"大臣"应当以老百姓的安居乐业为自己的政治奋斗目标，切实维护百姓利益；既不为一己之私利所诱导，也不为强大的王权所胁迫。再次，"大臣"应当"选贤与能"。"大臣"应当向君主推荐贤能之人，共同协助君主治理国家，关学学者甚至认为"大臣当以访求人才为急务"。"大臣"要做到"选贤

---

① 贺瑞麟：《贺瑞麟集》下册，第784页。
② 柏景伟：《沣西草堂文集》卷三，第31页b。
③ 王建常：《王建常集》，第359页。
④ 王心敬：《王心敬集》下册，第865页。
⑤ 贺瑞麟：《贺瑞麟集》上册，第467页。
⑥ 王心敬：《王心敬集》下册，第684页。
⑦ 杨爵：《杨爵集》，第132页。
⑧ 王恕：《王恕集》，第334页。

与能"，需要具备两方面的素养："有高天下之才曰'相才'，有高天下之度曰'相度'。"①具有"相才"既能承担宰相之任，更能识别贤能；具有"相度"既能协调百官，更能推荐贤能。复次，"大臣"应当"直道敢言"。君主一旦"悖道而行"，"大臣"应当"直道而行"，敢于指出君主行为的非正当性，并建议君主"循理而行"。在关学学者看来，这才是真正的"忠君"，即"人臣以进言为忠"②；不然的话，"若思前算后，有吾君不能之意，是谓不忠"③。最后，"大臣"应当恪守"大臣之道"。吕柟说："大臣之道有三：一曰让，二曰容，三曰公。让则不争，庶官乃和；容则不忌，群贤乃登；公则不比，庶绩可熙。"④可见，"大臣"不只是职位高，更是才能大、人品高。"大臣"尤其是宰相，不只是君主的得力助手，也是百官的政治楷模，还是老百姓的生活福星。诚如吕柟所说："大臣者，官家之工师也，上以道德佐人主，中以纲纪正属吏，下以风俗化士庶者也。"⑤这就是关学所谓的"理学名臣"。

关学的"出为名臣"强调做官要做对百姓有益的官员。关学对官员最基本的要求是"做好官"：官员无论官职大小，都要既有好的德行，又有好的政绩，这是最低的要求；进而臻于"理学名臣"，即取得更高的政治地位，能够更好地践行"体用全学"，造福更多的百姓，建立更大的政治业绩，以至于政治人格和政治业绩被载入历史，流芳百世。

关学学者"出为名臣"的观点是其"豪杰气象"对官员的规范化要求。所谓"名臣"，指为官应当做"以道为仕"的"理学名臣"。为了恪守"以道为仕"的基本原则，关学学者不惜丢官，甚至丢掉性命，明代出仕为官的关学学者表现最为突出，以至于黄宗羲有"多以气节著"⑥的赞叹。这是关学学者豪迈大气的格局、质直好义的品格、刚劲敢为的气质和朴实无华的作风在官员身上的综合体现。名臣其实是官员中的"豪杰"。

关学学者"处为真儒，出为名臣"的人生追求，既是对"豪杰气象"的积极实践，更是对关学理论的自觉实践。关学"学以成人"的为学宗旨鼓励人们"求

---

① 韩邦奇：《韩邦奇集》下册，第1363页。
② 韩邦奇：《韩邦奇集》下册，第1382页。
③ 贺瑞麟：《贺瑞麟集》下册，第1020页。
④ 吕柟：《吕柟集·泾野先生文集》上册，第180页。
⑤ 吕柟：《吕柟集·泾野先生文集》上册，第290页。
⑥ 黄宗羲：《明儒学案》上册，第158页。

为圣人",这有助于人形成豪迈大气的格局,同样关学"体用全学"的理论形态也有助于人形成豪迈大气的格局;而关学"崇实致用"的基本精神则有助于人形成质直好义的品格、刚劲敢为的气质和朴实无华的作风。依此来看,关学学者的豪杰气象是关学陶铸的结果。

第十四章　关学的学术地位

张子之于理学，实有开山之功者也。

——［民国］吕思勉

关学的学术地位由关学对宋明新儒学的学术影响决定。一般而言，学术影响大，学术地位就高；学术影响不大，学术地位就不高。关学有八百多年的发展史，在这八百多年中，涌现出关学学者二百多人。其中，张载作为宋明新儒学的开创者之一，其学术影响无疑最为广泛和深远。这样来看，要探究关学最高的学术地位，就只能分析张载关学在宋明新儒学中的地位。

宋明新儒学，按照传统的划分，要么是濂、洛、关、闽四系说，要么是理学与心学二系说。就前者而言，研究张载关学对宋明新儒学的影响，是研究其学对以二程为代表的洛学和以朱熹为代表的闽学的影响，因为张载的关学不可能对早于自己的濂学（周敦颐之学）产生影响。就后者而言，研究张载关学对宋明新儒学的影响，主要是研究其学对程（颐）朱（熹）理学和陆（九渊）王（守仁）心学的影响。[1]相较而言，按照后者研究比按照前者研究要全面得多。有鉴于此，张载关学对宋明新儒学的影响，可以通过研究张载关学对程朱理学和陆王心学的影响来展现。

关于张载在宋明新儒学史上的地位，中国近代著名史学家吕思勉评价说："张子之于理学，实有开山之功者也。"[2]这是说，张载是宋明新儒学的开创者。在学界大都认为周敦颐是宋明新儒学开创者的情况下，吕先生为什么认为张载是

---

[1] 张载关学对阳明心学的影响，参阅拙著：《王阳明对张载关学的继承和发展——论心学学说的形成和特色》，《文化中国学刊》2021年第1期，第13—19页。

[2] 吕思勉：《理学纲要》，第67页。

开创者？他并没有详明回答。我们不妨从张载关学对宋明新儒学影响的角度来回答这个问题。

一、"性即天道"的学术地位

为人的至善本性寻找终极依据，这是宋明新儒家的核心任务。其中，张载是最早完成这项任务的学者，表现是他积极地会通"性与天道"。会通的结果是，他既为人的至善本性找到了终极依据——"天道"，即他所谓的"性即天道"和"天道即性"；也为宋明新儒学开创了"内在—超越"的形而上学。

张载有"莫不性诸道"的观点，要认识性就不能不认识道，因此，他反问"不知天道，则何以语性"[①]。于是，对"性与天道"的追问成了张载关注的哲学话题。从语源角度来看，"性与天道"出自《论语·公冶长》，据载，子贡说："夫子之文章，可得而闻也；夫子之言性与天道，不可得而闻也。"这句话中，子贡是说他听不到孔子谈论"性与天道"，还是说他不知道孔子所谈论的"性与天道"？目前学界的认识存在分歧。[②]如果是前者，意谓孔子没有论及"性与天道"；如果是后者，意谓孔子曾谈论"性与天道"而子贡没有理解。张载坚信"圣人语性与天道之极"。在他看来，子贡所谓的"不可得而闻"是说：对道的认知"必以了悟为闻"，因为"耳不可以闻道"。因此，他将"性与天道"视为自孔子以来儒学的基本话题而大谈高论。张载对子贡上述话语的理解和诠释，是他为将"性与天道"作为哲学主题所做的正当性辩护。这暴露出追问"性与天道"是他的主观意图。他追问的结果是"性即天道"和"天道即性"。

"性与天道"中的"天道"是超越的本体。在张载的学说中，"天道"具有两种义项：一种是天体的运动规律，如"天道春秋分而气易"；另一种是价值的终极依据，如"只欲学者忠于天道"。"性与天道"中的"天道"属于后者。作为仁之终极依据的天道，是超验的存在，那经验界的人就不能感知，即张载说的"天道不可得而见"。天道具有超越性是因为天道代表的是公理，代表的是正义，即"理义，即是天道也"[③]；所以，天道也被张载称为"天理"。在他看来，

[①] 张载：《张载集》，第 206 页。
[②] 杨伯峻认为子贡是说"老师关于天性和天道的言论，我们听不到"（氏著：《论语译注》，中华书局，2009 年，第 45 页）；毛子水认为子贡是说"老师对于'性命'与'天道'的意见，我们不得知道了"（氏著：《论语今注今译》，重庆出版社，2011 年，第 71 页）。
[③] 张载：《张子全书》，第 240 页。

"所谓天理也者,能悦诸心,能通天下之志之理也"①。天理是人们普遍追求的价值,因为"天理者时义而已"②,即天理具有永恒价值。天道作为超越的存在,是道德的终极依据。

"性与天道"中的"天道"是内在于人和物的性。张载有"天道即性"和"性即天道"的论断。前者指天道内在于人和物就是性。他说:"理不在人皆在物,人但物中之一物耳。"③人与物都具有天理,即"人性"和"物理",但张载更关注"人性"。后者指性作为超越之在即天道。他说"性之本原,莫非至善"④,这里的性侧重于人性,而本原即天道,因为"人生固有天道"。天道内在于人是人的天地之性,此性至善无恶,是人先天具有的本性,是人的道德依据。天道何以具有至善的道德?在张载看来,虽说"天道之于万物,固无为而成",但依据《周易·系辞传》"天地之大德曰生"来看,天的好生之德就是至善的道德,即"天德"。他还说:"天本无心,及其生成万物,则须归功于天,曰:此天地之仁也。"⑤准此的话,天道是天地之性,是仁。这是张载追问"性与天道"的结果——找到了人性至善的终极依据。

张载对"性与天道"的追问具有重大的学术价值。在宋明新儒家中,张载最早自觉探讨"性与天道"。据研究,对"性与天道"的追问是中国哲学的特有形式,因为这种追问体现的是用哲学之思把握宇宙人生的一般原理。⑥张载对"性与天道"的追问使其学说能够体现中国哲学的特色。再者,他将"性与天道"的关系视为"性即天道"和"天道即性"的观点表明:天道既是超验的存在,也是经验的存在,具有"内在—超越"的特点。"内在—超越"的形而上学是中国哲学的一个显著特点。⑦张载对"性与天道"的追问使其学说成为具有中国特色的哲学。

"性即理"是程朱理学的基本命题。理学一派,程颐最早提出"性即理"的命题。他说:"性即理也,所谓理,性是也。天下之理,原其所自,未有不善。"⑧这里的理指天理,性即人性。程颐将天理作为人性的终极依据,是因为天

---

① 张载:《张载集》,第23页。
② 张载:《张载集》,第23页。
③ 张载:《张载集》,第313页。
④ 张载:《张子全书》,第445页。
⑤ 张载:《张载集》,第266页。
⑥ 参阅杨国荣:《哲学引论》,第23—25页。
⑦ 参阅郭齐勇:《中国哲学史十讲》,第25—29页。
⑧ 程颢、程颐:《二程集》,第292页。

理至善无恶，明显是为了解决人性至善的问题。他还说："孟子言人性善是也。虽荀、杨亦不知性。孟子所以独出诸儒者，以能明性也。性无不善，而有不善者才也。性即是理，理则自尧、舜至于涂人，一也。"①程颐为人性寻绎出天理这个终极依据，就是为了回答人性何以至善的问题。二程兄弟所谓的"天理"，是张载所说的"天道"。程颐的"性即理"与张载的"性即天道"没有本质差别，谈不上理论创新；只不过相对张载偏好以"天道"表达本体而言，二程兄弟偏好使用"天理"表达本体而已。程颢曾不无自豪地说"吾学虽有所受，天理二字却是自家体贴出来"②，这使后来不明底里的宋明新儒家将"性即理"视为宋明新儒学的重大理论创新，张载的"性即天道"反倒没有受到重视而长期隐而不彰。其实，张载的"性即天道"和"天道即性"才是宋明新儒学的重大理论创新。

理学的"性即理"经朱熹阐发而成为经典命题。朱熹作为理学的集大成者，不只继承了程颐的新儒学思想，也继承了张载的新儒学思想。就前者而言，他盛赞"程子'性即理也'，此说最好"③；就后者而言，他也有"道即性，性即道，固只是一物"④的观点。他进而提出了自己的看法："性即理也，在心唤做性，在事唤做理"⑤；"道是在物之理，性是在己之理。然物之理，都在我此理之中，道之骨子便是性"⑥。这说明天道内在于人即"人性"，内在于物即"物理"。无论是相对张载的"性即天道"而言，还是相对程颐的"性即理"而言，朱熹的"性即理"命题都表达得更全面、更明确，使"性即理"成了宋明新儒学的经典命题。

"心即理"是陆王心学的基本命题。心学一派，陆九渊最早提出"心即理"的命题。他说"人皆有是心，心皆具是理，心即理也"⑦，简单地说，即心是理。他明确表示："盖心，一心也，理，一理也，至当归一，精义无二，此心此理，实不容有二。"⑧严格地说，这里的心是他说的"本心"，因为他认为"本心至善"。

---

① 程颢、程颐：《二程集》，第204页。
② 程颢、程颐：《二程集》，第424页。
③ 朱熹：《朱子全书》第十四册，第191页。
④ 朱熹：《朱子全书》第十四册，第216页。
⑤ 朱熹：《朱子全书》第十四册，第216页。
⑥ 朱熹：《朱子全书》第十七册，第3349页。
⑦ 陆九渊：《陆九渊集》，第149页。
⑧ 陆九渊：《陆九渊集》，第4—5页。

心学的"心即理"经王阳明阐发更为明确和精致。王阳明也认为"心即理也",在他看来,无论人伦还是物理,"都只在此心,心即理也。此心无私欲之蔽,即是天理,不须外面添一分"①。没有私欲遮蔽的心是本心,这其实是说本心即天理,简单地说,"心即理"。他还给出了自己主张"心即理"的原因,即"我如今说个心即理是如何,只为世人分心与理为二,故便有许多病痛。如五伯攘夷狄,尊周室,都是一个私心,便不当理。人却说他做得当理,只心有未纯,往往悦慕其所为,要来外面做得好看,却与心全不相干。分心与理为二,其流至伯道之伪而不自知。故我说个心即理,要使知心理是一个,便来心上做工夫,不去袭义于外,便是王道之真。此我立言宗旨"②。阳明主张"心即理",强调人的道德主体性,强调道德自觉。相对陆九渊的"心即理"而言,阳明的"心即理"不仅比较明确,也比较全面和细致。

心学的"心即理"也是为人的至善本性寻找终极依据,这从阳明"心之体,性也;性即理也"③的话语可以明显看出。由于心学学派将本心视为人的至善本性,便具体表现为给本心寻找终极依据,即"心即理"。无论是理学的"性即理",还是心学的"心即理",都将天理视为人性的终极依据,这也是张载"性即天道"命题所表达的意思。

无可置疑,周敦颐也曾自觉地为人性寻找终极依据,即寻觅"人极"。他采取"无极而太极"式的宇宙生成论路径寻找,人性的终极依据是"无极"还是"太极"?他没有表达清楚。就他"无极之真"的话语来看,人性的终极依据应当是无极。"无极"出自《老子》,这不只使其说有"染于异端"之嫌,也使其宇宙生成论走向"无中生有"的歧途。周敦颐虽有寻找人性终极依据的自觉,却并没有成功找到。最早找到人性终极依据的宋明新儒家,是提出"性即天道"和"天道即性"命题的张载。这就不难理解,为什么有学者认为张载对"性与天道"的探讨是宋明新儒学形上学的开新,对宋明新儒学的发展影响很大。④

张载追问"性与天道"的结果是"天道即性"和"性即天道",这开创了新儒学"内在—超越"的形而上学。在张载的影响下,后来的宋明新儒家普遍追问

---

① 王守仁:《王阳明全集》第一册,第3页。
② 王守仁:《王阳明全集》第一册,第137—138页。
③ 王守仁:《王阳明全集》第一册,第48页。
④ 参阅王雪卿:《当代张载学》,第144—148页。

"性与天道",进而提出"性即理"和"心即理"的命题。由于宋明新儒家都将道(或理)作为本体,从而产生了"道学"(或"理学"),即我们今天习称的宋明理学或宋明新儒学。就此而言,张载是宋明新儒学的真正开创者。

二、"心统性情"的学术地位

"心统性情"也是张载最早提出的宋明新儒学命题。他说:"心统性情者也。有形则有体,有性则有情。发于性则见于情,发于情则见于色,以类而应也。"①这就是张载所谓的"心统性情"。就这句话来看,侧重揭示性与情的关系,而对心与性、心与情的关系阐释得不够清楚。或者说,他虽然提出了"心统性情"的命题,却并没有清晰阐发这个命题的内涵。在他的著作中,"心统性情"只出现了这一次,所以,牟宗三说"横渠'心统性情'一语是孤语"②。

但是张载著作中的这一条孤语受到了朱熹高度关注和大力赞扬。朱熹认为"横渠'心统性情'语极好"③,称赞"此话大有功","颠扑不破"。原因是就心、性、情之间的关系来看,"横渠说得最好"④,"横渠说得极精"⑤。朱熹之所以称赞张载的"心统性情",是因为他认可这个命题所表达的心、性、情之间的关系。张载的"心统性情"表示的心、性、情之间到底是什么关系?张载没有表达清楚,具有模糊性。这种模糊性反倒给后来的宋明新儒家提供了多维诠释的可能。

朱熹接过张载的"心统性情"命题,做了两种不同维度的诠释。一种是将"心统性情"中的"统"理解和诠释为"兼",从而将"心统性情"理解和诠释为心包括性和情。他说:"'心统性情',统,犹兼也。"⑥所谓"兼",即兼而有之,是将两者并在一起的意思。基于对"统"字的这种理解,他解释"心统性情"说:"性,其理,情,其用。心者,兼性情而言;兼性情而言者,包括乎性情也。"⑦这里的"其"指代的是心。当性是心中具有的理,而情是心的发用或表现时,那情和性都由心所包含,都为心所具有,这就是"心统性情"。另一种

---

① 张载:《张载集》,第 374 页。
② 牟宗三:《牟宗三先生全集》第七册,第 526 页。
③ 朱熹:《朱子全书》第十四册,第 227 页。
④ 朱熹:《朱子全书》第十四册,第 227 页。
⑤ 朱熹:《朱子全书》第十四册,第 622 页。
⑥ 朱熹:《朱子全书》第十七册,第 3304 页。
⑦ 朱熹:《朱子全书》第十四册,第 704 页。

是将"心统性情"中的"统"理解和诠释为"主",便将"心统性情"理解和诠释为心主宰性和情。当学生问朱熹何谓"心统性情"时,他回答说:"性者,理也。性是体,情是用。性情皆出于心,故心能统之。统,如统兵之统,言有以主之也。"①这里的"统"被理解和诠释为"主",所谓"主"即主宰,这是说心因具有知觉而能够裁决。因为在朱熹看来,"心是神明之舍,为一身之主宰"②。这里需要强调的是:朱熹所说的"性是体,情是用",并不是说性是情的本体,情是性的功用,而是说性是居于心中的本体,情是心的功用。关于朱熹对张载"心统性情"的这两种理解和诠释,陈来有简明的概括:前者说心是赅括性情的总体,后者指心对性情有统率管摄的主宰作用。③无论是心赅括性情,还是心管摄性情,朱熹的诠释都无疑使张载"心统性情"命题的内涵更清晰。尽管这样的理解是朱熹创造性的诠释,未必是张载"心统性情"的本义,但是张载的"心统性情"经过朱熹这种创造性的诠释,受到了宋明新儒家的普遍关注则是客观事实。

张载的"心统性情"也受到了心学集大成者王阳明的关注。这并不意味着阳明的"心统性情"是直接从张载那里拿来的,而是指他很有可能直接受到朱熹"心统性情"的影响,因为朱熹理学作为他批评的对象备受他的关注。阳明对"心统性情"的理解是:"心统性情。性,心体也;情,心用也。"④性是心的本体,情是心的功用。这看似与朱熹"性是心之体,情是心之用"⑤的观点相同,其实不然,因为二者蕴含着"心即理"和"性即理"的本体差异。朱熹"性者,理也。性是体,情是用"的话语表示:性是本体,因为性本质是理,明显蕴含着"性即理"的基本意涵。而阳明"性,心体也"的前提是"心之体,性也",即心体是性是理,蕴含有"心即理"的基本预设。阳明对"心统性情"的理解和诠释是在朱熹对张载"心统性情"的理解和诠释外,又一种崭新的理解和诠释,也是对张载"心统性情"的发展。

"心统性情"是宋明新儒学心性领域的基本命题。张载最先提出"心统性情"的命题,但他没有具体阐发,导致这个命题的内涵具有模糊性。南宋之时,"心统性情"经过朱熹的诠释,内涵非常清晰,但被朱熹赋予了理学的基本思

---

① 朱熹:《朱子全书》第十七册,第3304页。
② 朱熹:《朱子全书》第十七册,第3305页。
③ 参阅陈来:《朱子哲学研究》,华东师范大学出版社,2000年,第251—256页。
④ 王守仁:《王阳明全集》第一册,第165页。
⑤ 朱熹:《朱子全书》第十八册,第3751页。

想，变成理学的经典命题。到了明代，"心统性情"又经过王阳明的诠释而转换成了心学的基本命题。朱熹和王阳明分别是理学和心学的集大成者，"心统性情"经他们创造性的诠释后被理学学者和心学学者普遍认可和接受，从而成为宋明新儒学的基本命题。

"心统性情"是宋明新儒学心性领域的基本命题，是张载对宋明新儒学的理论贡献。无论是理学还是心学，都不只认可和接受"心统性情"命题，而且普遍使用"心统性情"命题。尽管他们使用的"心统性情"不是经过朱熹诠释的"心统性情"，就是经过阳明诠释的"心统性情"，但就本源而言，都是张载的"心统性情"。这不仅因为张载最早提出了"心统性情"命题，更重要的是他通过"心统性情"命题揭示了心、性、情之间的基本关系。诚如陈荣捷所说："心统性情"命题"不仅恢复了情与性相等的地位，也使心成为人整个存在之主宰"，结果"这简单的一句话，却成为新儒学中之一主要观念"。[1]这是张载"心统性情"的理论价值。这是张载继"性即天道"（或"天道即性"）之后，对宋明新儒学的又一重大理论贡献。

三、"变化气质"的学术地位

"变化气质"也是张载最早提出的宋明新儒学命题。在他的哲学中，"变化气质"既是工夫的基本原理，也是工夫的操作方法。前者是揭示工夫本质的理论，对应的问题是什么是工夫；后者是说明工夫操作的理论，对应的问题是怎么做工夫。

作为工夫的基本原理，"变化气质"被张载称为"变化气质之道"。他说："为学大益，在自能求变化气质。"[2]要准确把握张载的"变化气质"，先要探明他对气质的看法。他认为"人之气质美恶与贵贱夭寿之理，皆是所受定分"[3]，气质虽是先天形成，但后天可以改变。构成人的气有阳明与阴浊的不同，前者是气质美的决定因素，后者是气质恶的决定因素。人后天气质的或美或恶，就是构成人之气的阳明与阴浊此消彼长的结果，用张载的话语表示，就是"阳明胜则德性用，阴浊胜则物欲行"[4]。变化气质是指人自觉使自身之气的阳明战胜阴浊，使人

---

[1] 陈荣捷编著，杨儒宾等译：《中国哲学文献选编》，第349页。
[2] 张载：《张载集》，第274页。
[3] 张载：《张载集》，第266页。
[4] 张载：《张载集》，第24页。

的气质表现为美。这揭示的是工夫的本质,属于工夫原理。

怎么变化气质?张载回答说:"修持之道,既须虚心,又须得礼,内外发明,此合内外之道也。"① 就内在修养来看,"变化气质与虚心相表里",需要通过做虚心工夫②来实现。虚心既指向内心,也涉及外物。张载说"毋四者则心虚",即能做到孔子说的"毋意,毋必,毋固,毋我",就能保持心的本然状态;不然的话,心"有固、必、意、我,无由得虚"。就此而言,虚心是心的内在活动。他又说"心之不能虚,由有物榛碍"③,虚心涉及外物。综合来看,虚心既指向内心,也涉及外物,是一种心物相感的修养方法。

就内心来看,虚心工夫要达到的目标是张载所谓的"无四"(或"毋四")。《论语·子罕》记载:"子绝四,毋意,毋必,毋固,毋我。"意谓孔子"不悬空揣测,不绝对肯定,不拘泥固执,不唯我独是"④。张载借助"无四"表示心无思无虑、无执无染的状态,即他所说的"心虚"。他认为"心虚"是心的本来状态,也就是"本心"。这样来看,虚心工夫是回归本心或维持本心的工夫。

就心物关系来看,虚心即张载说的"虚以接物";就人与物的关系而言,人应当是"有容物,无去物;有爱物,无徇物"⑤的存在。人必须在与外物相互联系的过程中成就自我,"虚以接物"是在这种关系中展开的修养方法。"虚以接物"指人在应接事物时,始终保持心的本然状态。此工夫所要达到的目的,消极地说,是"虚心则无外物以为累";积极地说,是"虚心则能格物"。就前者而言,心的本然状态被外物遮蔽,人会"智为物昏",最终"徇物丧心";就后者而言,人在应接事物时能够保持本然之心不被蒙蔽,便可"格物致知",最终"以心役物"。

就心物互动来看,虚心是在心与物的相互作用下展开的,即张载说的心物相感。他认为人对物之感只能是"应物之感",即"有物则有感,无物则何所感"⑥;那么意作为由感而生的表象,自然是事物在场时起的意。就心物交感的

---

① 张载:《张载集》,第270页。
② 文中有关张载的虚心工夫的论述,参阅了拙著:《被遗忘的"太虚":张载关学心性之域的太虚说》,《渭南师范学院学报》2020年第12期,第52—59页。
③ 张载:《张载集》,第325页。
④ 杨伯峻:《论语译注》,第86页。
⑤ 张载:《张载集》,第35页。
⑥ 张载:《张载集》,第313页。

过程而言,首先,心在反映事物之前处于"无意"状态;当事物进入视野,心由"无意"转向"有意",而且这种"有意"是"诚意",即对事物如其所是的反映;事物消失于视线之内,心又由"有意"回归到"无意":处于这般心路历程的心才是本然之心。不然,无论是事物不在场而心中"有意",还是事物在场而心生"妄意",都是丧失本然之心的表现。"无意"之心是"心虚","诚意"之心也是"心虚",都是心的本然状态。这样来看,虚心是心回归或保持其本然状态。

从外在修养来看,变化气质"又须得礼"。因为张载认为"使动作皆中礼,则气质自然全好"[1]。就较低层次而言,通过恪守礼仪净化内心,即他说的"非礼勿言,非礼勿动,即是养心之术也"。就较高层次而言,在德性的主宰下,人的言行必然合乎礼仪规范,即他说的"大抵有诸中者必形诸外,故君子心和则气和,心正则气正"[2]。不过,他强调的是低级层面。他说"凡未成性,须礼以持之,能守礼已不畔道矣"[3],原因是初学宋明新儒学的人"学礼则便除去了世俗一副当世习熟缠绕"。这样,"解缠绕即上去,上去即是理明矣";待认知天理之后,"又学礼则可以守得定",维持天理呈现、本心澄明的成果。这是变化气质的外在工夫。

作为工夫的操作方法,变化气质被张载称为"合内外之道"。内指"虚心",外指"得礼",二者有机统一,即"合内外之道"。本质地说,人使心不被欲念遮蔽,保持虚的本然状态,德性便成为主宰;人在德性的主宰下,言行必然合乎礼仪规范:这就是变化气质——内外双修的工夫。

张载的"变化气质"被程颐、朱熹接受和使用而成为理学的工夫论。理学接受张载的"变化气质"始于程颐,他说:"学至气质变,方是有功。"[4]其实,这就是张载"为学大益,在自能变化气质"的另一种表达。后来,朱熹推崇张载的"变化气质"。他说"大抵学问以变化气质为功"[5],原因是"学乃能变化气质耳"[6]。基于这种认识,他提出了"惟学为能变化气质"[7]的观点,更推崇张载的

---

[1] 张载:《张载集》,第 265 页。
[2] 张载:《张载集》,第 265 页。
[3] 张载:《张载集》,第 264 页。
[4] 程颢、程颐:《二程集》,第 190 页。
[5] 朱熹:《朱子全书》第二十二册,第 2275 页。
[6] 朱熹:《朱子全书》第十八册,第 3851 页。
[7] 朱熹:《朱子全书》第二十二册,第 2246 页。

"变化气质"。由于程颐和朱熹对张载的"变化气质"的认可和推崇,"变化气质"成了理学的基本命题。

理学看重张载工夫原理层面的"变化气质"。朱熹溯源到人的构成,阐明了"变化气质"的工夫原理。在他看来,"人之所以生,理与气合而已"①。具体而言,"性只是理。然无那天气地质,则此理没安顿处。但得气之清明则不蔽固,此理顺发出来。蔽固少者,发出来天理胜;蔽固多者,则私欲胜;便见得本原之性无有不善"②。人作为理气结合体,理构成人的本性,气构成人的身体。先天至善的本性后天能否彰显,取决于构成人体之气的清浊。气比较清明,居于其中的理就易于呈现,人便易于认知和表现自己的至善本性;气比较混浊,居于其中的理就难以呈现,人便难以认知和表现自己的至善本性。为了便于学人理解,朱熹运用比喻来说明这个道理。他说:"理在气中,如一个明珠在水里。理在清底气中,如珠在那清底水里面,透底都明;理在浊底气中,如珠在那浊底水里面,外面更不见光明处。"③水虽有清浊之别,但浊水经过沉淀可以有清明的部分;同样,构成人体的浊气经过一定的修养,可以有清明之时。人如何将自身之气由混浊变得清明?答案是"变化气质"。这就是工夫原理层面的"变化气质"。朱熹发展了张载的"变化气质",因为他阐明了"变化气质"的原理。

张载的"变化气质"被陆九渊、王阳明接受和使用而成为心学的工夫论。心学接受张载的"变化气质"始于陆九渊,他认为"学能变化气质"④。王阳明自始至终提倡"变化气质"。正德元年(1506),他在给学生王道的书信中说,有学人向他请益,他"告以变化气质"⑤。翌年,在给学人的书信中,他提出"君子以变化气质为学"⑥的观点。嘉靖四年(1525),他依然主张"夫君子之学,求以变化其气质焉尔"⑦。正因为陆九渊和王阳明都继承了张载的"变化气质",才使"变化气质"成为心学的基本命题。

王阳明的"变化气质"是心学工夫。要准确把握王阳明的"变化气质",需

---

① 朱熹:《朱子全书》第十四册,第194页。
② 朱熹:《朱子全书》第十四册,第195页。
③ 朱熹:《朱子全书》第十四册,第203页。
④ 陆九渊:《陆九渊集》,第462页。
⑤ 王守仁:《王阳明全集》第一册,第173页。
⑥ 王守仁:《王阳明全集》第一册,第181页。
⑦ 王守仁:《王阳明全集》第一册,第278页。

要准确理解他所谓的气质。他说:"气质犹器也,性犹水也。均之水也,有得一缸者,有得一桶者,有得一瓮者,局于器也。气质有清浊厚薄强弱之不同,然其为性则一也。能扩而充之,器不能拘矣。"①他认为气质与德性的关系犹如盛水器皿与所盛的水之间的关系。这是说:德性既依托于气质,又受制于气质;变化气质要突破气质对德性的制约,最大限度地呈现德性。他认为人的气质有清与浊、厚与薄、强与弱的不同,变化气质即人的气质由浊转清、由薄加厚、由弱增强。那么怎么变化气质?他回答说"但见微有动气处,即须提起致良知话头"②,便可变化气质。张载的"变化气质"是"虚心"和"得礼"内外双修,而王阳明的"变化气质"是"致良知",侧重于内修。王阳明只继承了张载"变化气质"内修的一面,是"发明本心"的心学工夫。

张载的"变化气质"是宋明新儒学的核心命题。"变化气质"经程颐和朱熹的诠释和使用,成了理学的基本命题,后来的理学学者在继承程朱理学的过程中,普遍地接受和传播张载的"变化气质"。同样,经陆九渊和王阳明的认可和使用,"变化气质"也成了心学的基本命题,后来的心学学者在继承陆王心学的过程中,也普遍接受和传播张载的"变化气质"。于是,张载的"变化气质"成了宋明新儒学的核心命题。这不只因为张载工夫原理层面的"变化气质"是宋明新儒学工夫论必须遵守的基本原则,也因为张载工夫操作层面的"变化气质"与理学工夫和心学工夫比较亲近。张载内心单向度的"虚心"与心学的"发明本心"非常相似,而外物单向度的"虚心"与理学的"格物致知"非常相似:这是理学和心学普遍接受"变化气质"的另一个重要原因。在理学和心学的普遍接受和广泛传播过程中,张载的"变化气质"成了宋明新儒学的核心命题。诚如陈荣捷所说:"'变化气质'一语,为新儒家所推崇且为儒门中的杰出贡献,并成为孔门中的金科玉律。"③这是张载对宋明新儒学的又一重大理论贡献。

张载提出的"性即天道"(或"天道即性"),在宋明新儒家的普遍继承和传播中,成了宋明新儒学本体领域的核心命题;张载提出的"心统性情",在宋明新儒家的普遍继承和传播中,成了宋明新儒学心性领域的核心命题;张载提出的"变化气质",在宋明新儒家的普遍继承和传播中,成了宋明新儒学工夫领域

---

① 王守仁:《王阳明全集》第四册,第1296—1297页。
② 王守仁:《王阳明全集》第一册,第244页。
③ 陈荣捷编著,杨儒宾等译:《中国哲学文献选编》,第348—349页。

的核心命题。就理论影响而言,关学是宋明新儒学真正的思想源头,张载是宋明新儒学名副其实的开创者。这就不难理解为什么在关学学者自称"道学之统,自关中始"[1]的同时,关外学者也说"关中为理学渊薮"[2]。这就是关学的学术影响,这就是关学的学术地位。

---

[1] 冯从吾:《关学编》(附续编),第69页。
[2] 夏炯:《读李二曲集》,见《李颙集》,第596页。

第十五章　关学的普世价值

> 仁智实相为用，舜有并生之心。
>
> ——［明］吕柟

通过分析关学的学术地位可知，关学对宋明新儒学的影响很大。通过分析关学的历史影响可知，关学对关学学者的影响也很大。但是，这种影响只是关学在前现代社会的学术影响和社会影响。关学之所以会对前现代社会产生较大的影响，是因为关学对前现代社会既有理论价值也有实践价值。问题是，关学对现代社会还有没有价值？

关学的一些思想观点对现代社会依然具有价值。诚然，关学主要存在于前现代社会而不免具有时代局限性；但当关学关注的基本问题是人的问题时，尤其是追问"什么是人？"和"怎么做人？"这类人生哲学问题时，往往具有超越时代来回答问题的前瞻性。这些超越时代的思想观念，自然会因为具有永恒的价值而对现代社会亦有价值。

关学对现代社会的价值，用明代关学宗师吕柟称赞虞舜的话语表达，就是"仁智实相为用，舜有并生之心"[①]。在吕柟看来，虞舜既重视道德，也重视理性；既能够认知人类社会，也能够认知自然界；最终既做到了人与社会的和谐相处，又做到了人与自然的和谐相处。因此，关学对现代社会的价值是：做人方面，坚持道德与理性统一；治学方面，坚持人文与科学并重；处世方面，坚持自我与他者和谐。

一、做人应道德与理性统一

关学从张载开始就将人性界定为"仁智合一"。在张载的关学思想中，"仁

[①] 吕柟：《吕柟集·泾野子内篇》，第232页。

智合一"表示的是人性。首先,从应然的角度看,"仁智合一"是人性。张载之学以"学以成人"为宗旨,即"学者所以学为人"。他发现"求为贤人而不求为圣人,此秦汉以来学者之大弊也"①,便极力主张"学必如圣人而后已"。他所谓的圣人,并非儒者所乐道的尧、舜、禹、汤、文、武、周、孔等历史人物,而是"必仁智会合乃为圣人"。②再者,从他"成性则谓之圣"的话语来看,圣人之所以为圣人,是因为其养成了"仁智合一"的人性。那么,学以成圣就不是模仿历史人物,而是培养自己的"仁智合一"人性。当圣人被视为"人伦之至"时,那"仁智合一"不仅是已被圣人实现了的人性,而且是人最理想的人性。尤其当张载认为"圣人可以学而至"时,那"仁智合一"就是人应当追求的理想人性,即应然之维的人性。其次,从本然的角度看,"仁智合一"是人性。张载说"圣人,人也",这是说圣人是本然的人,或者说,本然的人即圣人。本然角度"圣人同乎人",都具有"仁智合一"的本性,只不过圣人与凡人培养的难易程度不同而已。圣人是"不勉不思而至焉者也",凡人则需要"勉勉以成性",原因是"人之气质美恶"不同。圣人气质美,"仁智合一"本性易于呈现;凡人气质恶,"仁智合一"本性较难呈现。但是"气质恶者,学即能移",只要凡人学习"变化气质之道",在实践中"自求变化气质",就可以呈现其"仁智合一"本性。最后,从实然的角度看,"仁智合一"是人性。在张载的关学中,仁与智有不同层次,仁有"圣人之仁"和"学者之仁",智也有"圣人之智"和"学者之智","仁智合一"有圣人和凡人的不同层次。圣人层面的"仁智合一"是"知必周知,爱必兼爱",人只有臻于这种境界,才能"博施济众"而成为圣人。学者层面的"仁智合一"中,仁是"以爱己之心爱人"而不断扩充爱心的"尽仁"过程,智是"智者以学知"而不断学以益智的"智周"过程。张载说"仁者不已其仁,姑谓之仁;知者不已其知,姑谓之知"③;那么凡人对仁与智不懈追求的过程,本身就是"仁智合一"人性的形成过程:这就是实然角度的"仁智合一"。总而言之,"仁智合一"表示的是人性。

---

① 冯从吾:《关学编》(附续编),第2—3页。
② 张载将圣人界定为"仁智合一"有《孟子》相关思想的影响,但他赋予"仁智合一"以新意。据《孟子·公孙丑上》记载,子贡说:"学不厌,智也;教不倦,仁也。仁且智,夫子既圣矣!"子贡明显以"仁智合一"言说圣人,但他所谓的"仁"与"智"指"学不厌"和"教不倦";张载的"仁"与"智"指道德和理性。
③ 张载:《张载集》,第187页。

"仁智合一"中的"仁"即道德。不但义和礼被仁统摄，凡属于道德的品性都被仁统摄，即张载所说的"仁统天下之善"。张载认为作为道德代名词的仁很难言说清楚，以至于有"仁大难名"的看法。张载之所以认为仁难以言说，是因为他不能重弹孟子用仁与义、礼、智合而言性的旧调，而必须建构以仁统摄一切道德品性的新说。他借用体用方法，将"仁"建构成具有体用结构的新范畴。"敦厚虚静，仁之本；敬和接物，仁之用"[1]和"虚者，仁之原""礼义者，仁之用"都表明：仁有体用。其用指人正当的行为以及行为规范；其体既指人内在的道德意识，也指超越的道德本体。依此来看，具有体用结构的仁既包含人的德性，也包含人的德行，完全可以统摄道德。

"仁智合一"中的"智"即理性。仁虽然能够统摄一切美德，但不具有认识能力和判断能力。在张载看来，人的认识能力和判断能力隶属于人的另一个基本属性——智。这并不是说智是人的认识能力和判断能力，而是说智是具有认识能力和判断能力的理性。张载强调在人性当中"智极其高"，因为人认识世界和认识自我依靠的是理性。认识自我，即他所谓的"知己"，认识世界是他所说的"知物"。他认为圣人是"成己成物"之人，那认识自我和认识世界也就是人学以成圣的前提；更何况，人"不智则不知"。足见，智是人不可缺少的基本属性。

"仁智合一"即"仁"与"智"相互依赖而不可分离。一方面，人的道德自觉离不开理性，因为仁也是人"不得智则不知"的。在张载的话语中，道德自觉相当于"知仁"，道德实践则相当于"尽仁"。如果人缺失理性，"知仁"就不可能，"尽仁"更不可能，那么，人的道德就无法实现。仅此而言，智比仁更重要。所以，他说在人的各种品性当中，"惟智则最处先"。另一方面，人的理性需要道德规范，因为理性存在不足，即"智为物昏"。人之所以会在外物的诱惑下出现利令智昏的现象，是因为智在本质上属于"计度而知"，即通过计算谋划来追求利益及利益的最大化，而不关注利益本身的正当性或合理性。智的这种缺陷，是张载"因身发智"的预设造成的。所谓"因身发智"，并不只是说智因局限于一己之私而在运用中会沦为"私智"，而且是说智因存在于人体而具有为一己之私谋划的极大可能。当张载将人视为"心为身本"而"身亦物也"的存在时，那智就属于物，自然易于被物役使。为了弥补智的这种不足，他主张用仁来规范智。于是，张载提出了"仁智合一"的人性论，意谓人性是道德主导下的道

---

[1] 张载：《张载集》，第325页。

德与理性的统一。

张载的"仁智合一"人性论被后来的关学学者所继承。明代的吕柟主张"仁智实相为用",因为人是"仁智合一"的存在,只有仁与智相互促进,才能呈现人的本性。到了清代,李元春主张"仁智兼全"。在他看来,"成己仁也,成物智也,皆性之德,则皆内也"①,即仁和智是人与生俱来的属性,人人都先天具有。

就宋明新儒学而言,关学"仁智合一"人性论具有重视理性的显著特征。张载前的宋明新儒家有邵雍(1011—1077,字尧夫,自号"安乐先生")和周敦颐,前者将智蔑视为"智术"②,后者简单地认为"通曰智"③,都无视智在人性之域的重要性。稍后于张载的宋明新儒家有程颢和程颐,前者认为"用智则不能以明觉为自然"④,后者直言"人之为智,或入于巧伪"⑤,都不重视智在人性之域的价值。再到后来,宋明新儒学发展为理学和心学两大流派。理学的集大成者朱熹有时将智等同于"计较利害",以至于有"智之不必用而不可用"的偏激观点。心学的集大成者王阳明认为明代"祸乱相寻于无穷"完全是"天下之人用其私智以相比轧"的后果,也比较轻视智。对智的认识严重不足,导致他们偏好仁,甚至完全用仁界定人性。理学主张"仁是体,知是用"⑥,运用体用方法建构"仁之包乎智"⑦的人性论。心学以良知代替智,直言"良知即是智慧"⑧。关学则不然,将智视为人性不可或缺的基本要素,提倡"仁智合一"人性论:这是关学人性论的显著特点。

关学的人性论之所以重视理性,是因为关学学者普遍看到了理性的重要作用。在他们看来,理性是人获取知识的基本保障,即所谓的"智则有所知也"⑨;

---

① 李元春:《李元春集》,第705页。
② "智术",也被邵雍称为"智数",即"智也者尽人之术也"(《邵雍集》,中华书局,2010年,第16页)。他认为对天道的认知,"若用智数,由径以求之,是屈天地而徇人欲也"(同上书,第173页)。
③ 周敦颐:《周敦颐集》,第16页。
④ 程颢、程颐:《二程集》,第460—461页。
⑤ 程颢、程颐:《二程集》,第275页。
⑥ "仁是体,知是用"中的知即智,这是朱子在阐发孔子"知者乐水,仁者乐山"的话语时发表的观点。(参阅《朱子全书》第十五册,第1163页。)
⑦ 朱熹:《朱子全书》第二十三册,第3281页。
⑧ 王畿:《王畿集》,凤凰出版社,2007年,第148页。
⑨ 柏景伟:《沣西草堂文集》卷四,第2页b。

不然的话，"不智则不知"①。就认知活动而言，人只有在理性的指导下才能够认知事物，即"资之智以启其明达"②，简单地说就是"智达识明"③。就知识形成而言，人只有具有理性才能够形成知识，即所谓的"智明理得"④。就认知对象而言，理性既以经验界的具体事物为认知对象，而企及"智周乎万物"；也以超验的天道或天理为对象，因为"智能达乎形之上"⑤。理性既因"神心睿智，事物之理，澄然融会"⑥而掌握物理，也因"充其德性则为上智"⑦而成就人性。再者，关学学者认为理性是社会有效治理的基本保障，因为"必智周万物，始能经纶万物"⑧。无论是就个人而言，还是就社会而言，理性都十分重要，不可缺失。

关学的"仁智合一"人性论具有一定的现代性。在现代社会，理性和良知被视为人性。⑨就内容而言，"仁智合一"表示的是道德和理性，这与现代人性论的内容非常契合。当然，"仁智合一"表示的是道德居于主导地位，而理性与良知表示的是理性居于主导地位，这是二者的不同。这种不同体现了中国古代人性论的特点，即道德本位。但仅就用道德和理性界定人性而言，关学无疑具有现代价值。

二、治学应人文与科学并重

关学从张载开始就比较重视"知"。张载认为佛老"梦幻人世"主要是由于"知不足"造成的。所以，他对"知"特别重视。后来的关学学者也比较重视"知"。关学所谓的"知"，既指认识活动，也指认识活动过程中所形成的知识。

就认知来看，认知对象是天理，认知活动是"穷理"。张载说："明庶物，察人伦，皆穷理也。"⑩在他的话语中，"穷理"既指探明"伦理"，也指研究"物理"，综合来看是"天理"。探明"伦理"及其形成的知识是"德性之知"，研究"物理"及其形成的知识即"见闻之知"。

---

① 张载：《张载集》，第287页。
② 杨屾：《知本提纲》卷八（一），第36页a。
③ 李复：《李复集》，第77页。
④ 贺瑞麟：《贺瑞麟集》下册，第955页。
⑤ 李复：《李复集》，第47页。
⑥ 王徵：《王徵集》，第171页。
⑦ 张载：《张载集》，第307页。
⑧ 李颙：《二曲集》，第80页。
⑨ 《世界人权宣言》第一条：人人生而自由，在尊严和权利上一律平等。他们赋有理性和良心，并应以兄弟关系的精神相对待。
⑩ 张载：《张载集》，第329页。

德性之知，张载又称之为"德性所知"，既指以人性为认知对象的认识活动，也指这种认识活动所形成的有关人之本性的知识。德性之知，就认知活动而言，是作为认识主体的人对自己本性的认知。这样来看，德性之知就是张载说的"自知"。人性的本质是天理内在于人心，而认识主体又是人心，那么这种认识就是人心的自我认识，即道德自觉。用南大吉的话语表达，就是心要"行之而自觉其是"①，这是说就主体性而言，本心要时时清醒而做主宰。就知觉的内容而言，"知觉的是天理"②，即心的知觉功能觉知到天理内在于心。这就是"自知"。

就德性之知的内容来看，主要是"五常"。德性之知是对人性的认知，也就是对"人之理"的认知。萧斢说"人之理曰仁义礼智信"，具体来看，"若仁者，爱之理也；义者，宜之理也；礼者，敬之理也；智者，别之理也；信者，实之理也，此人之性也，亦曰人之德也。盖此理得之于天，亦曰德性也"③。人性以道德为主导，分开来说，是仁、义、礼、智、信五种属性，合称即是"五常"。但"五常"只是人的主要属性，并非人的所有属性，对人而言，凡是善的都应当被视为人之本性，即萧斢所谓的"人之理，其大者为五常，其细者有万善"④。

见闻之知，既指人对事物的认知活动，也指认知事物而形成的知识。作为认知活动的见闻之知，包括感性认知活动和理性认知活动。在感性认知阶段，见闻之知以外在的事物为对象，通过"即物穷理"的方式获得对外在事物的感性认知，即张载所谓的"有识有知，物交之客感尔"⑤。在感性认知的基础上，进而"穷理以知"⑥，从感性认识上升到理性认识。用杨屾的话语表达，就是先通过"察性形，别物理"⑦的感性认知获得感性知识，再通过"开心胸，推物理"⑧的理性认知抽绎出理性知识。作为知识的见闻之知，包括感性知识和理性知识。

见闻之知的内容非常丰富，因为张载主张"博闻""博学"。在他看来，一方面"见物多，穷理多"；另一方面"欲以致博大之事，则当以博大求之"⑨。所

---

① 南大吉：《南大吉集》，第78页。
② 冯从吾：《冯从吾集》，第33页。
③ 萧斢：《勤斋集》，见《元代关学三家集》，第49页。
④ 萧斢：《勤斋集》，见《元代关学三家集》，第50页。
⑤ 张载：《张载集》，第7页。
⑥ 王心敬：《王心敬集》下册，第738页。
⑦ 杨屾：《知本提纲》卷首，第17页b。
⑧ 杨屾：《知本提纲》卷九（一），第4页b。
⑨ 张载：《张载集》，第272页。

以，他要求人们"知周乎万物"。吕柟进而主张"一事不知，儒者之耻"。张载主张的博学多识，不被主张"学不贵博，贵于正而已矣"①的程颐看好，他曾说张载"其学更先从杂博中过来"②，殊不知这恰是关学的特色。重视见闻之知，提倡博学多识，这是关学的理论特色。

见闻之知依赖于理性。见闻之知以万物为对象，以穷理为目的。事物众多，"别物理"需要分析，而分析依靠的是理性，即"智乃文理密察足以有别之智"。"推物理"需要演绎，而演绎依赖于理性，即刘光蕡所说"致知贵思"。而且，"致思之法"反映出理性思维有其规则，运思必须遵守规则。因为只有合乎理性的思维规则，人才能够将感性认识升华为理性认知。在人的认知过程中，理性始终不能缺位，诚如张元勋所说："理之程无尽，思之程亦相与无尽。"③有鉴于此，关学学者比较重视理性。就关学的"仁智合一"人性论而言，关学学者普遍将仁抬升至主导地位，但对"五常"的看法大都主张智居仁先。自张载提倡"五常"之中"惟智则最处先"始，关学学者大都将智排在"五常"之首。即使将仁与智并举，也有以智为先而倡导"智仁"的关学学者。尤其晚近以来，刘光蕡反思"何以他国之人皆智"时发现西方的教育是"先贵启人人之智"，而中国专制时代的教育是"恶民智而愚之"，便主张"开民智"，教学提倡"智育"，关学重视理性的特色被推向巅峰。

德性之知与见闻之知既有区别也有联系。就区别来看：首先，认知对象不同，德性之知以人性为对象，认知是"知人"，而见闻之知以物理为对象，认知是"知物"；其次，认知方法不同，德性之知主要依靠的是内在体验，而见闻之知主要依靠的是外在观察和逻辑推理；最后，认知目的不同，德性之知是为了"成人"，而见闻之知是为了"成物"。就联系来看：首先，由于"物我一理"，德性之知和见闻之知最终都指向天理；其次，由于天理内在于人心，德性之知和见闻之知都具有内在性，即吕大临所谓的"人伦物理，皆吾分之所固有"④；最后，就"天生物以供人用"⑤的观点来看，"成物"也是为了"成人"，终极目的都是"成人"。

---

① 程颢、程颐：《二程集》，第 321 页。
② 程颢、程颐：《二程集》，第 38 页。
③ 张元勋：《原道》卷上，第 19 页 a。
④ 吕大临：《吕大临文集》，见《蓝田吕氏集》上册，第 174 页。
⑤ 刘光蕡：《刘光蕡集》，第 21 页。

德性之知与见闻之知之间存在辩证关系，对德性之知与见闻之知应当辩证地看待。就德性之知与见闻之知的不同来看，德性之知直接与人性紧密联系，且"德性所知，不萌于见闻"[1]，尤其道德修养领域"此等工夫不倚见闻，不靠知识"[2]。所以，以"学以成人"为为学宗旨的关学非常看重德性之知，而将见闻之知视为"闻见小知"。就德性之知与见闻之知的联系来看，"察识于物，而开明心之知"[3]，即见闻之知有助于德性之知；再者，就对天理的认知来看，既通过即物穷理开发人的理性，又通过自知体验人的本性，才能掌握道的"全体大用"，即吕柟所谓的"理穷而愚破，性开而心尽，道之不明者鲜矣"。基于这种认知，关学学者对待德性之知和见闻之知的态度是"以吾心德性之知为之主，广闻见以扩充之"[4]，建构关学对德性之知和见闻之知的安排是"人之为学，理性情为本，智慧次之"[5]，从而形成了关学既重视德性之知又不轻视见闻之知的特色。

关学学者是一个人文研究与科学研究并重的学术群体。作为宋明新儒家，他们无疑都是哲学家。但与其他宋明新儒学流派不同的是，他们不只是哲学家，还具有其他身份，比如科学家、考古学家、音律学家、农学家等等。吕大临"是我国最早的金石学家和考古学家之一"[6]；韩邦奇是中国古代"音乐理论"方面的研究专家，即音律学家；王徵是一位著名的科学家，甚至被称为"中国第一位'现代的'工程师"[7]；杨屾和王心敬均是颇具"创造性"的农学家[8]。即使那些在科学领域不著名的关学学者，也大都对自然科学抱有浓厚的兴趣，甚至不乏研究。其中，张载对天文学有所研究[9]；李复为学"于易象、算术、五行律吕之学，无不

---

[1] 张载：《张载集》，第24页。
[2] 张舜典：《鸡山语要》，见《薛敬之张舜典集》，第115页。
[3] 吕柟：《吕柟集·泾野经学文集》，第299页。
[4] 吕柟：《吕柟集·泾野经学文集》，第297页。
[5] 刘光蕡：《刘古愚遗稿》，第68页。
[6] 张蕴：《考古鼻祖北宋吕大临家族墓地出土文物》，《收藏》2010年第7期，第26页。
[7] 参阅林乐昌：《前言》，见《王徵集》，第1页、第25—26页。
[8] 参阅王毓瑚：《中国农学书录》，中华书局，2006年，第219—220页、第221—222页。
[9] 冯契认为张载"在天文学理论方面（特别是地动说），作出了独特的贡献"（氏著：《冯契文集》第六卷，华东师范大学出版社，2015年，第33页）；姜国柱认为"张载精辟地阐发了天体自己运动的思想，提出了'动非自外'的光辉命题"（氏著：《张载关学》，陕西人民出版社，2001年，第115页）；乐爱国认为张载"提出的地在气中以及日月五星顺天左旋等看法，在当时是有一定科学价值的"（氏著：《为天地立心：张载自然观》，海天出版社，2013年，第68页）。

剖晰精微"[1]；刘绍攽对"西历"和"勾股"均有研究[2]；周元鼎对"日行""月食""星陨"等天文现象有所研究；[3]刘光蕡精研微积分，并在书院讲授代数；张元勋研究近代数学，撰写有《天元勾股迭求和较术》。足见，关学学者非常重视自然科学。

关学学者人文研究与科学研究并重。作为人文学者，他们普遍对自然科学感兴趣，甚至投身于自然科学研究，这是关学学者的一个显著特点。这个特点反映关学学者既具有人文精神，也具有科学精神；进而就思维而言，他们重视直觉思维，不忽视理性思维。这对现代社会无疑也具有价值。

三、处世应自我与他者和谐

人是交往性的存在，诚如吕大临所说"交际之义，人道之所以群也"[4]。人与人以及人与物的交往决定了人是群体性的存在，那么，交往就是人的存在方式。人以交往的方式存在，就不得不待人接物。怎样待人接物？关学的回答是"民胞物与"。

"民胞物与"即张载《西铭》提出的"民吾同胞，物吾与也"[5]，这是说人应当将他人视为自己的同胞，将外物当作自己的同伴。这种观点以"万物一体"为前提，即《西铭》所说的"天地之塞，吾其体；天地之帅，吾其性"[6]。天地间的万物都由理和气构成，气构成了万物的形体，理构成了万物的本性：这就是"万物一体"。既然人与物具有相同的终极依据——理，并由相同的物质构成，那么，人就应当以对待同胞和朋友的态度来待人接物：这就是"民胞吾与"。

关学学者普遍主张"民胞物与"，因为他们普遍抱持"万物一体"的观点。在他们看来，"人物都在这理气中"[7]。就人与物的形体构成来看，"气为人

---

[1] 永瑢等：《四库全书总目》下册，第1336页下。
[2] 参阅刘绍攽：《皇极经世书发明》卷首《自序》《总论》，见《四库未收书辑刊》第3辑第23册，北京出版社，2000年，第398页下、392页下。
[3] 参阅周元鼎：《谈天》《日行说》《月食说》《星陨论》，见《汇菊轩文集》卷三，咸丰十年守泽堂刻本，第6页a—16页b。
[4] 吕大临：《吕大临文集》，见《蓝田吕氏集》上册，第210页。
[5] 张载：《张载集》，第62页。
[6] 张载：《张载集》，第62页。
[7] 贺瑞麟：《贺瑞麟集》下册，第1030页。

物"①；就人与物的本性而言，"物我一理"②：于是，他们普遍具有"万物一体"的观点。这种认识指导他们采取"民胞物与"的处世方法。首先，他们自觉培养"民胞物与之心"③，接着通过"仁民爱物"的行为落实他们的想法，最终形成关学"民胞物与"的处世智慧。

"仁民"也被关学学者表述为"爱民""爱人"，意谓关爱他人。关学学者中，张载最先提出"爱人"和"爱民"这两个概念。后来的关学学者继承了张载的这种待人主张，普遍提倡关爱他人，使关学具有"仁民"的待人思想。

"仁民"既有基本原则，也有行为细则。就前者而言，关学首先主张"爱人以德"④，即按照道德标准去爱护和帮助他人，因为关学学者普遍认为人是以道德为主导的存在，爱人自然首先爱护其道德；其次，"成人之美"⑤，即成全别人的好事，帮助别人实现其正当的愿望；再次，待人态度温和，贺瑞麟说"人须先有温和气象，方可接人"⑥，而"凡人孤冷底，便不能接人"⑦；最后，"不徇人"⑧，即不因迁就他人而丧失自己的做人原则。就后者而言，针对人在野在朝的不同身份，关学提出了不同的行为细则。在野为民，应当遵循《吕氏乡约》；在朝为官，应当遵循"爱民为惠"⑨的相关准则。

对在野的儒者而言，"仁民"是要引导邻里乡党遵守《吕氏乡约》来互爱互助；对在朝的官员而言，"仁民"是要坚守"爱民为惠"的原则，做有益于和有利于老百姓的实事。前者能够将"仁民"原则落实于一村一乡，可以在较小的范围内关爱他人；后者能够将"仁民"原则落实于一县一省乃至全国，可以在更大的范围内关爱他人。在关学学者看来，将两者有机结合，便可以臻于"仁民"的安乐之境。

人以交往的方式而存在，接物是人生不可或缺的基本内容。关学学者主张人

---

① 韩邦奇：《韩邦奇集》上册，第182页。
② 吕柟：《吕柟集·泾野经学文集》，第299页。
③ 刘光蕡：《刘光蕡集》，第433页。
④ 张载：《张载集》，第42页。
⑤ 吕大临：《吕大临文集》，见《蓝田吕氏集》下册，第780页。
⑥ 贺瑞麟：《贺瑞麟集》下册，第1024页。
⑦ 贺瑞麟：《贺瑞麟集》下册，第1045页。
⑧ 张载：《张载集》，第44页。
⑨ 张载：《张子全书》，第406页。

们应积极应事接物，而反对绝事弃物。张载主张人应当"有容物，无去物"[1]；马理对儒者"孤立而绝物"[2]的态度和做法予以批评；贺瑞麟也批评"有意绝物"[3]的主张和做法；刘光蕡批评以"屏万物而不接"[4]为"高儒"的观点。人应当怎样接物？关学给出的答案是"爱物"。

"爱物"即爱护万物。张载认为大人应当"有爱物，无徇物"[5]，李复进而主张"爱物无私"；金元之时，同恕认为"夫以仁存心，然后爱物"；到了明代，吕柟提倡人们应有"爱物之心"；有清一代，前有李颙倡导"仁民爱物"，后有刘光蕡提倡"人当体天心以爱万物"。"爱物"是关学的一贯主张。

"爱物"的接物之道既以"物我一体"为前提，也以"物我之异"为前提。前者是"爱物"具有正当性或合理性的逻辑前提，后者是"爱物"具有可能性的逻辑前提。"物我一体"，前文论述"万物一体"时已澄清，这里只分析"物我之异"。所谓"物我之异"，最突出的表现是万物之中人最贵。吕大临说"天地之性，人为贵也"[6]，李颙也说"天地之性人为贵"，薛敬之解释说"此'性'字指天地间人物而言，惟人为贵"[7]。这都说明，万物之中人最高贵。为什么万物之中人最高贵？萧㪺回答说："夫万物之中，人所以最贵者，只是为有此理。"[8]吕大临也有类似的看法，即人"所以贵于万物者，盖有理义存焉"。他说的"理义"和萧㪺所谓的"此理"，本质上都指向"伦理"。尽管人与物皆有理，但物仅有理之一偏，而人拥有理之全体。理的偏全指物只有"物理"，而人则"物理"和"伦理"兼备。人在万物之中最高贵，是因为人具有道德或伦理。

"人物有异"更深层的原因是万物之中人最灵。同恕说"天地以盛大流行之气化生万物，而人为最灵"[9]；吕大临简明地说"人者，万物之灵"[10]。这里的灵不只指人有智慧、有理性，更指人之"心灵"，薛敬之就认为"人皆是气，气中

---

[1] 张载：《张载集》，第35页。
[2] 马理：《马理集》，第8页。
[3] 贺瑞麟：《贺瑞麟集》上册，第214页。
[4] 刘光蕡：《刘光蕡集》，第84页。
[5] 张载：《张载集》，第35页。
[6] 吕大临：《吕大临文集》，见《蓝田吕氏集》上册，第205页。
[7] 薛敬之：《思庵野录》，见《薛敬之张舜典集》，第44页。
[8] 萧㪺：《勤斋集》，见《元代关学三家集》，第51页。
[9] 同恕：《榘庵集》，见《元代关学三家集》，第156页。
[10] 吕大临：《吕大临文集》，见《蓝田吕氏集》上册，第474页。

灵底便是心"①。何谓"心灵"？吕大临回答说："人心至灵，一萌于思，善与不善莫不知之。"②李颙回答说："各人心中知是知非，一念之灵明是也。""心灵"指人的道德判断能力，引申来看，即人的道德自觉能力。刘光蕡说"良知、良能为人性所独，人为万物之灵者，此也"③，更直白地表明人之所以最灵，是因为人具有道德自觉能力。人具有道德自觉能力，才能够道德自觉，进而呵护自己的德性，成为有道德的人，最终高贵于万物。这也就是刘光蕡说的"性灵于物，人所以贵于物"④。"心灵"对人而言至为珍贵，所以，马理说："盖人心之灵能照物应事，为一身之主，是人之宝也，失守则丧其宝矣。"⑤这就是万物之中人最贵的根本原因。

万物之中人最灵，决定人必然主宰万物。诚如刘光蕡所说："天生万物，人为最灵，即以裁制万物而为之主。"⑥万物之中人最贵，决定了人必须"做个至尊贵底人"⑦。要做尊贵的人，首先必须知道万物之中人最高贵，如果"不知自贵于物，则人与物同"⑧；明白人最高贵之后，人必须时时处处检点自己的行为，确保自己的言行能够体现人的高贵性，即吕大临说的"人必自贵于物，故立心以胜己"。人之尊贵性体现于接物，是抱持"物与"的态度而普遍"爱物"。

人是交往的存在，那"人生不能不与人物接"⑨。人要合乎道义地待人接物，就不能不"仁民爱物"；而且，"仁民"与"爱物"紧密联系，即"爱人既深，待物必恕"⑩。人处世要做到"仁民爱物"的深层原因是"以天下为一身者，一民一物莫非吾体，故举天下所以同吾爱也"⑪，这是说"仁民爱物"以"民胞物与"及"万物一体"为逻辑前提。这样来看，"民胞物与"是"仁民爱物"的理论指导，"仁民爱物"是"民胞物与"的具体实践，二者相统一就是关学主张的自我与他者和谐。

---

① 薛敬之：《思庵野录》，见《薛敬之张舜典集》，第15页。
② 吕大临：《吕大临文集》，见《蓝田吕氏集》上册，第85页。
③ 刘光蕡：《刘光蕡集》，第715页。
④ 刘光蕡：《刘光蕡集》，第393页。
⑤ 马理：《马理集》，第185页。
⑥ 刘光蕡：《刘光蕡集》，第368页。
⑦ 贺瑞麟：《贺瑞麟集》下册，第901页。
⑧ 吕大临：《吕大临文集》，见《蓝田吕氏集》下册，第780页。
⑨ 刘光蕡：《刘光蕡集》，第393页。
⑩ 牛兆濂：《牛兆濂集》，第144页。
⑪ 吕大临：《吕大临文集》，见《蓝田吕氏集》上册，第48页。

"仁智合一"是关学人性论域的显著特征。这种人性论认为,理想的人是道德主导下道德和理性相互统一的存在,关学主张做人应当道德与理性统一。在"仁智合一"人性论的指导下,人的认识活动不只要认知人类社会而获得"德性之知",还要认识自然界而获得"见闻之知",从而将人文研究与科学研究有机结合:于是,关学主张治学应当人文与科学并重。同时,在"仁智合一"人性论的指导下,人的实践活动不只要与社会相协调,也要与自然相协调:于是,关学主张处世应当自我与他者和谐。关学的这些主张对人类社会普遍具有非常重要的价值,可以被视为关学的普世价值。

第六篇 关学的未来

第十六章　关学的未来展望

关学无传今几载，斯文欲继赖何人？

——［民国］张元勋

关学作为终结于20世纪前叶的宋明新儒学学派，已经不复存在了。自1901年晚清政府推行新政以来，儒学逐渐被从政治领域和教育领域驱逐；1912年中华民国建立以后，儒学日渐被中国知识分子视为阻碍中国进步的绊脚石，以至于有"打倒孔家店"的呼声。从此以后，儒学完全被从现实生活中剥离，成了名副其实的"游魂"[①]。

当儒学被视为阻碍中国进步的落后思想而见弃于世的时候，作为宋明新儒学重要流派之一的关学也就发展到了尽头。其实，关学的理论早在清末就停止发展了。民国时期，在牛兆濂和张元勋等人的自觉传承中，关学完全变成了儒学讲学和礼仪表演的文化传播活动。在"吃人的礼教"的控诉声中和"打倒孔家店"的讨伐声中，关学的传播举步维艰，明显走到了尽头。

直面即将终结的关学，以振兴关学为己任的张元勋可谓百感交集。他既因关学即将终结而感到悲伤，也因关学势不可挽而感到无奈，还因抱有豪杰再兴的期望而没有彻底绝望。这种复杂的感情寄托于他于1932年11月撰写的对联："关学无传今几载，斯文欲继赖何人？"张元勋不只是对其所处时代的关中士人发问，

[①] "游魂"沿用了余英时（1930—2021）对现代儒学的称谓。余先生将从传统制度中游离出来而仅以精神的方式存在的儒学称为"游魂"。他在《现代儒学的困境》一文中说："让我们用一个不太恭维但毫无恶意的比喻，儒学死去以后已经成了一个游魂了。"（氏著：《现代儒学的回顾与展望》，生活·读书·新知三联书店，2004年，第56页。）又在《现代儒学的回顾与展望——从明清思想基调的转换看儒学的现代发展》一文中指出："我曾称现代儒学为'游魂'，然而'魂'即是精神，从传统建制中游离出来之后，儒学的精神可能反而在自由中获得了新生。"（同上书，第183页。）

也是对今天的我们发问。因为他寄希望于未来，而他希望的未来，正是我们生活的今天。关学是否需要继承？关学是否需要发展？今天我们研究关学，不能不思考这些问题。

一、面向未来

关学诞生于11世纪中叶，终结于20世纪上叶。对今天的我们而言，关学完全是历史上的存在，只有过去，没有未来。但是，意大利著名哲学家克罗齐（Benedetto Croce，1866—1952）说："一切真历史都是当代史。"[①]依此来看，不但因现代研究而有现代关学，而且因将来会被研究而有未来的关学。不过，我这里还是要强调，历史不等同于历史研究。具体到关学，历史上的关学也不等同于现代的关学研究，因为关学研究与历史上的关学有本质的差异。

现代的关学研究，就目前掌握的史料来看，应当始于20世纪40年代。因为这个时期先后出现了两部用现代学术研究方法和现代学术表述方法撰写的关学专著——《关学学案》和《关学概论》。《关学学案》是任教于国立西北大学的陕西籍学者党晴梵在1933至1935年间撰写的关学研究专著[②]；《关学概论》是任教于西安师范学校的安徽籍学者曹冷泉（1901—1980，名赞卿，字襄忱，号冷泉）在1941年刊发的关学研究论文。这两部关学研究著作都以历史上的关学人物为研究对象，抱持实事求是的治学态度，采用现代学科式的研究方法和论文体的表述方法，明显属于现代的关学研究著作。

现代的关学研究著作与前现代的关学著作存在本质的差异。如果说前现代的关学著作是哲学著作的话，那么，现代的关学研究著作就是哲学史著作。因为哲学著作是哲学家的自我思想表白，而哲学史著作则是对历史上的哲学家思想的转述，二者本质不同。著作的本质差异其实是作者写作目的截然不同的表现，这就涉及"接着讲"和"照着讲"的区别。现代著名哲学家冯友兰在他撰写的《新理学》的绪论中说："我们说'承接'，因为我们是'接着'宋明以来底理学讲底，而不是'照著'宋明以来底理学讲底。"[③]冯友兰看似在解释他将著作命名

[①] ［意］贝奈戴托·克罗齐著，［英］道格拉斯·安斯利英译，傅任敢译：《历史学的理论和实际》，商务印书馆，1982年，第2页。

[②] 参阅魏冬：《党晴梵先生〈关学学案〉藁本考述——兼论党晴梵先生早期思想历程》，《唐都学刊》2019年第2期，第71页。

[③] 冯友兰：《新理学》，生活·读书·新知三联书店，2007年，第1页。

为"新理学"的原因，其实是在说"现代新儒学"是对"宋明新儒学"的"接着讲"而不是"照着讲"。"接着讲"的目的是发展，通过继承来发展，这就是传承；而"照着讲"的目的是再现，通过转述来再现，这几乎是重复。具体到关学，现代的关学研究没有传承关学，只是在再现关学。现代的关学研究著作只是关学史著作，而不是关学著作。那么，现代从事关学研究的学者只能被认为是关学研究学者，而不能被称为关学学者。

现代的关学研究与前现代的关学传承存在本质的不同。前现代的关学传承是站在信仰的立场，以参与者的身份，知行合一地传承关学；而现代的关学研究是站在科学的立场，以旁观者的身份，知而无行地研究关学。

首先，前现代的关学传承是一种精神信仰，而现代的关学研究是一种科学态度。关学学者从张载开始就对儒家的"圣人之言"抱持"敬且信"的态度，因为他们明白"不得信则不能守"[1]。直到关学终结的民国时期，牛兆濂依然强调中国人要"以圣人之训为可必信"，而做到"人皆尊信圣人"[2]；另外，他还要求门徒"信横渠""信程、朱"。这里的信并不是理解而后相信，而是相信而后再去理解，即张载所谓的"自信而明"，本质是信仰。现代的关学研究则不然，站在科学的立场，抱持客观的态度，力求准确地认知和公允地评价，并不是信仰。

其次，前现代的关学传承是投身其中的参与，而现代的关学研究是置身事外的旁观。关学作为前现代社会的产物，与前现代社会高度统一。前现代社会的中国是一个绝对的男权社会，作为男权社会的产物，关学具有重男轻女的思想；前现代社会的中国是一个绝对的君权社会，作为君权社会的产物，关学具有尊君抑民的思想。正是这个原因，使关学与当时的社会密切相关，甚至是当时的"日用之常"。但是民国政府建立以后，儒学连同君主专制一起被抛弃，社会进入现代文明发展阶段。关学对现代人而言，不关"日用"，关学研究也不必与社会日常生活紧密联系。现代的关学研究要么以书斋为主要场所，要么以大学课堂为主要场所。

最后，前现代的关学传承是知行合一，而现代的关学研究是知而不行。关学"崇实致用"的基本精神是关学学者强调身体力行的写照。无论他们提倡"实行"还是主张"致用"，都强调对关学的知行合一，而反对知而无行。李颙认为那些"惟靠语言文字漫度光阴"的儒学研究者，即使"日日讲道德，谈性命"，

---

[1] 张载：《张载集》，第274页。
[2] 牛兆濂：《牛兆濂集》，第199页。

也只不过是"口头圣贤,纸上道学"而已。[①]在他看来,这些都是知而不行的"假道学"。这就不难理解儒学在民国初期出现生存危机时,牛兆濂为何既建议建立儒者组织保存儒学,也建议设计儒者制服保存儒学,而偏不建议研究儒学保存儒学。因为在他看来,儒学研究"发出议论,亦能说向深处,其实不曾向洒扫应对、存养省察中实下工夫。所以记览虽多,文字虽精,到底只是纸上学问,所谓说学问也"[②]。但是,现代的关学研究恰恰是他们所批评的"说学问"和"纸上学问"。客观地看,这是因为关学作为前现代社会的产物与前现代社会相统一,而与现代社会扞格不入。关学倡导的伦常是前现代社会的"伦常日用",被现代社会视为"旧道德"和"旧伦理"。仅此而言,现代人研究关学既无法知行合一,也不必知行合一。

现代的关学研究著作不是关学著作,现代的关学研究学者也不是关学学者。原因是现代人对待关学只是"照着讲",而没有"接着讲";且其"讲"也只是"讲"而不"行",完全是旁观者。那么,我们不能不承认关学已经在民国时期结束了。

现在是过去的终点,也是未来的起点。尽管过去的关学现代人没有传承,导致关学终结了,但是现代人可以由"照着讲"转向"接着讲",为将来"新关学"的诞生做准备。

二、面向世界

关学作为"关中理学",有严格的地理范围,这客观上决定了关学属于地方学派。由于关学学者具有强烈的现实关怀和使命意识,他们大都具有"因时变学"的自觉,从而使关学具有普遍的价值。

关学学者对关学的建构始终具有"天下"视域,而并非关中的地方视域。关学学者从张载开始就有"以天下为度"的学术胸怀,他们所建构的关学始终具有天下视域。晚明以前,天下即中国,关学建构以中国存在的现实问题或学术问题为问题,以其时中国知识界拥有的知识为资源;晚明以后,天下即世界,关学建构虽然仍旧以中国存在的现实问题或学术问题为问题,但以世界知识为资源。这决定了关学学说绝非地方学说,关学思想绝非地方思想,而是具有一定的普遍性。

---

① 李颙:《二曲集》,第230、76页。
② 牛兆濂:《牛兆濂集》,第63页。

就关学学者的治学态度来看,关学有"天下"视域。张载为学主张"以天下为度",具有"为天地立心,为生民立道,为去圣继绝学,为万世开太平"的远大抱负和学术使命;再者,出于"周于用"的考虑,他主张"博学""博物":这决定其为学必然抱持开阔的学术胸怀和开放的学术眼光,主张兼容并包、有容乃大。张岱年称赞"张载的学说最宏伟渊博"[1]就是明证。后来的关学学者也主张"博学",甚至有"一物未知,不可谓智"[2]的看法;特别是明末,王徵主张学习西学,具有"夫说亦何西、东之有"[3]的包容气度。晚近以来,关学学者提倡"广识"。刘光蕡发现"西人制造精工""西人之学皆归实用",便建议学子积极学习西学,进而提倡"融会中西"。[4]其弟子张元勋倡导"通中西,合中外";并主张"博学",认为"遗一不学,不免有儒不知物之诮"[5]。关学学者兼容并包的治学态度反映出关学始终以"天下"为治学的视域。

就关学建构面对的问题来看,关学有"天下"视域。北宋佛教盛行,世人受佛教世界观影响"以人生为幻妄"[6]。张载"闵乎道之不明,斯人之迷且病"[7],自觉用儒家"圣人之道"重建积极的人生观。有见佛教尚空,其学"有体无用",强调为学应"崇实致用",并欲建构"体用全学"。在他看来,只要世人积极学习"体用全学",便可"修己治人""成己成物",即"学以成人"。于是,关学诞生。后来,关学学者普遍"以天下为度",根据时代所需而"因时变学",使关学"体用全学"的内容愈来愈丰富,使关学"崇实致用"的精神越来越突出,使关学"学以成人"的宗旨愈来愈鲜明。晚近以来,关学学者直面"今日中国贫弱"的现状,关注的是"西人何以富,我何以贫;西人何以强,我何以弱"[8]的问题。关学学者明白中国贫弱的原因后,便建议学人积极学习西方的"富强之术",使关学"体用全学"的内容更为丰富;主张"实为富强之事"而更强调"实用""致用",使关学"崇实致用"的精神更加突出。

就关学的学术资源来看,关学有"天下"视域。《宋史》评价张载之学,有

---

[1] 张岱年:《中国哲学大纲》,第42页。
[2] 张秉直:《治平大略》卷一,第6页a。
[3] 郑鄤:《畏天爱人极论序》,见《王徵集》,第155页。
[4] 刘光蕡:《刘光蕡集》,第48页。
[5] 张元勋:《原道》卷上,第17页b。
[6] 张载:《张载集》,第65页。
[7] 范育:《正蒙序》,见《张载集》,第5页。
[8] 刘光蕡:《刘光蕡集》,第235页。

"以《易》为宗,以《中庸》为体,以孔、孟为法"之说,这不只说明张载恪守儒学宗旨,也说明其学汲取了诸多儒学典籍的思想。张载为学虽批判佛老,但同时也吸收了佛老的一些思想;另外,他还具有天文学和植物学方面的专业知识:这都反映出张载之学具有十分丰富的学术资源。后来的关学学者,既"曾向禅门问路,也从道教寻宗"①来吸纳佛道二教的思想,又"参之诸子史"②来广泛汲取历史学和诸子百家的思想;再者,关学学者还具有农业、水利、军事诸专业领域的知识。到了明代末期,王徵不但学习西方的物理、商业、工程制造等方面的知识,还吸收了天主教思想;到了清代中叶,杨屾既汲取基督教思想,也旁及伊斯兰教的思想③。晚近以来,刘光蕡和张元勋积极汲取西方政治、军事、经济、数学、物理、化学、生物、天文学诸领域的知识。至此,关学的学术资源真可谓"通古今,合中外"④,极为丰富。

关学建构具有"天下"视域决定关学思想具有普遍性。关学就其"关中理学"内涵来看,确实是地方学术;但其始终"以天下为度",并不局限于地方。这样来看,关学既具有普遍性,又具有特殊性,前者是关学学者"以天下为度"造成的结果,后者是关中地区文化造成的结果。

关学"学以成人"的宗旨具有普遍性与特殊性。现代著名新儒家杜维明认为"学以成人"是儒家精神取向的显著特征。⑤依此来看,关学的"学以成人"就具有普遍性,而且这种普遍性也被关学学者所自觉。他们基于对"学以成人"的普遍性的认识,才主张"洛学与关学之无二道"⑥,进而主张"关闽濂洛是吾师"⑦,即以关学为核心汲取其他宋明新儒学流派的思想。但关学的"学以成人"也具有特殊性,即"学以成人"中的"人"指"仁智合一","学"指"体用全学"。

关学"体用全学"的理论形态具有普遍性与特殊性。儒学被称为"内圣外王之学","内圣"指心性之学,"外王"指经世之学。关学的"体用全学"包

---

① 王心敬:《王心敬集》下册,第1082页。
② 王弘撰:《王弘撰集》下册,第880页。
③ 参阅吕妙芬:《杨屾〈知本提纲〉研究——十八世纪儒学与外来宗教融合之例》,《中国文哲研究集刊》2012年第1期,第83—122页。
④ 张元勋:《原道》卷首《叙》,第1页a。
⑤ 参阅[美]杜维明著,陈静译:《儒教》,上海古籍出版社,2008年,第105—107页。
⑥ 孙景烈:《滋树堂文集》,见《清代诗文集汇编》第307册,第114页上。
⑦ 王建常:《王建常集》,第401页。

括"道德之学"和"经济之学",前者是修身养性的学问,后者是经世致用的学问。就此而言,"体用全学"与"内圣外王之学"相同,"体用全学"具有普遍性。但是"体用全学"的"道德"与"经济"之间是体用关系;再者,其"经济之学"包括经济学、军事学以及自然科学等方面的知识:这是"体用全学"的特殊性。

关学"崇实致用"的基本精神具有普遍性与特殊性。据张岂之研究,"经世致用"是"中华人文精神",而"经世致用"的"精髓是密切结合社会的实际,去探讨学问的具体应用"。[①]这与关学的"崇实致用"相同。这样来看,关学的"崇实致用"精神具有普遍性。但关学"崇实"之"实"指学求"实用"、学务"实行"和学重"实事";再者,与其他宋明新儒学流派不同,关学"学贵实用"和"学以致用"是指关学学者将农业等专业知识付诸实践,从而成为相关领域的专家:这是关学"崇实致用"的特殊性。

关学"以礼为教"的教学风尚具有普遍性与特殊性。儒学自孔子始就非常重视礼,"视听言动合礼"更是儒家的普遍观点;儒学发展到宋明新儒学,礼有"天理"的形而上依据,"礼即理也"便成了宋明新儒学的普遍观点:这是关学"以礼为教"教学风尚的普遍性。"以礼为教"的特殊性在于关学从张载开始教导学生的方法便是"先教以礼"。

关学学说既具有特殊性又具有普遍性。关学学派属于地方学派,但由于关学学者具有"为天地立心,为生民立道,为去圣继绝学,为万世开太平"的社会责任感和使命意识,他们大都心系国家民生,关注社会问题,并具有有容乃大的学术胸怀、多元开放的学术眼光、兼容并包的治学态度,所以关学学说具有普遍性。鉴往知来,现代的关中学者如果要接着关学讲,需要继续发扬关学学者的上述优良传统,立足中国,放眼世界,建构世界哲学视域中的新关学。

如果要接着关学讲出新关学,张载之学不失为源头活水。张载既有"以天下为度"的开阔的学术视野,也有"知趋时应变"的与时俱进的态度,还有"当自立说"的学术创新意识。其哲学认识方式倚重直觉感悟式的"体会",却不忽视概念思辨式的"精思";其哲学言说方式倚重类比推理式的"推类",却不排斥逻辑论证式的"理推"。今天接着张载之学讲新关学,要在继承"体会"式的直觉思维的同时,通过"精思"汲取概念思辨,并通过"理推"吸收逻辑论证,最

---

① 张岂之:《中华人文精神》(增订本),第180页。

终构建既具有世界哲学品性又具有中国文化风格的新关学。

三、学会思考

思考无疑是哲学家最本职的工作，沉思是哲学家应当具备的基本品质，因为哲学作为智慧就表现为智慧之思。据吕大临记载，张载"终日危坐一室，左右简编，俯而读，仰而思，有得则识之。或中夜起坐，取烛以书。其志道精思，未使须臾息，亦未尝须臾忘也"[1]。这应当是张载哲学创作期间沉思情形的写照，因为不久后他就拿出了自己的哲学专著《正蒙》，并告诉吕大临等门徒说"此书予历年致思之所得"。程颐据此认为张载为学"有苦心极力之象"，其学"非明睿所照，而考索至此"。[2]朱熹应和程颐之说，认为"横渠之学，苦心力索之功深"。殊不知沉思是一个哲学家应当具备的基本素养，而张载恰恰具备这种素养。

张载认为"理必精思"，这是他对自己为学经历的经验性总结。他说："书须成诵精思，多在夜中或静坐得之，不记则思不起，但通贯得大原后，书亦易记。"[3]所谓"精思"，就是我们现在说的沉思。他建议儒家学者背诵儒学经典，然后在深夜静坐时一边默诵经典，一边深入思考。依此来看，他有静夜沉思的习惯。

但问题是张载又反对沉思，他不但认为"多思为害"，而且建议学人"思虑要简省"。他说："思虑要简省，烦则所存都昏惑，中夜因思虑不寐则惊魇不安。某近来虽终夕不寐，亦能安静，却求不寐，此其验也。"[4]他反对沉思的理由看似是因沉思过度而导致睡眠不好，其实不然，真正的原因是沉思不易认知"性与天道"，似乎还有碍认识"性与天道"。他说："心且宁守之，其发明却是末事，只常体义理，不须思更无足疑。天下有事，其何思何虑！自来只以多思为害，今且宁守之以攻其恶也。"[5]就其中的"何思何虑"来看，他受到了《周易》有关思想的影响。《周易·系辞下》说："天下何思何虑，天下同归而殊涂，一致而百虑。"大意是说：有许多不同的方法与考虑都可以达到一样的结果，既然有其他方法可以实现同样的结果，那又何必固守沉思这一种方法呢？这反映出张载找到了其他更有效的认识"性与天道"的方式。从他"只常体义理，不须思更

---

[1] 吕大临：《吕大临文集》，见《蓝田吕氏集》下册，第749页。
[2] 程颢、程颐：《二程集》，第596页。
[3] 张载：《张载集》，第275页。
[4] 张载：《张载集》，第289页。
[5] 张载：《张载集》，第283页。

无足疑"的话语来看，这种方法就是"体会"。

体会是张载认知"性与天道"的基本方式。他说："既闻中道，不易处且体会归诸经义。"[①]这里的体会指对道的体会，并通过儒家经典来印证自己的体会是否正确，这就是张载所说的"体道"。如何凭借体会认识道？他回答说："体物体身，道之本也。"[②]体会道的操作方法是通过体会自身和体会外物认知道，因为万物"莫不性诸道"。在张载的哲学中，性包括"人之性"和"物之性"，前者即"人性"，后者是"物理"。无论是"人性"还是"物理"，都以天道为终极依据，或者说，"人性"和"物理"是"天道"在经验界的具体表现。因为天道是超验的存在，张载说"无形迹者即道也"[③]，道之所以没有形象，是因为道乃超验的存在。这样来看，体会就是通过感知经验界的具体事物来认知超验界的抽象存在；简单地说，体会是一种直观感觉，是一种无须逻辑推理的思维方式。

体会是直觉思维。张载的"体道"反映出体会是直觉思维，他的"体经"和"体事"也反映出体会是直觉思维。"体经"是体会儒家经典中的道，"体事"是体会事物中的道。事物中的道，即前文所说的"物理"；而儒家经典中的道被张载称为"圣道"，即"圣人"作经时寄托在书中的道。可见，"体经"和"体事"其实还是"体道"。这再次反映出体会是通过具体事物直观超越的天道，是一种直觉思维。因为体会并没有将感性认识所获得的感觉资料经过思考和分析形成概念和判断而升华为理性认知，而是在感观中直接洞悉事物的本质。这充分说明体会是典型的直觉思维。

体会是整体性思维。体会作为直觉思维，没有分析的环节，是囫囵式的整体性认知。张载"言体者，混然为一体之义也"[④]的话语，明确表达了体会的整体性思维特征。这种整体性思维甚至将自然界与人类社会视为一体，张载说："天人不须强分，《易》言天道，则与人事一滚论之，若分别则只是薄乎云尔。自然人谋合，盖一体也。"[⑤]这看似是《周易》的思维特点，其实是张载继承《周易》的认知方式而具有的整体性思维。因为他在《周易》视自然界与人类社会为一体的基础上，进而追求"全与天地一体"的认识境界，即天地间的所有事物与天地浑

---

① 张载：《张子全书》，第 84 页。
② 张载：《张载集》，第 25 页。
③ 张载：《张载集》，第 207 页。
④ 张载：《张子全书》，第 343 页。
⑤ 张载：《张载集》，第 232 页。

沦一体，这种整体性更为宏伟壮观。张载的整体性思维既强调横向的联系，追求空间上的浑沦一体；也强调纵向的联系，追求时间上的浑沦一体：这就是他说的"夫混然一物，无有终始首尾"①。体会既有意消除空间坐标，又有意消除时间坐标，没有时空作为参照系的认识必然具有浑沦性。再就具体的认知对象而言，缺失分析思维既难以在与他者的对比中把握对象的整体特征，也难以深入对象的内部去认知其内在结构。但为了追求整体把握而反对分析思维，恰恰是体会的基本特征，张载"合则混然，人不见其殊也"②的话语表明，他将没有分析视为体会的优点而刻意追求。

体会是顿悟性思维。顿悟是佛教习见的话语，意谓顿然领悟，强调认知的直接性和便捷性。但是身为儒者的张载也主张顿悟，他说："学贵心悟，守旧无功。"③一方面是因为"圣门学者以仁为己任，不以苟知为得，必以了悟为闻"④；另一方面是因为"悟后心常弘，触理皆在吾术内"⑤。就前者而言，顿悟被张载视为自孔子以来儒家普遍运用的认知方法；就后者而言，人顿悟后因体会到固有的天道而感到万事万物之理都被自己掌握了。这样的话，无论是就体会天道而言，还是就儒家的认识传统而言，顿悟都应当被儒者重视并积极使用。所以，他积极地运用顿悟，就连读书都主张"观书解大义，非闻也，必以了悟为闻"⑥。

无论是从张载对体会内涵的规定来看，还是从他所揭示的体会的特点来看，体会都是直觉思维。就前者而言，直觉思维是没有经过逐步分析而仅依据内在感知的一种思维方式，体会也是如此；就后者而言，直觉思维具有整体性和顿悟性的特点，体会也具有这些特点：总而言之，体会是直觉思维。但是，这种体会式的直觉思维自始至终是关学基本的哲学认知方式，以至于民国时期牛兆濂依然重弹"心头常体贴"⑦的旧调。

直觉思维作为哲学的一种认知方式，自哲学诞生以来就一直被采用。但是现

---

① 张载：《张子全书》，第215页。
② 张载：《张载集》，第66页。
③ 张载：《张载集》，第274页。
④ 张载：《张载集》，第307页。
⑤ 张载：《张载集》，第269页。
⑥ 张载：《张载集》，第283页。
⑦ 牛兆濂：《牛兆濂集》，第350页。

代学者从心理学角度发现了"直觉的危害",进而指出直觉存在"致命罪过"。[①]从直觉产生的幻觉甚至错觉来看,关学以体会的方式认知的道会不会是"过度自信现象"[②]?他们通过体会所认知的人性是否有"错读自我"[③]之嫌?这需要我们深思。再者,就西方哲学来看,直觉思维只不过是一种原始的哲学认知方式,在逻辑学得到充分发展之后,概念思辨成了更为成熟的哲学认识方式,凭借概念思辨认识哲学要比凭借直觉猜测认识哲学更明晰、更严密。虽然哲学思辨由于教条化走向了思辨哲学而受到了现代人文主义的批评,使直觉思维一度占据上风,但是相对于现代西方哲学具有的成熟概念认识基础而言,关学依然需要汲取西方的概念思辨。从世界哲学视域观照关学,关学所倚重的直觉思维需要我们深刻反思和检讨,并积极借鉴西方的哲学思辨和哲学分析。

四、学会讲理

尽管张载提倡"精思",但他的哲学认知方式并不重视概念思辨,反倒依赖的是直觉感悟。如果说这是其哲学认知方式的特征的话,那他的哲学论证方式也存在类似的特征。这就是他看似提倡"理推",而实际倚重的是"推类"。按照我们今天的用语习惯,前者是"推理",后者即"类推"。推理属于逻辑思维,而类推不属于逻辑思维。张载看似主张逻辑思维,其实主要运用的是非逻辑思维,这是其哲学论证方式方面的特征。

"推类"是张载的哲学论证方式。他说:"即尽得己之性,则推类又尽人之性。"[④]这里的"推类",就是我们今天习称的"类推"。作为哲学论证方式,"推类"是依照某一事物的道理来推论与它同类的其他事物的道理。张载的哲学论证,比较普遍地采用类推。

张载运用类推方式论证礼的正当性。"以礼为教"是张载的教风,他教育学生采用"先教以礼"的方法。为了论证自己"以礼为教"的正当性,他试图论

[①] [美]戴维·迈尔斯著,章崇会译:《直觉:你所不知的潜力与危害》,中国人民大学出版社,2008年,第6—10页、第113—115页。

[②] 戴维·迈尔斯通过心理实验发现直觉会造成"过度自信现象",表现就是"虚假普遍性",即我们直觉地假定我们所见和所记住的都是真实存在的。(氏著:《直觉:你所不知的潜力与危害》,第88—90页。)

[③] 戴维·迈尔斯通过心理实验发现直觉经常不能认识到真实而重要的事情,包括人对自己的了解。(氏著:《直觉:你所不知的潜力与危害》,第71—73页。)

[④] 张载:《张子全书》,第390页。

证礼的正当性，这就是他所谓的"礼本于天"。在他看来，礼是圣人按照天道创制的礼制。他这样论证："然则礼非自人而出，至于鸟兽莫不有父子、配偶、长幼、朋友。蝼蚁之君臣，鸿雁之兄弟，但不能推类而有别。此亦皆天性也。"①礼不但是人先天固有的属性，而且是一切动物先天固有的属性，换句话说，礼既是"人性"，也是"物理"，是天道的制度化。这种观点并非独断论，而是张载运用类推方式证明的结论。他用"蝼蚁之君臣"类推君主专制社会的"君为臣纲"，用"鸿雁之兄弟"类推人类社会兄弟之间的"长幼有序"。诚然，就社会性动物来看，蚂蚁分工的确明确，大雁飞行的确有序，但这都是自然现象，是人类投射给自然物以道德伦理的结果。张载却拿这些自然现象来类推人类社会道德伦常的正当性。在他看来，存在于蝼蚁和大雁群体间的这种自然现象是道德伦常，那自然界就存在道德伦常；自然界存在道德伦常，那道德伦常就不是人为的而是自然形成的；道德伦常是自然形成的，那体现道德伦常的礼制就必然具有正当性：这就是"礼本于天"。很明显，张载以类推方式论证礼的正当性没有说服力，属于无效论证。

再者，张载运用类推方式论证天道至善。人性至善是宋明新儒家公约性的认知，"人性何以至善？"是他们要解决的基本问题。张载通过追问"性与天道"找到了人的至善之性的终极依据，这就是他说的"性即天道"和"天道即性"。在张载的哲学中，人性既指至善的"天地之性"，也指有善有恶的"气质之性"；不过，至善的"天地之性"被他视为人的本性。当他将天道视为"天地之性"的终极依据时，人性何以至善的问题就转化成天道何以至善的问题。尽管张载明白"天道之于万物，固无为而成"②，万物生长完全是自然现象；但他依据《周易·系辞传》中"天地之大德曰生"认为，天普生万物表现的是一种博爱的道德，这就是"天德"，这就是"天道"。他还强调："天本无心，及其生成万物，则须归功于天，曰：此天地之仁也。"③当"天道"被理解和诠释为"天地之仁"，天道就是代表至善的道德，就是至善的"天地之性"。张载对天道至善的论证，也是采用类推方式。他把天道类同于有博爱意识的人，天道普生万物就像人一样有好生之德。显然，运用类推方式证明天道至善也是无效论证。

---

① 张载：《张子全书》，第 338 页。
② 张载：《张子全书》，第 382 页。
③ 张载：《张载集》，第 266 页。

类推不是逻辑论证。类推即类比推理，是根据两个对象的某些相同或相似的性质来推断它们在其他性质上也有可能相同或相似的推理形式。类比推理既不是归纳推理，也不是演绎推理。前者是由个别到一般的推理，即由具体的事例推导出一般原理；后者是由一般到个别的推理，即将一般原理用于特定事物。但类比推理是由个别到个别，联系二者的仅仅是某方面的相同性或相似性。因此，类比推理只是一种主观的不充分的似真推理，并非严格的逻辑论证。这也是张载以类推论证"礼本自然"和"天道至善"而难以令人心悦诚服的根本原因。

但是张载认为类推是一种非常合理的论证方法，因为类推蕴含"可以理推"[①]的合理性。张载所谓的"理推"，并不是严格的逻辑学意义上的"推理"，而是按照"理"来类推。这个"理"就是天道，因为只有从天道视域观照，人与其他动物甚至人类社会与自然界才是相同的，即所谓的"万物一体"。这也就是说，类推本身隐含有"性即天道"或"天道即性"的预设。正是这种预设导致张载具有"蝼蚁之君臣，鸿雁之兄弟"的视觉效果。当然，他未必自觉这种预设，但他的确非常自觉地运用类推，并将之推进而使用比喻来论证。

比喻也是张载用来讲道理的基本方式。比喻，即张载所谓的"譬喻"。张载运用比喻阐发抽象的道理。他说："言则指也，指则所视者远矣。若只泥文而不求大体则失之，是小儿视指之类也。常引小儿以手指物示之，而不能求物以视焉，只视于手，及无物则加怒耳。"[②]这是说指称语与其指称对象不同，用手指与手指所指的东西做比喻便于讲明这种抽象的道理。就此来看，运用比喻有其正当性。但是，运用比喻阐发哲学命题不具备明晰性，张载运用比喻阐发"太虚即气"就是明证。他说："气之聚散于太虚，犹冰凝释于水，知太虚即气，则无无。"[③]就目前学界对"太虚即气"之理解的分歧[④]来看，用冰与水之间的关系做比喻并没有讲清楚太虚与气之间的关系。如果再进而用比喻的方式论证，那就更缺失逻辑性。"天性在人，正犹水性之在冰，凝释虽异，为物一也；受光有小

---

① 张载：《张载集》，第373页。
② 张载：《张载集》，第276页。
③ 张载：《张载集》，第8页。
④ 张载的"太虚即气"被张岱年理解和诠释为"太虚是气"（氏著：《中国哲学大纲》，第114—116页），被牟宗三理解和诠释为"太虚不离气"（氏著：《心体与性体》第1册，中正书局，1991年，第470—475页）。

大、昏明，其照纳不二也"①，这是张载在运用比喻论证"天地之性"的普遍性和永恒性。人在形成之前，至善的天地之性作为道以超验的方式存在；当人出现之后，至善之性就普遍存在于每一个人。现实中的人表现为恶是因为天地之性受气质遮蔽而没有表现出来，但至善的天地之性依然存在。他用水与冰以及冰因受光不同而明暗不同做比喻，论证天地之性是普遍而永恒的存在。诚然，水与冰是客观存在，冰因受光不同而明暗不同也是客观事实；但是水与冰是客观存在并不能证明天道和天地之性就是客观存在，冰因受光不同而明暗不同是客观事实并不能证明天地之性或隐或显是客观事实。这种比喻式的论证无效。

用比喻论证之所以无效，是因为即使喻体是客观存在，喻意也是正确认识，但是本体不一定是客观存在，本意也不一定是正确认识。因为喻体与本体存在本质上的差异，不具有同一性。用比喻进行论证只能算作辩护，而不是真正的论证。其实，比喻的本质就是类推。我们知道，比喻是用与甲事物有相似点的乙事物来描写或说明甲事物，而依据则是个别事物之间的相同性或相似性；如前所述，类推依据的也是个别事物之间的相同性或相似性；比喻和类推的依据完全相同。同时，比喻与类推的思路也相同，都认为具有某方面相同性或相似性的个别事物，在其他方面也具有相同性或相似性。比喻是修辞手法，而类推是推理方式，可以将比喻视为类推格式化的表达方式。

无论类推还是比喻，都是关学自张载以来惯用的讲理方式。清代末期，刘光蕡依然运用类推和比喻讲道理。就前者来看，他说："夫妇不可平等，阴必统于阳，家必统于夫也。"②他用"阴必统于阳"类推"夫为妻纲"，毫无说服力。就后者来看，他运用"弃祖父膏腴之业而不耕，而甘行乞于市"的比喻说明"求宪法于西国"的非正当性③，更是毫无道理可言。足见关学的论证方式存在严重不足。

尽管目前学界对哲学的界定众说纷纭，但是哲学关乎说理则是学界的共识。有学人认为"哲学通过说理达乎道"④。张载等关学学者对"性与天道"的探讨，无疑使其学在内容上属于哲学。但是哲学的核心是说理，是以逻辑论证的方式说理；而逻辑论证体现的是分析思维：这是关学缺少且需要的东西。所谓分析思

---

① 张载：《张载集》，第22页。
② 刘光蕡：《刘光蕡集》，第138页。
③ 参阅刘光蕡：《刘光蕡集》，第295页。
④ 陈嘉映：《说理》，上海文艺出版社，2020年，第3页。

维，包括我们熟知的归纳推理、演绎推理、逻辑证明等思维，是指经过逐步分析而得出明确结论的思维方式。如果我们承认或者希望关学是哲学，那从世界哲学视域来看，关学学者就需要反思和检讨其所倚重的类推和比喻，而学会运用分析思维去逻辑论证式地讲道理。

如果我们既承认关学在学科上属于哲学，又承认关学"体会"的哲学认知方式和"类推"的哲学论证方式存在不足，那么，我们就应当从哲学的世界视域来深刻反思和积极检讨关学的不足，进而思考如何构建既具有地方性又具有世界性的新关学。首先，我们应当像张载"以天下为度"那样，具有开阔的学术胸襟、开放的学术眼光。然后，接着关学讲"新关学"：在继承"体会"式的直觉思维的同时，通过"精思"引入概念思辨，并通过"理推"吸收逻辑论证，最终构建既具有世界哲学品性又具有中国文化风格的"新关学"。

关学，就其存在的空间范围来看，是一个地方学派，但具有世界视域；就其存在的时间范围来看，是一个前现代社会的学派，但不乏现代价值——这种前现代社会的关学已经终结了。儒学在宋明新儒学之后，发展出现代新儒学；相应地，关学也应当有属于现代新儒学发展阶段的"新关学"。这需要现代的关中学者立足中国，放眼世界，面向未来，接着过去的关学讲出现代的"新关学"。希望在不远的将来，我们能够看到"新关学"。

参考文献

一、古代著作

1. 已点校古籍

[1] 司马迁. 史记[M]. 北京：中华书局，1959.

[2] 荀悦. 申鉴注校补[M]. 黄省曾，注. 孙启治，校补. 北京：中华书局，2012.

[3] 韩愈. 韩愈文集汇校笺注[M]. 刘真伦，岳珍，校注. 北京：中华书局，2010.

[4] 周敦颐. 周敦颐集[M]. 陈克明，点校. 北京：中华书局，1990.

[5] 邵雍. 邵雍集[M]. 郭彧，整理. 北京：中华书局，2010.

[6] 张载. 张载集[M]. 章锡琛，点校. 北京：中华书局，1978.

[7] 张载. 张子全书[M]. 林乐昌，编校. 西安：西北大学出版社，2015.

[8] 程颢，程颐. 二程集[M]. 王孝鱼，点校. 北京：中华书局，2004.

[9] 吕大临，等. 蓝田吕氏集[M]. 曹树明，点校整理. 西安：西北大学出版社，2015.

[10] 李复. 李复集[M]. 魏涛，点校整理. 西安：西北大学出版社，2015.

[11] 苏舜钦. 苏舜钦集[M]. 沈文倬，校点. 上海：上海古籍出版社，1981.

[12] 胡宏. 胡宏集[M]. 吴仁华，点校. 北京：中华书局，1987.

[13] 欧阳修，宋祁. 新唐书[M]. 北京：中华书局，1975.

[14] 朱熹. 朱子全书[M]. 朱人杰, 等编. 上海: 上海古籍出版社, 2002.

[15] 脱脱, 等. 宋史[M]. 北京: 中华书局, 1977.

[16] 萧㪺, 等. 元代关学三家集[M]. 孙学功, 点校整理. 西安: 西北大学出版社, 2015.

[17] 许衡. 许衡集[M]. 许红霞, 点校. 北京: 中华书局, 2019.

[18] 宋濂, 等. 元史[M]. 北京: 中华书局, 1976.

[19] 王恕. 王恕集[M]. 张建辉, 黄芸珠, 点校整理. 西安: 西北大学出版社, 2015.

[20] 陈献章. 陈献章集[M]. 孙通海, 点校. 北京: 中华书局, 1987.

[21] 薛敬之, 等. 薛敬之张舜典集[M]. 韩星, 点校整理. 西安: 西北大学出版社, 2015.

[22] 王守仁. 王阳明全集[M]. 吴光, 等编校. 上海: 上海古籍出版社, 2014.

[23] 南大吉. 渭南志[M]. 梁玉珍, 王维业, 校注. 西安: 陕西人民出版社, 2010.

[24] 南大吉. 南大吉集[M]. 李似珍, 点校整理. 西安: 西北大学出版社, 2015.

[25] 马理. 马理集[M]. 许宁, 朱晓红, 点校整理. 西安: 西北大学出版社, 2015.

[26] 吕柟. 吕柟集·泾野子内篇[M]. 赵瑞民, 点校整理. 西安: 西北大学出版社, 2015.

[27] 吕柟. 吕柟集·泾野经学文集[M]. 刘学智, 点校整理. 西安: 西北大学出版社, 2015.

[28] 吕柟. 吕柟集·泾野先生文集[M]. 米文科, 点校整理. 西安: 西北大

学出版社，2015.

［29］韩邦奇.韩邦奇集［M］.魏冬，点校整理.西安：西北大学出版社，2015.

［30］杨爵.杨爵集［M］.陈战峰，点校整理.西安：西北大学出版社，2015.

［31］冯从吾.冯从吾集［M］.刘学智，点校整理.西安：西北大学出版社，2015.

［32］冯从吾.关学编（附续编）［M］.陈俊民，徐兴海，点校.北京：中华书局，1987.

［33］王徵.王徵集［M］.林乐昌，编校.西安：西北大学出版社，2015.

［34］罗洪先.罗洪先集［M］.徐儒宗，编校整理.南京：凤凰出版社，2007.

［35］吴光，刘宗周全集［M］.杭州：浙江古籍出版社，2007.

［36］冯从吾，元著.魏冬，新订.新订关学编［M］.西安：西北大学出版社，2020.

［37］张廷玉，等.明史［M］.北京：中华书局，1974.

［38］黄宗羲.宋元学案［M］.全祖望，补修.北京：中华书局，1986.

［39］黄宗羲.明儒学案［M］.沈芝盈，点校.北京：中华书局，2008.

［40］顾炎武.顾亭林诗文集［M］.华忱之，校.北京：中华书局，1983.

［41］王建常.王建常集［M］.李明，点校整理.西安：西北大学出版社，2014.

［42］王弘撰.王弘撰集［M］.孙学功，点校整理.西安：西北大学出版社，2015.

［43］李颙.二曲集［M］.陈俊民，点校.北京：中华书局，1996.

［44］李颙.李颙集［M］.张波，编校.西安：西北大学出版社，2015.

［45］王心敬.王心敬集［M］.刘宗镐，苏鹏，点校整理.西安：西北大学出

版社，2015.

［46］全祖望. 全祖望集汇校集注［M］.上海：上海古籍出版社，2000.

［47］戴震.戴震文集［M］.北京：中华书局，1980.

［48］戴震.孟子字义疏证［M］.何文光，整理.北京：中华书局，1982.

［49］李元度.国朝先正事略［M］.易孟醇，点校.长沙：岳麓书社，2006.

［50］李元春.李元春集［M］.王海成，点校整理.西安：西北大学出版社，2015.

［51］贺瑞麟.贺瑞麟集［M］.王长坤，刘峰，点校整理.西安：西北大学出版社，2015.

［52］刘光蕡.刘光蕡集［M］.武占江，点校整理.西安：西北大学出版社，2015.

［53］严复.严复集［M］.北京：中华书局，1986.

［54］牛兆濂.牛兆濂集［M］.王美凤，等点校整理.西安：西北大学出版社，2015.

［55］徐世昌.清儒学案［M］.北京：中华书局，2008.

［56］王美凤.关学史文献辑校［M］.西安：西北大学出版社，2015.

2.未点校古籍

［57］王禹偁.王黄州小畜集［M］.北京：北京图书馆出版社，2004.

［58］王辟之.渑水燕谈录［M］.北京：中华书局，1981.

［59］刘荀.明本释［M］//文渊阁四库全书.台北：台湾商务印书馆，1983.

［60］林駧.古今源流至论前集［M］//文渊阁四库全书.台北：台湾商务印书馆，1983.

［61］林駧.古今源流至论后集［M］//文渊阁四库全书.台北：台湾商务印书

馆，1983.

［62］林駉.古今源流至论续集［M］//文渊阁四库全书.台北：台湾商务印书馆，1983.

［63］黄履翁.古今源流至论别集［M］//文渊阁四库全书.台北：台湾商务印书馆，1983.

［64］王承裕.少保王康僖公文集［M］//明别集丛刊.合肥：黄山书社，2013.

［65］许孚远.敬和堂集［M］.日本内阁文库藏本.

［66］永瑢，等.四库全书总目［M］.北京：中华书局，1965.

［67］王心敬.丰川全集正编［M］//四库全书存目丛书.济南：齐鲁书社，1997.

［68］王心敬.丰川全集外编［M］.康熙五十五年额伦特刻本.

［69］王心敬.丰川续集［M］//四库全书存目丛书.济南：齐鲁书社，1997.

［70］史调.史复斋文集［M］//四库全书存目丛书.济南：齐鲁书社，1997.

［71］杨屾.豳风广义［M］//续修四库全书.上海：上海古籍出版社，2002.

［72］杨屾.知本提纲［M］.民国二年重刻本.

［73］张秉直.治平大略［M］.光绪元年传经堂刻本.

［74］张秉直.开知录［M］.光绪元年传经堂刻本.

［75］孙景烈.滋树堂文集［M］//清代诗文集汇编.上海：上海古籍出版社，2010.

［76］刘绍攽.皇极经世书发明［M］//四库未收书辑刊.北京：北京出版社，2000.

［77］陈宏谋.培远堂偶存稿［M］.乾隆三十年吴门穆大展局刻本.

［78］周元鼎.汇菊轩文集［M］.咸丰十年守泽草堂刻本.

［79］祝垲.体微斋遗编［M］.光绪十六年刻本.

[80] 杨树椿.杨损斋文钞[M].光绪癸未年柏经正堂刻本.

[81] 柏景伟.沣西草堂文集[M].光绪二十六年排印本.

[82] 曾国藩.曾国藩全集·奏稿：九[M].长沙：岳麓书社，1991.

[83] 左宗棠.左宗棠全集·奏稿：三[M].长沙：岳麓书社，1989.

[84] 黄彭年.陶楼文钞[M]//近代中国史料丛刊.台北：文海出版社，1966.

[85] 刘光蕡.刘古愚遗稿[M].香港：香港天马出版有限公司，2015.

[86] 张元际.兴平县乡土志[M].光绪三十二年抄本.

[87] 张元勋.原道[M].己未年尊经堂校印本.

[88] 孙乃琨.灵泉文集[M].济南善成合记印务局，1940.

[89] 李铭诚.庇荫轩存稿[M].民国三十五年排印本.

二、现代著作

1.学术专著

[1] 姜国柱.张载的哲学思想[M].沈阳：辽宁人民出版社，1982.

[2] 陈俊民.张载哲学思想及关学学派[M].北京：人民出版社，1986.

[3] 俞吾金.思考与超越——哲学对话录[M].上海：上海人民出版社，1986.

[4] 张岱年.中国古典哲学概念范畴要论[M].北京：中国社会科学出版社，1987.

[5] 劳思光.新编中国哲学史：第三卷[M].台北：三民书局，1987.

[6] 张立文.中国哲学范畴发展史（天道篇）[M].北京：中国人民大学出版社，1988.

[7] 张鹏一.刘古愚年谱[M].西安：陕西旅游出版社，1989.

[8] 牟宗三.心体与性体[M].台北：中正书局，1991.

［9］张世英.天人之际：中西哲学的困惑与选择［M］.北京：人民出版社，1995.

［10］张立文.中国哲学范畴发展史（人道篇）［M］.北京：中国人民大学出版社，1995.

［11］钱穆.国史大纲［M］.北京：商务印书馆，1996.

［12］蒙培元.理学范畴系统［M］.北京：人民出版社，1997.

［13］姜广辉.走出理学［M］.沈阳：辽宁人民出版社，1997.

［14］斯维至.陕西通史·西周卷［M］.西安：陕西师范大学出版社，1997.

［15］秦晖.陕西通史·宋元卷［M］.西安：陕西师范大学出版社，1997.

［16］康有为.康有为政论集［M］.北京：中华书局，1998.

［17］史念海，等.陕西通史·历史地理卷［M］.西安：陕西师范大学出版社，1998.

［18］陈来.朱子哲学研究［M］.上海：华东师范大学出版社，2000.

［19］柳诒徵.中国文化史［M］.上海：上海古籍出版社，2001.

［20］牟宗三.牟宗三先生全集［M］.台北：联经出版事业股份有限公司，2003.

［21］钱穆.秦汉史［M］.北京：生活·读书·新知三联书店，2004.

［22］张舜徽.清人文集别录［M］.武汉：华中师范大学出版社，2004.

［23］王毓瑚.中国农学书录［M］.北京：中华书局，2006.

［24］党晴梵.党晴梵诗文集［M］.西安：陕西人民教育出版社，2007.

［25］冯友兰.新原道［M］.北京：生活·读书·新知三联书店，2007.

［26］冯友兰.新理学［M］.北京：生活·读书·新知三联书店，2007.

［27］牟宗三.中国哲学的特质［M］.上海：上海古籍出版社，2007.

［28］张岂之.中华人文精神（增订本）［M］.西安：陕西人民出版社，2007.

［29］党晴梵.党晴梵诗文集［M］.西安：陕西人民教育出版社，2007.

［30］张世英.哲学导论［M］.北京：北京大学出版社，2008.

［31］王尔敏.经世小儒［M］.南宁：广西师范大学出版社，2008.

［32］杨伯峻.论语译注［M］.北京：中华书局，2009.

［33］杨国荣.历史中的哲学［M］.上海：华东师范大学出版社，2009.

［34］赵林.西方哲学史讲演录［M］.北京：高等教育出版社，2009.

［35］冯天瑜，何晓明，周积明.中华文化史［M］.上海：上海人民出版社，2010.

［36］毛子水.论语今注今译［M］.重庆：重庆出版社，2011.

［37］陈来.宋明理学［M］.北京：生活·读书·新知三联书店，2011.

［38］方东美.新儒家哲学十八讲［M］.北京：中华书局，2012.

［39］乐爱国.为天地立心：张载自然观［M］.深圳：海天出版社，2013.

［40］赵馥洁.关学精神论［M］.西安：西北大学出版社，2014.

［41］刘学智.关学思想史［M］.西安：西北大学出版社，2015.

［42］张岱年.中国哲学大纲［M］.北京：商务印书馆，2015.

［43］吕思勉.理学纲要［M］.北京：商务印书馆，2015.

［44］冯契.冯契文集：第六卷［M］.上海：华东师范大学出版社，2015.

［45］张岱年.中国哲学大纲［M］.北京：商务印书馆，2015.

［46］杨国荣.哲学引论［M］.北京：高等教育出版社，2015.

［47］朱汉民.儒学的多维视域［M］.北京：东方出版社，2015.

［48］朱鸿林.儒者思想与出处［M］.北京：生活·读书·新知三联书店，2015.

［49］刘宗镐.王心敬评传［M］.西安：西北大学出版社，2015.

［50］林乐昌.张载理学与文献探研［M］.北京：人民出版社，2016.

[51]陈来.孔子·孟子·荀子：先秦儒学讲稿[M].北京：生活·读书·新知三联书店，2017.

[52]陈独秀.独秀文存[M].北京：首都经济贸易大学出版社，2018.

[53]郭齐勇.中国哲学史十讲[M].上海：复旦大学出版社，2020.

[54]陈嘉映.说理[M].上海：上海文艺出版社，2020.

[55]陈政扬.张载思想的哲学诠释[M].北京：中华书局，2020.

[56]刘宗镐.关学引论[M].西安：陕西师范大学出版总社，2020.

[57]王雪卿.当代张载学[M].台北：联经出版事业股份有限公司，2021.

[58]牟复礼，崔瑞德.剑桥中国明代史[M].张书生，译.北京：中国社会科学出版社，1992.

[59]余英时.现代儒学的回顾与展望[M].北京：生活·读书·新知三联书店，2004.

[60]郝大维，安乐哲.通过孔子而思[M].何金俐，译.北京：北京大学出版社，2005.

[61]杜维明.儒教[M].陈静，译.上海：上海古籍出版社，2008.

[62]戴维·迈尔斯.直觉：你所不知的潜力与危害[M].章崇会，译.北京：中国人民大学出版社，2008.

[63]杜维明.杜维明思想学术文选[M].上海：上海古籍出版社，2014.

[64]杜维明.二十一世纪的儒学[M].北京：中华书局，2014.

[65]富路特.明代名人传[M].北京：北京时代华文书局，2015.

[66]渡边秀方.中国哲学史概论[M].刘侃元，译.郑州：河南人民出版社，2016.

[67]陈荣捷.中国哲学文献选编[M].杨儒宾，等译.北京：北京联合出版公司，2018.

［68］贝奈戴托·克罗齐.历史学的理论和实际［M］.道格拉斯·安斯利,英译.傅任敢,译.北京：商务印书馆,1982.

［69］柏拉图.柏拉图对话集［M］.王太庆,译.北京：商务印书馆,2019.

2.期刊论文

［70］曹冷泉.关学概论［J］.西北文化月刊,1941（3）.

［71］吕凤棠.宋代民间的佛教信仰活动［J］.浙江学刊,2002（2）.

［72］张蕴.考古鼻祖北宋吕大临家族墓地出土文物［J］.收藏,2010（7）.

［73］吕妙芬.杨屾《知本提纲》研究——十八世纪儒学与外来宗教融合之例［J］.中国文哲研究集刊,2012（1）.

［74］刘宗镐.牛兆濂对儒学生存问题反思的探析［J］.宝鸡文理学院学报（社会科学版）,2013（5）.

［75］刘宗镐.试析张元勋《原道》的哲学思想［J］.宝鸡文理学院学报（社会科学版）,2016（6）.

［76］刘宗镐.杨屾研究需要澄清的四个问题［J］.宝鸡文理学院学报（社会科学版）,2017（6）.

［77］刘宗镐.论关学的心学化及其价值［J］.人文杂志,2018（12）.

［78］魏冬.党晴梵先生《关学学案》藁本考述——兼论党晴梵先生早期思想历程［J］.唐都学刊,2019（2）.

［79］刘宗镐.论清末民初陕西的三大学术思潮及其影响［J］.宝鸡文理学院学报（社会科学版）,2019（2）.

［80］刘宗镐.崇实致用：关学多元理论中的统一精神——以现代学人的关学终结论为中心［J］.中国哲学史,2019（6）.

［81］刘宗镐.朝邑学派初探［J］.宝鸡文理学院学报（社会科学版）,2020（5）.

［82］刘宗镐.被遗忘的"太虚"：张载关学心性之域的太虚说［J］.渭南师范学院学报，2020（12）.

［83］刘宗镐.王阳明对张载关学的继承和发展——论心学学说的形成和特色［J］.文化中国学刊，2021（1）.

后记

《关学概说》与两年前业已出版的拙著《关学引论》相同，都是计划在张载千年诞辰时献给学界的小礼物。但由于我病目折肱，一拖再拖，时至今日方才完稿，错过了张载的千年诞辰。这不能不说是一个小小的遗憾。

《关学概说》是业师刘学智教授布置给我的"命题作文"。我很喜欢这个题目。忆及两年前，我们西北大学关学研究院的老师计划面向哲学本科生开设关学方面的专业选修课而苦于没有教材的情形，我便想借"关学概说"之名撰写一部适合哲学专业的本科生使用的教材。更重要的是，关学能够启发学生的心智，锻炼学生的思维，拓宽学生的视野，培养学生的人格，有助于哲学专业的本科生培养自己的哲学素养，使其可以完全跻身哲学的大雅之堂。心存此想，我尝试着将此书设计并撰写成适合哲学专业本科生使用的教材。当然，这只是我撰写此书时的设想，实际中做到了多少，有待读者朋友的评价。

最后，感谢业师刘学智教授给我提供撰写和出版《关学概说》的宝贵机会。再次感谢陕西师范大学出版总社的张爱林编辑，《关学概说》是她继《关学引论》之后又一次编校拙著，既感谢她对我拖延交稿的谅解和包容，也感谢她对拙著编校的认真和负责。

刘宗镐

2022年12月26日

写于西北大学关学研究院